中国近现代稀见史料丛刊典藏本

莫友芝日记

（清）莫友芝 著

张剑 整理

凤凰出版社

图书在版编目（ＣＩＰ）数据

莫友芝日记 ／（清）莫友芝著 ；张剑整理． -- 南京：
凤凰出版社，2023.4
 （中国近现代稀见史料丛刊典藏本）
 ISBN 978-7-5506-3837-2

 Ⅰ．①莫… Ⅱ．①莫… ②张… Ⅲ．①莫友芝（
1811-1871）－日记 Ⅳ．①K825.4

中国国家版本馆CIP数据核字(2023)第028007号

书　　　　名	莫友芝日记	
著　　　　者	(清)莫友芝 著　张剑 整理	
责 任 编 辑	吴　琼	
装 帧 设 计	姜　嵩	
出 版 发 行	凤凰出版社(原江苏古籍出版社)	
	发行部电话025-83223462	
出 版 社 地 址	江苏省南京市中央路165号,邮编:210009	
照　　　　排	南京凯建文化发展有限公司	
印　　　　刷	江苏凤凰通达印刷有限公司	
	江苏省南京市六合区冶山镇,邮编:211523	
开　　　　本	880毫米×1230毫米　1/32	
印　　　　张	11.125	
字　　　　数	289千字	
版　　　　次	2023年4月第1版	
印　　　　次	2023年4月第1次印刷	
标 准 书 号	ISBN 978-7-5506-3837-2	
定　　　　价	98.00元	
	(本书凡印装错误可向承印厂调换,电话:025-57572508)	

书影一

廿三日己丑晴

廿二日戊子慶家晴屬生吕仙弟来相叙

廿一日丁亥晴

二十日丙戌辛卯雨

十九日乙酉王元□雨　王德興將走院訪李樹皆

父森勘察作字字之樹陰方□庵過□

□□□司也又作字字苔馬雨霉

十八日癸巳晴　王德興行

十七日甲午晴邀金屬生信言云開春甫揖

西嶽朝初□楊来看

书影二

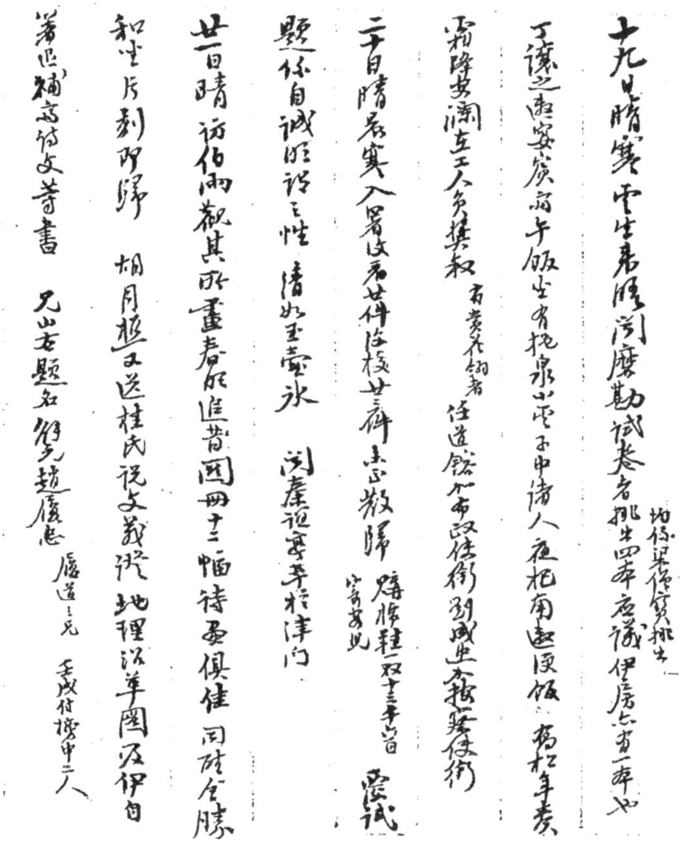

书影三

目 录

前　言

　　莫友芝(1811—1871),字子偲,自号郘亭,又号紫泉、眲叟,贵州独山人。晚清著名诗人、学者和书法家。他在版本目录学上的成就尤令人瞩目,其《郘亭知见传本书目》是与邵懿辰《四库简明目录标注》并驾齐驱的目录学名著。

　　自咸丰十一年(1861)始直至辞世,莫友芝先后依托于胡林翼、曾国藩、李鸿章、丁日昌、庞际云等大僚,不但亲历或得闻诸多重要事件,而且得与天下俊彦结交,他的《郘亭日记》便主要写于这一时期。现知《郘亭日记》手稿,记录日期及收藏单位分别如下:

　　　　咸丰十年十月初八至二十二日,南京图书馆藏;

　　　　咸丰十年十二月二十三日至三十日,国家图书馆藏;

　　　　咸丰十一年正月初一至五月三十日,台湾地区"国家图书馆"藏;

　　　　咸丰十一年六月初一至九月三十日,国家图书馆藏;

　　　　咸丰十一年十月初一至同治元年十二月三十日,台湾地区"国家"图书馆藏;

　　　　同治三年九月初八至同治五年五月二十八日,台湾地区"国家"图书馆藏;

　　　　同治五年五月二十九日至同治七年九月二十八日,国家图书馆藏;

　　　　同治八年正月初一至同治十年八月,中国社会科学院文学研究所藏。

咸丰十一年正月初一至五月三十日日记，除台湾地区"国家"图书馆藏手稿外，上海图书馆和扬州图书馆还分别藏有钞本，"中国嘉德2012年拍卖会"还拍卖过另一种钞本，比起手稿，他们在内容上都有简略或误钞，扬州图书馆的还脱佚了咸丰十一年二月初一至二十六日部分。

咸丰十年十二月二十三日至同治七年九月二十八日，基本是逐日而记。据此推测，同治二年正月初一至同治三年九月初七莫友芝也应留有日记，可能已经亡佚，也可能秘藏于某处，不得而知；同治八年正月初一开始，《郘亭日记》开始出现数日一记甚至数月一记的现象，这可能由于莫友芝晚年精力不济或事务繁冗所致。

此次整理，便以上述诸种手稿的复印件为底本，它们基本上能够反映晚年莫友芝的主要经历。整理时在原年、月、日后增加公元纪年，以圆括号括注其后；除涉及辨义处和其他特殊情况，所有文字包括人名、地名等改用简化字；原稿空缺待补字处，约略可计字数者用三角符号"△"，不能计字数者用省略符号"……"；原稿漫漶不清或不能辨认之字亦用方框符号"□"；凡据手边书籍对原稿待补处、缺残处予以补充之文字，用方括号"[]"括出，以示区别；原稿有脱字者，所补字亦用方括号"[]"括出；原稿确定误字者，以圆括号"（）"括出误字，后继以方括号"[]"括出改字；原稿有衍字者，用"【】"括出；正文标点与夹注标点原则上各自独立（古人字号或官称习惯以小字注出人名，此次整理，若仅注人名者不再于正文外独立标点，以免过于割裂文气）；夹注原为双行小字，今改用小五号字体单行排印。为了方便读者，还编制了人名索引。

昔年《莫友芝年谱长编》中所载《郘亭日记》，条件有限，多是在图书馆胶片机上辨识抄录而成，兼之心粗气浮，今日看来，真是错讹满眼，令人羞愧。以前的粗鲁灭裂、浅薄无识已白纸黑字永在人目，现在能做的惟有吸取经验教训，让"今日之我"少留点遗憾给"明日之我"。但是，毕竟学养不厚，《郘亭日记》字迹又草，涂抹亦多，整理者的错误仍难避免,敬请方家不吝赐正。

　著名书法家、学者李昌集先生和孙鹤先生帮助辨认了日记中若干疑难字,谨致谢忱。

张剑于 2012 年岁末

咸丰十年(1860)

十月初八日戊辰(11月20日)　小霁。午后自武昌登舟渡江，泊，向晚大东北风起，复移舟入汉口，夜雨。

初九日己巳(11月21日)　风雨。仍泊。

初十日庚午(11月22日)　风雨。仍泊。

十一日辛未(11月23日)　雨少止，风未息。仍泊。

十二日壬申(11月24日)　晴，大东北风。仍泊。

十三日癸酉(11月25日)　霜晴，有薄凌，风少息。午后开头东下，行四十五里，至沙口泊。在北岸。

十四日甲戌(11月26日)　晴。行四十五里，巳刻至郭店泊，待伴，店在南岸，交武昌界。

十五日乙亥(11月27日)　晴。行六十里七矶洪，五里三江口，二十五[里]过黄州，在北岸，樊口在其南。十里过武昌县，在南岸。买鳊鱼食。晚，乘月行，三十里巴河，三十里兰溪泊。

十六日丙子(11月28日)　晴。行三十里黄石港，三十里文阳口，三十里蕲州，在北。风长，泊，登岸。遇罗惺四大令亨奎，新补武昌。以九[月]初二自京师至此，同泊，言尹杏农已携家走河南，李眉生携家往湖南，方在汉口同泊，王子怀已出居京西百里外，章子和早晚亦与张菊廉同出京，往四川，李芋仙亦急欲出京，而未能。惺四复以纨扇索书，毕，风少减，复行二十里，至污泥港泊。

十七日丁丑(11月29日)　晴。行十五里田家镇，在江北。十五里富池口，在南，入兴国。十五里武穴，在北。三十里龙平，三十里陆家觜,二十里二套口,十里九江府,泊。

　　十八日戊寅(11月30日)　晴。行三十里梅家洲,三十里湖口县,北岸丹瑶镇,广济地,江中名"十八号"。登岸入城,将雇肩舆以访高碧湄于兼山。去城十五里。及东门,而碧湄适至,遂属同伴移舟下泊五里,于蔗矶相待。与碧湄入城,少顷,即相携乘兜至其家宿。其弟心驹字仲牙,方举拔贡,尚有少弟△△,字季角。深谈至鸡鸣,歌哭相间,语不可了。为碧湄书榜,集晋人句云:"相与观所尚,聊复得此生。"又为季角之师周端萌书榜,集句云:"义随周旋集,道以神理超。"

　　十九日己卯(12月1日)　晴。在坚山早饭,别碧湄兄弟,乘兜至蔗矶登舟,同舟晚饭矣。复行三十里,至横坝头泊。

　　二十日庚辰(12月2日)　晴。行三十里彭泽县,五里小孤山,北岸宿松地。二十五里马当,南岸。三十里华阳镇,北岸。溯吉水沟十五里,至吉镇泊。镇属望江。

　　二十一日辛巳(12月3日)　晴。行二十里渡青草湖,六十里蛟村塞一名塞口。泊。

　　二十二日壬午(12月4日)　晴。行十五里□□唤渔舟起载,渡湖五十里至洪家浦,登岸坐手车行十五里,至广村舍弟祥芝寓馆。弟兄自戊午二月相别,迄今三十三阅月矣。弟已有唇须,余须白十之八矣。幸各无恙,纵谈家国,悲喜交并,大被同眠,天明不能成寐。

　　十二月二十三日壬午(1861年2月2日)　朝食后发怀宁县广村,行十五里至石库宿,携绳儿同阎锡三晋。是日小雾复阴,道泞不易进。

　　二十四日癸未(2月3日)　阴。食后雇小舟,顺风溯溪,西南行三十里,登岸至江家店,洲路三里许,极泞,以四轮牛车运行笈,遇马守愚文照孝廉方正、孙迈青宝勋秀才开局收洲课,留晚饭,同宿。

　　二十五日甲申(2月4日)　立春。阴。雇百石舟溯大江上三十里,泊吉阳镇。东流北三十里。顺风。

二十六日乙酉(2月5日) 顺风溯行六十里,华阳镇口登岸,访阎海晴炜县丞,还舟,冒雨溯沟路十五里,至吉水镇泊,向晚与锡三及绳儿登岸宿市人家,大雨彻晓。

二十七日丙戌(2月6日) 大雨竟日。食后访史鉴塘维照①大令,又访北岸粮台刘韵如曾撰、李少山作士两大令于舟中。雇舁夫,乘轿行三里,至望江县就周娛阶景濂大令署晚饭,遂宿,纵谈家国事至午夜。是日锡三与绳儿乘舟及望江城外,登岸入城,寓于西门李氏。

二十八日丁亥(2月7日) 雨止。食后出,与绳儿同寓,以待九弟。薄晚访冯莲溪元霙于北门寓中,莲溪方卸署潜山事,计昔别十一年矣。

二十九日戊子(2月8日) 晴。作致曾沅圃观察、曾事恒国博两信,托县中寄去。晚登城,四望楼堞多(堞)[圮],而城中屋舍尚完,唯官署为贼毁。

三十日己丑(2月9日) 晴。周娛陔来访,邀过晚饭,晤魏春农秀才、朱觐侯世兄。

---

① 照:手稿本涂抹不清,似"基"不似"照"字,然据扬州市图书馆藏《邸亭日记》钞本咸丰十一年正月初三日,史鉴塘名维照,故辨为"照"字。

咸丰十一年(1861)

岁次辛酉,正月。

初一日庚寅(2月10日) 小晴。周娱阶大令相过。

初二日辛卯(2月11日) 小晴。魏春农申先、朱觐侯元吉相过。春农,将侯大令长嗣,方在湖南应拔萃试东来。觐侯,亮父太守第四子,戊午夏别于贵阳,遂奉太守枢还葬嘉定。去夏嘉定不守,家人走避村落间。太守所著,已刻之《周书解诂》,其板尚完;未刻之《春秋左传服氏解谊》及《汉书地理志注》《春晖堂诗文集》,亦未遗落。觐侯杭海间关出宁、绍、严以达江北,依胡咏芝宫保于英山、太湖。去腊杪,与春农以监转运来望江。

初三日壬辰(2月12日) 阴,晚有微雨。李少山作士、刘咏如曾撰、史鉴塘维照①三大令并相过。

初四日癸巳(2月13日) 食后飞雪数点,午晴。冯莲溪元霈大令过谈。善征弟遣人至,云在石牌度岁,其间绅士留住一二日,初五当至。

初五日甲午(2月14日) 晴。刘石于介自石牌至,言善征弟以周娱阶至石牌,更留一日。

初六日乙未(2月15日) 阴寒微霰。食后,善征弟至,言在李廉访所见去年被劾疏,已奉旨调审。晚大雪,夜作书复陶燮甫锦杨巡检。燮甫习吏牍,乃不失书生气,杂职之仅见者,特虑其不协官场耳。

---

① "维照"两字手稿本缺,据扬州市图书馆藏《邵亭日记》钞本补。

初七日丙申(2月16日) 晨起,雪积五六寸,犹竟日飞绵,二更乃止,深一尺矣。作人日诗二首。

初八日丁酉(2月17日) 晴。作家书寄六弟芷升、七弟玉山。

《望江人日值雪》

人日萧萧雪,犹然①一尺深。春风来隔岁,不到皖江阴。饷卒疲难继,戈船冻不禁。谁为元直将,虎穴快俘擒。

愁见飞鸿爪,年年去住寒。江乡千里道,何处一枝安。掘韭分邻圃,菹芹助客盘。未须惊节物,今日且朝餐。

初九日戊戌(2月18日) 霜晴。晚与石于出西门,还依城根而东望隔江山色。作书寄黎柏容。亥正三刻雨水。

初十日己亥(2月19日) 霜晴。石于将之武昌,共乘小艇往吉镇送之,登舟,遂访鉴唐、咏如、少山、春农、王春帆凤仪诸君。春农留晚饭。乘马还城。

十一日庚子(2月20日) 霜晴。登城尖骋望,得小诗寄柏容。

十二日辛丑(2月21日) 霜晴。魏春农相过。

十三日壬寅(2月22日) 晴。午后阴,傍晚小雨。

《登城尖骋望寄柏容》

晴煦连三日,城尖草未青。横江孤塔表,残雪数峰醒。小市争年色,枯槎滞客星。遥知鄂中叟,把酒话飘零。

十四日癸卯(2月23日) 晴。娱阶自太湖还,相过。绳感冒,服荆防败毒散。

十五日甲辰(2月24日) 晴。绳小差。娱阶邀晚饭,遂与莲溪过其寓谈,二更乃归。

十六日乙巳(2月25日) 晴,午阴,晚有小雨,夜大风。束装,将以明日之太湖。将晓,复大雨。

十七日丙午(2月26日) 大风竟日,吹雨成雪。舆夫不能行,

---

① 犹然:原作"开门",后抹去,改为"犹然"。

更期明日。

十八日丁未（**2 月 27 日**）　霜晴，中时有飞雪。北行四十里经长林铺，访朱觐侯，留宿。

《宿长林铺》

启涂雷港北，秣马泊湖东。缓度霜华日，仍禁雪絮风。谢灯春事起，对酒故人同。开口先成笑，斯途或未穷。

十九日戊申（**2 月 28 日**）　霜晴。行二十五里，度牛脊岭，及太湖县界。又五十五里，至太湖城外，宿。晚阴，夕有小雨。

二十日己酉（**3 月 1 日**）　阴雨。入城谒胡宫保林翼，留住。与包兴言同守诚、朱仕一大令荣椿同屋。兴言，慎伯先生之子；仕一，壬子副榜，并泾人。晤但又湖户部培良，言以去年八月十二出京，李眉生鸿裔亦同出，尹杏农侍御耕云继之。眉生曾来英山，去腊还，寓武昌养痈。杏农至河南，宫保有书招之。毛旭初昶熙副宪已奏留帮办团练。食后，拜营中文案、营务诸君，晤陈作梅、鼐、溧阳人，丁未庶常、总文案兼营务。周寿山刺史、开锡，益阳人，前知沔阳州，营务处。夏古彝教谕、先范，益阳人，并营务处。邢星槎观察、高魁，慈利人，甲辰举人。姚桂轩学博、绍崇，益阳。周木皆学博、世楷，益阳，并营务处帮办。文任吾△△、希范，益阳，癸卯举【卯举】，文案。张茗泉大令、金澜，浙江人。陈远亭大令、惟模，浙人，并文巡。陈翰园、诗懋，益阳，内账房。陈云海大令、庆涵，江夏人，营务处。尚有卫静澜侍讲荣光，河南人。未至。闻南岸东建一带，鲍总兵超军已至。又闻饶州景德镇有大捷。

廿一日庚戌（**3 月 2 日**）　风，寒，雨雪杂下，竟日夜。午谒李希庵廉访续宜、彭观察雪琴玉麟。廉访，湘乡人，深沉和毅；观察，衡州人，飒爽英迈，皆楚才之雄也。夜，包兴言示所著《伤寒审证表》一卷、《十剂表》二卷、《中藏经顺逆生死表》一卷，并简明精当，可板行。兴言医学传之张翰风先生，又示翰风删明潜江刘云密太仆［若金］《本草述》六卷，去其枝叶，存其奥旨，未刊行。其《素问释义》十卷，用王全本自为发明，理精词雅，则已刊入《宛邻张氏丛书》者也。又示昌邑黄坤载元御《素灵微蕴》四卷，凡二十六篇。精当，宜熟诵。坤载，康熙时人，尚有《伤寒悬解》《长沙药解》《四圣心源》，并翰风在山东钞于其家，刻入《宛邻丛书》中。又有《金匮悬解》《伤寒说意》《四圣悬枢》《玉楸子药解》四种，兴言在山东钞出，犹未刻。又谓山东（俞泽溥）[于溥泽]有《要略厘辞》，亦医家善本。

廿二日辛亥（3月3日） 寒雨。包兴言谓常州陆绍文[耀遹]著《金石粹编补》，其子子受应傅官辰沉道，当可求。夜，但又湖为言宫保欲见留幕下，勤笔墨，自惧才性钝拙，不能胜任，即乞又湖为婉辞。

廿三日壬子（3月4日） 阴寒。作字寄善征及绳儿，遣仆张福寿将往望江，二人在彼感冒调治，想已愈。南道水陆一通，即趣其渡江往祁门也。夜，兴言示太翁《临争坐帖》一卷，《书谱叙删》一卷，字字皆用兰亭法透出，真希世奇迹也。《争坐》跋云："思翁言宋四家皆学《争坐》，是乃相士以居、相马以舆之见耳。盖初唐行书，大约守山阴家法，世俗行草，实自鲁公始。而其使锋转腕，一皆用小篆意，四家并无得于此也。坡公所谓变法出新意者，论其体势，至谓'细筋入骨如秋鹰'，则真见其用笔之浑处。故又云：书至鲁公，尽古今之能事也。余前谓《争坐》不可学，方便门开，入则难出。只言其体势宜世俗耳。此次临写一通，乃见其宪章大令，导源而下，觉《石鼓》《郎邪台》去人不远，宜为百世师也。目力益劣，作此甚不易，故附其深处，付兴言收藏。以此本对石本，参悟有得，亦庶乎为世俗书而不同弊者矣。道光戊申八月五日倦翁手记。" 一处云："《颜家庙》出《雁塔圣教》，《平原像赞》乃拓王本，《八关斋》出《瘗鹤铭》，《句曲李先生碑》出《郎邪台》，如锥画沙，工为形似，然知之者或罕矣。倦翁又题。"《书谱》后云："右吴郡自序《谱》，六篇之目，当为执使转用拟察，而今不可考矣。其时最尚词藻，实多浮文。又有传闻诡说，悉从删削，使可诵读。至以点画使转，分属真草之形质性情，其论至精。盖点画力求平直，易成板刻，板刻则谓之无使转；使转力求姿态，易入偏软，偏软则谓之无点画。其致则殊途同归，其词则互文见意，不必泥别真草也。余近仿真草《千文》《争坐位》，见其下笔无不直者，乃知古人无论真草，皆遣以篆意。故形直而意曲，是为真曲，若求曲于形，失之弥远。咸丰纪年二月既望，白门倦游阁外史书于袁浦。"《书谱叙删》是先生七十七岁书也，老而精力弥满如此。其卒也，年七十九①（乙未生）。

廿四日癸丑(3月5日)　丑初一刻惊蛰。晴。午见胡宫保。宫保谓祁门路未畅通，宜且迟渡江。问肯留幕下否？余以钝拙不能任事为辞，但不分职事、不劳薪奉，许时月相依，得亲炙当代伟人，开拓胸臆，则出都之素志也。夜读兴言诗词各一卷，并有法度，而词较胜。是日闻洋船以二三日前过安庆。兴言又言有常熟李△△著《汉书地理志补注》百三卷②，潘芸阁所刻、杨汀鹭所校版，在泾县，今不知毁否，止印行三百余部。李氏，亭林同时人。又言武昌张次功[官]德六壬极精，今避地陕西。

廿五日甲寅(3月6日)　霜晴。食后，登北城循马道而东，观新建炮台月城。城去岁正月廿七收复，已极凋残，复为多营薪，拆其墙屋，完者尚不及十家。其垣墉为完固，则贼据时所葺。去腊宫保移此驻节，乃更增高俾倪，新其碉橹，城东旧垒五，皆毛贼所遗。城倚山带湖，湖外山逦迤相抱，望如环然。

廿六日乙卯(3月7日)　晴暄。食后，出西门散步，闻洋船至武昌者凡六。兴言说张仲远曜孙观察能制水雷，是佛兰西以御英吉利者。仲远在京师见其器，仿而为之，有图有说，有数器在荆州库中。

廿七日丙辰(3月8日)　晴。作寄尹杏农书。向晚，出观左右两营习击刺。

廿八日丁巳(3月9日)　阴，风寒。为又湖作分、篆各二纸，为雪琴方伯为作篆书"一生知己是梅花"横榜，手生墨冻，皆不成字。方伯为作直幅梅，极有英气。闻舒、六有贼上。又闻云南省城以去冬十二月初七失守。兴言说道光廿一、二年间，在南昌北郭外，田夫耕出东吴时墓，墓中砖及铭并有分书"黄武四年"字铭，石高尺许，广七八

①　包世臣卒于咸丰五年乙卯，年八十一。
②　据李慈铭《越缦堂读书记》：《汉书地理志补注》百三卷，当为常熟老诸生吴卓信著，李兆洛钞得其副，后归潘芸阁，道光二十八年，包慎言、孟开刻之。

寸,铭凡百余字。记有"黄武□年□月,九江男子周维新客死于豫章之郡"之语,墓底扑满数十盛,"货泉""直百五铢"相半,亦有一二"大泉五十","直百五铢"乃分书。有铜筋一、铜提梁卣一,皆有铭。时望江倪莲舫良耀方伯知南昌府,志、石、二铜器,皆为所收。其家在望江城中,还当访之。又谓苏州东山寺重建,掘出晋永和年间王□非珣即珉。保母墓砖,寻毁。阳湖刘廉方晓华秀才曾得拓本,张仲远借临过。又永和年玉佛在大内,背腰刻有记。仪征吴让之熙载秀才重刻于砚底。

廿九日戊午(3月10日) 半阴晴。晓,希、雪二公各还营。午后,刘子坦履中大令来访,言由芜湖走祁门,出饶河水路,南岸贼以渐肃清。狗子遣贼将犯天堂,在潜山,当江北,东西险隘。明日当遣将往守。私论狗子猖獗,裹胁大众,既难尽歼,若招抚得人,可当胜兵十万。闻常州周韬甫腾虎秀才有纵横之才,今在上海,当事能招致之,或可用。闻南岸建德已于廿六收复。

二月初一日己未(3月11日) 晴暖。宫保招同兴言、叶云峰晚饭。作书寄郭筠仙嵩焘供奉。

初二日庚申(3月12日) 晴。午热,晚雨。邢观察招早饭。还,为陈作梅作榜联,集子建句云:"山岑高无极,中和诚可经。"

初三日辛酉(3月13日) 小雨。闻狗贼党越霍山骡儿岭犯英山之地。已遣舒都统带马队往援。又闻李廉访将以明日遣援兵由太湖至张家榜。

初四日壬戌(3月14日) 半晴阴。晨,包兴言行还鄂。食后,陈作梅、但幼湖相携,自北门城上循马道,步至东门观守具,还。闻廷寄,以李希翁巡抚安徽,翁中丞回京听候简用。晚,奴子张福自望江至,言善征弟携绳儿,以初二渡江,建德一道大通矣。弟耳病已渐愈,绳亦健食如常。又言刘石于廿日至鄂城寻玉山弟,已于十八日登舟西上,不及见,遂与蔡念篁弟同舟还。初三日至望江,黎莼斋弟将以二月初自鄂入京应乡试。绳字来言:箱匣寄周娱阶处者,长字皮箱盛书帖;宜字皮箱盛书及纸札;子字棕箱盛书籍、团扇;孙字棕箱书及

杂物。又永、宝二小竹箱，用、昌二大竹箱是待取书帖、衣物，皮棕四钥
在昌箱中。外有帽合二个。

　　初五日癸亥(3月15日)　晴，午热。与幼湖循东城马道至北
门，而城周矣。城之周七里许，其东南有数积水池，余皆民居之迹也，
盖不下万家。闻毛贼已侵入英山城，于是太湖急戒城守。又闻鬼船
上有至汉口者，其中太半是潮勇及兴国州人。又颇搜买硝磺禁物，极
可虑。作寄曾涤帅书。

　　初六日甲子(3月16日)　晴温，大风。食后姚桂轩行之黄陂，
周木皆行之汉川。希帅兵至者六营。观宫保观风卷：其拟《杜诸将五
首》一题，黄州增生游贤筠最佳，句如："海氛飘瞥孙恩雾，炮石訇轰吕
宋机。""舳舻久置浔阳戍，壁垒新增霍太山。""往事功名师李愬，一时
心膂付高昂。""卜式巴清知敌忾，输将犹见古人风。"武昌诸生刘兆兰
句云："颇闻鼠雀罗将尽，又见沙虫化不还。""汉主不疑充国计，暮年
曾下罕羌来。"沔阳廪生刘国香句云："两戒忽亡戎狄限，十年屡导可
汗兵。""通侯遍锡羊头爵，中使虚传狗尾貂。""仆射勋名真绝代，野人
涕泪独登台。"罗田候选知县潘肇镛云："铁骑方摧河北寇，便桥已渡
吐蕃兵。""兵戈满地愁封豕，将帅蒙恩插紫貂。""又看大角经兵气，空
对斜阳倒酒杯。"安陆县廪生杨联璧句云："十万雕弓明夜月，三千铁
骑渡秋潮。"京山廪生陈常夏句云："时以久安滋小丑，天非无意为中
兴。"黄冈副贡林燮句云："旌旗树立晨临隼，刁斗森严夜脱貂。"皆紧
策。其《拟庾子山〈谢滕王集序启〉》，则贤筠、兆兰、肇镛、联璧皆善。
其《魏王基伐吴进趣之宜论》《邓艾谋吴屯田陈、蔡及与今日事宜异同
说》二题，则贤筠、兆兰及德安廪生陈学逵并佳。燮之说则谓屯田不如
社仓、积谷，亦一义。其《甘露时雨赋》，以"自我天覆，云之油油"为韵。则
兆兰、国香、学逵并佳。其策问《柟木柟果之利及荆楚州县土宜》，贤
筠对言："其县有垦山五害。"其说可存，谓："乡人喜于高山开地，山有
木果自然之利，一经开垦，比岁虽有升斗之出，而失久远之计，害一；
既开山南，又及其北，东西护山草皮既剥，经大雨，洗沙塞涧，转使

低田淤塞,害二;边河之产既经沙压不可复,而经征犹在,户或逃亡,害三;溪河渐高,不能长畜鱼鳖,害四;且使舟行不便,商贾难通,害五。故已开之山亦复行植木,未开之山愈宜栽培,其五害不生,其功同于稼穑。"

初七日乙丑(3月17日) 阴,大风,午后小雨至暮。李希庵中丞至,又以五营兵来。作书寄李眉生,送幼湖行,倩将去。刘子坦往寿州,路不达而还。罗田松子关有捷报至,谓杀贼数千人,然其来甚众,未大挫也。

初八日丙寅(3月18日) 雾。食后,与毛敦五修伦秀才访刘子坦。闻贼有及蕲水者,文报却还。徐伟字仲律,孝感布衣,有《鸿乐集》行世。

初九日丁卯(3月19日) 晴。李中丞以兵西去截贼。子坦与候补经历钱小山贵阳人。来访。城西坦一炮台,伤一人,与陈翰园往看修治。识吴麟洲、吴宣斋。荐世职童子魏桂桢于子坦。晚见宫保,颇憔悴,以贼上窜为深忧,须希老捷音,自当平复。闻至英山之贼,还遁东界岭。

初十日戊辰(3月20日) 阴。亥正二春分。大风竟日。闻蕲水团练能御贼,贼未敢至其县。识署太湖典史邓子麟。瑞品,松桃人。夜,蕲州信至,言贼于初九以八百人薙发冒官兵入黄州,黄州副将逃之。后又闻贼过黄州不据,又闻其据之,直无确信。又闻龚瞎以初四日被成镇击毙。

十一日己巳(3月21日) 晴,宫保以笺启见属,令移与向湘汀楚仙同住。调成、梁二军由黄安、黄陂出滠口、汉口。舒都统以马队循北路上。

十二日庚午(3月22日) 晴。作书寄周娱阶及刘石于。彭雪琴以水师数起,上驶定湘、向导二营,杨军门又拨健捷一营,沿江同上。夜,作书寄赵州守陈息凡。

十三日辛未(3月23日) 晴暖。闻水师曾绍霖在田家镇来禀,言初九午刻奉官中堂调,速驶护省城。湘汀示王璞山鑫,湘乡人,谥壮武。《练勇刍言》,甚善,胡宫保已为梓行。

十四日壬申(**3 月 24 日**)　晴暖。闻安庆营收投诚程学启等八十余人。学启供:正月廿九,城中得狗逆血书,属叶、张等酋坚守,以四月为期。狗将由英、霍直取黄州,以解皖围。皖城现在壮丁一万有奇,幼孩六千,妇女八千,米足支至夏初。唯无油与柴,正月即无盐。鬼船过,带兴国二船,送之三百石。

十五日癸酉(**3 月 25 日**)　雨,夜大雨彻晓。

十六日甲戌(**3 月 26 日**)　阴,大风。华阳穆海航其琛、昆明黄小田治见,乃去岁自蜀东下,今始至。言蜀贼在重庆以上,尚未能下。

十七日乙亥(**3 月 27 日**)　阴,大风,午晴。希公信至,谓十六以全师渡江出武昌县,趋鄂城。骆吁门秉章中丞自长沙援蜀之师,已泊鄂渚。遣信左营往潜山。

十八日丙子(**3 月 28 日**)　晴。奴子张福自望江以书籓、衣包至。得彝儿去冬十一月三日寄禀,始知七月毛贼破独山州城时,犹子远猷及其母池、其妇何、其子秋闱及女皆遇害,唯次子寿春逃出,遇大猷于密侧铁厂。大猷方抱病未痊,福喜、长春又窜在班台山中,未能相聚。惊痛不知所为。池嫂苦节四十年,远侄自甲寅带练扞围,大小百余战,最为苗教诸匪所忌。屋宇荡尽,乃借宅奉母居城中,全家殉城,恸哉。闻休宁克复,又闻乐平贼多,左军有后路之忧,又闻有三洋船泊安庆城外,恐其济贼薪盐,极可忧。

十九日丁丑(**3 月 29 日**)　自昨夜半雨,轻雷,至晨辰巳间上转大风。沅营信言中堂函至,有截留其营官刘金兰新募南勇之事,沅营并无此人,此举的系奸贼假冒,省城危矣。曾据奸细供,贼中造吉营及韦营号补各不下三百余件。

二十日戊寅(**3 月 30 日**)　雨竟日彻夜。希帅前七营以十六日渡江,希帅十八至黄州驻,以待夹击。闻据黄贼上窜。涤帅先拟十七自桃树店移驻东流之张家滩,鲍军先为筑营。以左军征建昌者,甲路三营败挫,退至黄港。景镇、乐平贼多,调鲍军援之。老湘营驻防休宁,朱总兵守祁门,唐总兵守渔亭,江军门守柏溪,峰字、礼字等营守羊栈岭。又以抚州兵援建昌者败走,贼跟犯抚州,抚、建恐难全,十六又调鲍军由湖口、九江进保江西省城。涤之移营从缓。

廿一日己卯(3月31日) 晴,午大风。关中堂十七亥刻来信,言鄂城一切俱准备有条理,城中闻警,官民纷纷逃出,人少,亦易于清查,此时市人亦颇有还城者。调襄阳提标及荆州驻防兵赴援,亦将至。王孝凤家璧郎中武昌县人,四品衔。十四日江夏来信云:璧过阳逻,人传夷船数十助逆,黄州其时四洋船实皆在夏口,后乃三船下驶,意彼未必张目助逆,特不免启轻中国之心耳。内患外患,皆重炮船,海外有截,汉过不先。若无他衅,则海口之利可分腹地,商贩之利可归业户,奇巧之货其直可贱,茶药之需其价可增。行使洋钱,则出洋之银可还什七,而流通民间,可济钱法钞法之不及。洋炮精巧及远,顺则购之,逆则取之,彼炮皆吾炮也。洋船迅驶,不资风帆,而江沙在在胶阁,若无引水之人,不难制其死命。且彼既以利器示人,久则内地巧匠必有得其法者,吾舟亦犹彼舟也。如上数端和戎之利,固亦有焉。惟海口税外不再完税,抽厘与内商不同,未免失平。若以内地之货转贩内地,并不出口,尤易取巧,夺吾内商之业,抗我有常之征,宜有以善处之。似可于出产厘税,运以狙公赋芋之意。与内商市者,内商与业户并税;与外商市者,不税外商,归并专税业户,似属可行。或无论与内商外商互市,概将沿途买卖各半之厘税归并出产之地,专征业户,不征买商,则业户寓税价中,彼尤无词。但定则期于平允易行,过重转恐滞碍耳。其洋船运内地之货,即在内地行销,并未出口完税者,应责成买户归并完纳,百货皆然,茶法其一也。请并下总局各局妥议之。至彼所制炸炮,形体甚巨,而中实以铁屑等物,仅如中国之花爆,可以虚惊而无加实用。盖火器之用,直出者力专,旁出者力薄。闻去秋北路失利,因其施放巨炮,以边马创见,惊逸而溃,胜克斋屹立不动,身受多伤,亦止伤及皮肤,未久即愈,是其明征。使吾人吾马素练不惊,彼亦无所施其伎俩。家璧在滇时,闻英夷曾以巨炮攻烧缅甸阿瓦城中竹屋，遂据其燕窝山数年，及缅王孟坑得国，始驱之去，彼亦不复能争。盖虚声恫喝可以偶慑，而非可以长恃。吾水师长龙、快蟹、舢板诸船便捷轻利，得人以用之，所至皆立奇功，彼岂能与吾争哉？此时筹之，彼尚无衅，则吾力豫；贼尚未靖，则吾有名；和约不败，吾亦自强；若其生心，有备无患。

洋舶通市之事，唐义渠方伯训方前有信言洋人事事欲专其利，中堂主见决不肯听，故议犹未定。

廿二日庚辰（4月1日）　晴。杨厚庵军门十八日信，言洋船泊安庆小南门外者，带有小划二只，竟夜有灯烛，与城贼往来，次日乃开下去。水师皆愤，因问下次该夷船仍如此通贼，径可攻打否。宫保复以此事应商之涤帅，恐目下尚非其时。中朝无人左右帝室，万一构衅，洋人不与战败之处为仇，而与都中为仇，我辈又不能救京师，恐非计也。希帅全军渡江而南，此着不甚得力。终须渡江而北，从下兜剿力固不及，从上追剿仍是尾追耳。贼尚踞黄州，并扰及黄冈上游白果、宋埠、旧街、新洲及麻城城外。城已设守。十七夜间省城文书已到，武汉尚无事，当可无虞。元圃口硬而力实怯，安庆之背，终恶风寒，涤帅如驻东流，或可以四千人援护集贤关，临时再以礼堂马队八百助之，犹可补救也。涤帅万事皆明，而不明其弟之隐微深至之不可靠也。我辈只能说关外地势散漫，所处独难，而不能言及其真情也。

廿三日辛巳（4月2日）　晴，夜雷雨。广西抚平。刘荫渠长佑初二日函言：黔省独山之贼为田忠普兴恕军门所败，突围狂窜，复犯粤疆，由罗城、融县直扰义宁、灵川，逼近省城，现分调楚军分头截击，擒斩颇多。顷闻定番州股匪仍有回窜粤疆之信，柳、庆一路防剿，又为吃紧。方拟以岘庄、香泉两军合剿浔州，进图石逆，未能辄动。荫橐勇号齐普巴图鲁。涤帅十八日信，贼尚未攻景镇，左军得以从容，抚、建亦犹守。沅圃信言，粤贼仅距道州三十里。骆吁门信：十三自安乡舟中来，则由里河进。黄州贼踞守如故，窜麻城之贼又于十七、八两日窜扰黄安，恐将犯德安等处。广济令禀：黄州廿一已无贼，唯城上贼旗犹在。李中丞尚在七矶洪。永州镇周宽世信：石逆股匪伪国宗赖剥皮等数万人由粤窜出，欲假楚入江。初五、六前队已犯道州境，楚军击之，尽向永明大路遁去。河南南汝光道赵书升十四日来禀：连日探孙逆余党，已由商水之周家口疾窜老巢，北路亳匪又由许州、襄城一带窜入南阳之赊旗镇。兼之陈四眼狗结连捻逆，在霍山、商城交界之金家寨、毛坪一带连营百里，狗逆图绕楚军后路，瞎逆图窜汝光，实欲盘踞南路。澧州贼刘士元以千余人烧掠村墟，称天明元年。闻苗练攻围寿州甚急，翁药房咨请希庵往救。

廿四日壬午(4月3日) 阴，食后大风，夜雨闻雷。作信与善征，明日遣张福往。检穆子容《太公庙碑》，剪贴为册。

廿五日癸未(4月4日) 阴，晨有小雨。作书寄王少鹤先生。涤帅十九日与左季高者言建、抚已松，霆军不必援省，左军愿为章门之行，霆军即可止而不往。

廿六日甲申(4月5日) 晴。寅初清明。涤帅廿一信，言此间函止鲍军暂不晋江西省，万一贼扑安庆之背，及围攻太湖，鲍皆可援。鲍军不动，某移驻江滨，当来太湖。彭雪琴廿日沙口来信，言希公马步陆师以十八一日渡，水师节节分布，与希公初议，陆师由巴河渡江，拟即在阳逻复渡而北，包抄贼头，水陆合击，期复黄州。今贼若舍去黄陂，又往德安，则陆师又须改途乃能迎剿。涤帅廿日与沅圃信，接十五、六信，悉城贼慌乱之象，然攻城则实无把握。左信中所抄贼供，亦殊不可信。此时以严断文报为第一义，如狗逆上犯黄州等事，若能使城中一概不知，则其气愈闷，其慌愈甚，濠外之垒专住降贼，吾恐其中未必无通文报者也。

闻贼已自黄安陷黄陂。唐义渠廿日亥刻禀：本日希帅头队七营至省，住城外快子街。又廿一日禀：省垣人心已定，迁移者渐渐入城。希帅刻下未到，其后队拟由阳逻过江。荆州满兵千名，本日至，已扎城内外。原驻太湖之副将巢日升一军，揆帅以省城兵力渐厚，令回太湖。李香雪都转二十禀：十九日舒都统已到，十六黄安失守，十八日黄陂失守，仅一百余贼，一掠而去，闻已到双庙大路，双庙为走信阳州一路，若直趋信阳，我军不及痛剿。德安一路空虚可危。厘金自汉口下，唯武穴、樊口尚未停收，上游蔡店、汉川、北河口亦所收无多。希帅七营已扎汉口之后湖。闻南阳境之捻南至黑龙集。去樊城九十里。都统舒保辅延廿二信，言十九到省，廿一二马队渡江过汉口，步军七营已过，即可会商进剿。松滋贼已为乡保击散十六，头目俱正法。湖南臬裕麟十一来禀，粤西石镇吉余党窜近义宁、龙胜等处，粤东侯成带逆股亦尚屯聚连州。毛旭帅初二信，孙葵心已死，其党窜扰光□之边。沈朗亭兆霖本兵正月廿七信，福建汀州被陷，想即湘南一股由江入闽。

廿七日乙酉（4月6日）　阴，食后雨雷。祁门朱镇军品隆信，初九、十一会老营攻克上溪口、石田等处，大捷，收复休宁。襄阳镇颜相廷朝斌十七信，捻匪窜邓州之腰店一带焚掠，距襄阳之黑龙集不远，贼数万余，势将西窜。河口其地繁盛，最为贼所垂涎。沅观察廿四夜与其兄书略云：此次抄函中有不遣鲍军往章门，留援北岸，以左军指发江西之论。又有调信防三千人援建昌之文。此二着似不甚相宜。乐平有贼屯集，左军适拊其背，贼即欲深入，亦尚畏惮景镇之有人。若左公行，则浮梁一带之门户开矣。信州驻防，乃所以御浙西之寇者，且其军非劲旅，能自固守，已属勉强，何能责以野战，解人之危困乎？调来三千人，恐未必能果援建昌之危，而信州之门户又开矣。自来官军得寸守寸，得尺守尺，力尽筋疲，往往或误于不得力之军。开一隅之藩篱，而坏数州之村落，卒至城隍被陕，旷日持久，而莫能扫荡以复其旧者屡矣。虽曰天意，岂尽无人事之咎哉？介在边圉，而倚重者非其人，或发轫橇调，而迟速偶失其当；或未量其力之所能胜，而聊轻试以相尝，迨至破绽已见，贼已从而乘之，我乃变计以乘贼，勾当不易，已悔莫能及矣。故为大帅者，所贵乎精心独运，令不妄发，出而必行，庶使阃外将领止如山岳，动若河决，而后无迟滞，无失机宜之弊耳。行军以爱民为大，然不在乎爱民之一庐一室一器一物之为得，而在乎能爱乎一郡数州一方面之为难能而可贵也。神速制胜之军，虽偶或骚扰,而全乎民间者究多且大。拙劣不能御寇之军,纵就规矩绳墨,而地方百姓有时实隐受其害。此中之理微乎忽乎,任调度者可不辨之早乎。江西三月当有警,早谋之则可夷大患为小眚矣。

官相文秀峰廿二夜来信,言布置省城井井有条理,论文武员弁才器大小,皆极分明,而皆容而用之,休休之度可爱。其言阎丹初初十日粮台人散,即寻短见,心太实太窄,非大器,不过取其诚实可靠,无经济之才。又谓汉阳府县二公,毫无打算,连汉口都怕过一巡,徒有其表。又言县丞吴廷华带希庵前队至,令其渡江,以话支吾,知其无用。又言颜相廷军在襄颇有声望,人甚体面,到楚做官赔钱,前请留川勇,我已驳之,棣台又加申饬,措词失当,相廷自此灰心丧气,不似从前之高兴办事。士可杀不可辱,非仅相廷一人也,慎之。凡此数言,皆切当。

廿八日丙戌(4月7日) 雨竟日。韦志俊禀:探有伪璋王林绍、伪玕王洪仁玕,于本年二月十四日由南京动身,各带数百人,同到和州。江南提军李世忠随带兵勇,离和州数里扎营两座。该逆首洪仁玕到和州时,李世忠即退扎滁,洪仁玕由和州齐集庐州府一带,上游伪璋王于十九日由和州抵运漕,有佑天义黄逆带贼一万余众会同伪璋王,于二十一日抵无为州,二十二由无为到庐江,意欲合攻桐城。

廿九日丁亥(4月8日) 阴,午晴。舒辅廷信至,言二十三日滠口击贼,大胜,歼六七百人。

宫保属往鄂城,为校新纂《兵略》,并检点箴言书院藏书,拟以来月初二行,取华阳镇水道溯流上,先致书周娱阶,托其买舟。

卅日戊子(4月9日) 晴。支应局致二月半月及三、四、五三个月薪水并舟资廿金。领舟资,其三月薪水此间无用,暂缴还,俟至省向粮台阎丹初处支取。其半月者璧还,以留此先言不受也。廿八日鲍镇六①信至,言其仍暂驻湘口,以待应援。左军以贼大股蔓延乐

---

① 六:上海图书馆藏《邵亭日记》钞本作"十六"。

平、饶州等处，左军即日由景镇进剿，故县及饶州一带，恐小有疏失，或无失而不能击退饶州大股，仍须鲍军赴饶击之，暂且不能救援北岸。左高叟廿一信：婺源、清华之贼先后俱窜乐平，延至饶郡，隔河十五里磨刀石数十里间，沿途皆贼馆也。贼窜饶必由故县偷渡，由水师不得力，若偷渡过河，则鄱阳又成贼窟。待鲍军截剿……随关船唐镜剃头运小麦数十石入安庆城，言狗贼在黄州不动，如安庆解围，即上攻武汉，如安庆围不解，即由广济、黄梅而下攻安庆围师之背。

三月初一日己丑（4月10日） 晴。揆帅及唐方伯训方廿六夜来信：已派萧为则六营、吴干臣七营，合舒都统马队，由孝感以至德安，分道相机进剿。李中丞驻军滠口为老营，以金逸亭一军为两路策应，已拔营前进。李中丞亦午后行。又调成镇军梁守七营，以二营驻鲁家巷，以防东路；以五营驻滠口，以备调遣。

现在贼在黄者无多，尽窜往黄陂四乡。四眼狗大股全在羊店，其孝感、云梦、应城、德安皆有贼踪，宜速图之。襄阳告警，北面均须严防。只得调郧镇兵千名迅至河口，尚有声威可掀。阎丹初信，言揆帅又咨留骆中丞军。

初二日庚寅（4月11日） 晴，风。食后出太湖城，行八十里，至长岭铺。陈筱云宝善、朱觐侯留宿转运局。

初三日辛卯（4月12日） 晴，风。行四十里，至望江县，访周娱阶，闻刘石于、蔡[念]篁犹寓西门李氏，遂同寓。石于言遵义令邓尔[巽]在南乡被杀，以比捐输太急之故。遵义凡秋人一石谷之家，勒捐三斗，不分贫富。富者勒捐银不在此数，不应即予笞杖，民视之如寇雠矣。娱阶言署安庆知府叶[兆兰]派捐甚急，每田一亩派钱二百，限十日缴齐，以供潜山团练。且将一岁数举，又一苛政也。其驻潜山，壮者尽为勇丁，不得耕，且口派丁钱四百，民至有生子不敢举者，以有生即科丁钱也。作字寄善征。夜访冯莲溪谈。

初四日壬辰（4月13日） 半阴晴，中夜大雨彻晓。娱阶招晚饭，识汪梅岑学博。旌德人。作书寄翁祖庚同书中丞。附诗一首。娱阶以寿州孙氏砖拓相赠,以其弟贻芳死定远二状,属为传志文字。

初五日癸巳(4月14日)　大风雨,午后小止。下载,薄晚登舟,行五里许,至吉水沟泊。作书寄曾涤帅。夜访李少山、刘韵如于舟中。

初六日甲午(4月15日)　晴。行十五里华阳镇,出大江,顺风上溯六十里小孤山,十五里彭泽县泊。

初七日乙未(4月16日)　晴。行十五里泾江料,北岸。四十里横坝头,北。三十里柘矶,五里湖口县。作书,以唐《石经》致高伯足。三十里张家洲,北岸。二十五里白水铺泊。

初八日丙申(4月17日)　晴暄。行五里,过九江府德化县。有英夷小船一,泊江中。前月夷至此,欲尽据城外市地,市民奋击走之,潘伯为之调停,夷乃夺我税务厅为夷馆。三十里罗家觜,北岸。三十里横河,北岸。三十里龙平,北岸。三十(邬)〔武〕穴北岸。泊。

《浔阳江行书事》

蕲春箫鼓竞宫亭,又见烽烟两道腥。五老疮痍犹未复,双姑眉黛竟能青①。当关虎旅迟扬盾,狎浪犀师疾建瓴。快蟹长龙定神物,慎教传我考工经。

古来世变真难料,百怪千奇幻未休。尽遣人寰开鬼道,安能②东海不西流。闾胥乃有攘夷愤,疆吏曾无辱国忧。请括市徒归卒伍,何难一箭堕旄头。

初九日丁酉(4月18日)　阴。行三十里田家镇,三十里蕲州,三十里韦阳口南岸。泊。蔡朗轩锷自石阼来,与娱阶二子同舟东下,因过访之。朗轩言田军门在贵州,好谀贪赂,于地方守令多所举勘,遭白简者皆良吏不腆无赂者也。思州守高振洛、玉屏令□□□遭其摈击,上书抵巡抚,请其奏闻,乞钦差根究其枉。抚军方引病去,护抚以开复原官,为之调停。二子不肯应,其屈抑可知,他皆称是。去腊

---

① 眉批:"'为谁青'何如?乞酌之。"然不知谁人所批。
② 安能:原为"悬知",后涂改为"安能"。刻本《邵亭遗诗》作"谁言"。

兴恕以兵至定番,毛贼空城避之,寻为所败,死者数百人,遂还省城不出。省城米极贵,以定、广未复之故。正月初,定番毛贼退窜归化、安顺、安平、大定、毕节,今不知云何。同舟言,去春正月廿三,即克小池驿,若乘胜而进,桐城、安庆皆旦夕可复,乃遂止不前。三月多隆阿都统乃进驻青草塥,四五月间曾国荃观察乃移营逼安庆,贼得为自固计,谁之咎也?

《泊韦阳口遇蔡朗轩县尹自故乡来,赠之,兼寄周娱阶、冯莲溪》

一身信虚舟,沿洄无所制。摇摇辞雪冬,蔼蔼转华岁。鞍马匪凤娴,笺奏且旁睨①。漫然从虎帐,率尔笑獭祭。煦日对湖山,行云莽迢递。金台忆连蜷,黄里阻执袂。安知上下船,两歇吴楚枻。乡音惊素心,老态讶隔世。鬓须亦何常,艰难几时济。回首壮年思,局促如附赘。

皖北昔初收,选吏半吾党。军储足供顿,民气亦舒养。新法剧弛张,古道费俛仰。进趣转迷津,罢斥甘脱鞿。群策豫安危,决胜颇昔曩。谁言破竹势,乃有刻舟爽。桑梓积榛芜,葺理复狙狙。骄兵已不堪,挫衄那可想。凭君语莲、娱②,毋事徒悒怏。请听客所为,滔滔欲安往。

初十日戊戌(4月19日)　晴。行三十里道士洑,南。三十里黄石港,南。三十里兰溪,北岸。十五里观音港,港中先泊巴河人避兵船数十。天尚早,长年恐犯军禁,遂泊。

《泊观音港》

维舟何太早,前路逼烽烟。黯扂何曾动,孤帆不敢悬。江光上弦月,花事③晚春天。举目愁哀雁,清游忽去年。

十一日己亥(4月20日)　晴。行十五里燕矶,南。十五里武昌

---

① 此句原作"文书徒学制",后涂改为"笺奏且旁睨"。
② 莲娱:原作"乡僚",后涂改为"莲娱"。
③ 花事:原作"山色",后涂改为"花事"。

港，南。大风雨，暂泊避之。午后雨止风息，行十五里，过武昌县五里，至樊口泊。

《舟经武昌望黄州》

江南无数青山贱，欲割三分岸北头。洗眼①一冈如碧玉，远随孤塔认黄州。愁云黯黯悲新乱，春水盈盈隔旧游。美酒名鱼空自好，不堪持向庾公楼。

《弱絮》此初二日作，补录。

弱絮偏争桃李姝，小池掀浪学江湖。何妨成事因人得，肯信知名绝世无。薄雾渐开新雨过，峭寒犹在晚风粗。不应去病还多病，闲卷春旗伴药炉。

十二日庚子（4月21日） 晴热。行三十里双江口，北。三十里鹅公颈，北，南为七矶洪。三十里叶家洲，北，其南郭店。三十里阳逻，北。十里巴洲府南岸。泊。夜，大风。

十三日辛丑（4月22日） 晴。行十里沙口，十里青山，三十里武昌府，五里鲇鱼套泊。入城晤柏容、莼斋兄弟，仍还舟。访廖一堂文善同守于粮台舟中，始知有传言其城警时上走者，妄也。夜，大风。

十四日壬寅（4月23日） 晨小雨，食后止。起载，入城居抚署之多桂园。与但幼湖、李梅生同一室，畅谈竟夜，识丁果臣取忠、时清甫曰淳。鬼船巴下里索衙门，许以通判署及汉口同知署与之。闻孝感我师大捷，复其城。刘霞仙蓉从骆中丞之兵分援德安，又闻贼回窜，蕲水、蕲州皆陷。

十五日癸卯（4月24日） 晴。食后与幼湖同访阁丹初敬铭郎中于粮台。遂至柏容照署，梅生亦来，同饮于庆春园。登黄鹤楼址纵眺，踏月而还。闻武昌县纵监犯纠道士狄、梁子湖土匪二千陷大冶，大冶令倪［应颐］自杀。伪忠王李秀成陷江西袁州府。长沙兵勇互斫，寻调解定之。

---

① 洗眼：原作"最爱"，改为"遥见"，又改为"恰见"，最后改为"洗眼"。

十六日甲辰(4月25日)　晴。廖一堂来访。钟云卿谦钧太守诵黄檗大师熊开元《汉中语录》，颇与时事有印证者。祥荫梧来访。过西院访周宅山钟俊。

十七日乙巳(4月26日)　晴，热甚，薄晚骤风雨，即止，热不退。食后与果臣访刘庸斋熙载于武昌府署，又同过柏容寓茶话，还访包兴言、祥荫梧。闻麻城已无贼，黄梅、广济皆陷。又闻宫保病渐差，调巴河成镇兵下援。

十八日丙午(4月27日)　雨。太湖十四信至，言贼十一陷黄梅，十三陷宿松，遂至怀宁之石牌镇。另股贼及太湖境，距城三十里。闻江西乃吉安陷，非袁州。作书寄胡宫保。

十九日丁未(4月28日)　雨，午后止。果臣有人自长沙来，言长沙、澧陵皆无事，然则前日传言误也。食后，柏容过谈，薄晚乃归。

廿日戊申(4月29日)　晴。太湖十五日遣人至，言其日午，贼马已底城东门。眉生、幼湖同访丹初，见左高叟与涤帅书，言伪侍王李世贤以二月三十陷景镇，陈余庵总兵大富与全军俱没。此君自去岁贼陷徽宁，守南宁半载。杨厚帅始援出之，又奔命于皖南北之间。师疲饷绝，一战而覆，亦可惜也。又言伪忠王李秀成至樟树镇，左军不支，乃退扎乐平，饬调鲍军上援。并请涤帅移驻浔阳。李少泉又请涤帅移驻省城。涤帅答书以皖南不可轻移，当亲攻徽州以通浙道，而令鲍军助左军攻景镇。识卫静澜侍讲。

廿一日己酉(4月30日)　晴。与幼湖、眉生同过柏容，先憩于聂[陶斋县令]寓馆，同登黄鹤矶，还就半山楼晚饭。于丹初处见太湖十七札，言十五贼探马二百骑已及太湖，知有备，引去，分窜桃花埠、荆桥一带，狗逆已至石牌，催调希、雪分兵下援。巴河成镇七营已于今日由水路下。十八，霆新募三营攻黄州，遇雨，山后贼出，小挫，即收队。涤帅初三与沅圃信，言皖南贼势蔓延，饷馈将竭，惟急攻徽州以通浙江一道。且有戒谕诸弟语，若遗训者然。

廿二日庚戌(5月1日)　晴。蔡念莛十五日自望江来，言望江城中皆移一空，石于轻装走大通，念篁即西还矣。以善征二箱一篓来，夜，检点书箱，一并前寄存柏容四箱，托其便致遵义，作家书，以四十八金寄家中。

廿三日辛亥（5月2日） 晴。食后往柏容寓看念篁，遣人运书箱五于其舟中。闻宜昌有斋匪蠢动。遇杨培轩茂春于柏容所。憩聂陶斋县令光銮寓。闻鲍军攻克景镇，杀贼数千人。

寄交念篁带回书籍：

《素问王注附灵枢》，二套。《贾子》《白虎通》，一套。《姓氏寻源》一套；《辨误》一套。《蔡氏九儒书》，六本。《几何原本》，四本。《同文算指》，五本。《一切经音义》，一套。《凌氏丛书》，二套。《荀子补注》，一本。《渊颖集》，四本。《通志堂集》，五本。《馒飣诗集》，九本。《陈冀子诗》。《孔氏诗》，四。《小蜗庐文》，二。《刘养园诗》。《路氏家集》，四。唐诗，四十九本。

《说文韵谱》，四本。《说文释例》，十本。《说文通训定声》，二十四本。《说文正字》，一。《字典校勘》，四本。《老子》，一。《世范》，一。《四朝闻见录》，四。《山左金石志》，二套十二本。《粤东金石记》，二本。《常山金石志》，八本。《水东日记》，五本。《西招图略》，一。《梦占类考》，四。《张曲江集》，六本；又《考证》，二本。《国朝诗人征略》，十本。《涵通楼师友文钞》，六本。《午亭集》，十六本。《涧东诗》，二。《躬耻斋集》，六。

《四书释义》，二；又《释地辨正》，一。《五经蠡测》，二。《春秋提纲》，二。《齐诗翼》，一；《礼记疏》，二。《毛诗礼征》，六。《孔子编年》，一。《仰止编》，一。《蜀碑记补》，二。《蜀水考》，二。《闽中沿革表》，五。《史子朴语》，一。《诊家索隐》，一。《四明尊尧集》，二。《辽史拾遗》，十二本。《天方典礼》，四。《赋汇题解》，四。《初学辨体》，七。《研经室诗》，二。《殷斋诗文》，六。杂词本，三。宋碑，数种。蔡帖一包，宋元杂帖。

《两汉金石记》，四本。《三巴耆古志》，五本。《华山碑考》，二;《偃师金石记》。《石经补考》，一。《汗简》《佩觽》，一。《古志石华》，二。《纪元表》，二。《视学》，一。《复斋款识》，一。汉武、梁祠堂全拓一匣。汉至随碑一包。四十二，又一包十六。汉魏碑，十七。风峪华岩，四十七。唐碑，三十三，又十四。小唐碑，百余种。颜书，六种。图章六，墨一匣。《辰六集》，六本。

《国语》，四。《国策》，五。《元本广韵》，二。《广韵》，二。《玉篇》，三。《六书本义》，四。《水道提纲》，八。《建文年谱》，四。《华阳国志》，三。《名臣名儒传》，廿四。《方舆纪要》，十五。《世说新语》，六。《历代帝王宅京记》，六。《职官表》，一。《蔡中郎集》，四。《独孤宪集》，四。《茶山集》，二。《望溪集》，六。《海峰文》，四。《海峰诗》，四。《精华录》，六。《双池集》，六。《砚云甲乙编》，六。《刍言》，二。《圣武记》，十。《左氏兵法》。《史忠正集》，二。《云卿墨迹》，一。《椒山奏稿》，一。《今雨诗注》，四。

廿四日壬子(5月3日)　晴热。廿一太湖信至，言贼仍据石牌，四招援贼，待解安庆之围。皖北待希帅还援甚急，而希帅以为不要紧也。复与眉生、幼湖半山楼晚饮，登黄鹄矶望晴江。

廿五日癸丑(5月4日)　晴，热甚。绳儿十三日自祁门来，午间至。遣人渡江视念篁，不得其舟，盖已解缆西上矣。绳言初二日涤帅发祁门往攻徽州，以亲兵一营、霆字一营、朱镇[①]湘前营、易□前新营、余亭唐镇[②]强中营、张道凯章老湘营诸军七成出队，初五连破贼卡数重，抵徽西十里而营。令初六凌晨分两道进攻，时大雨，攻北门诸军未出，攻南门诸军闻贼号令，以为北门诸军出队，仓卒进攻，贼绕出截其后，遂大败，损二营官。祁、休之间皆群山攒香，无平原广野，宜

---

① 朱镇指朱品隆，字云岩。
② 唐镇指唐义训，字桂生。

选隘而营，以防要路，非可以寻常营法营制拘也。闻诸军必以五百人为营，但就宽平，不求阻隘，殆非法之善。善征在彼，殊无事事，须待李次青元度至，乃一并料理。善征寄《三苏文粹》七十卷，乃嘉靖辛卯陆给事黎谪都镇驿丞时寓平越，以此教从游者文法，而土官杨山金鳌重刻于家塾之本，盖即以宋刻翻雕，每半页十四行，乡里中未见此本，而祁门获之，亦里典足征者。

廿六日甲寅（5月5日） 晴，热甚。黄印山鸣珂与幼湖信，言建昌自正月十九日登陴，至二月二十乃解严。伪忠王李秀成自黟县溃败，闻有必至建昌之语，印山即布置守御具，捐千金为倡募，建人经黄□移福建、湖南、移省城者大半，存者以官贫而能勤于扞城，颇响应。是时建城营兵不满三百，专守城，不打仗。升字营勇六百，非精锐。惟印山所募之黔勇二百、潮勇六十，稍为可恃。贼至，四面攻围，水泄不通者二十二日。贼开地道者五，轰倒城垣十四丈，皆力御却贼，城得无事。又六战皆胜，民心益固。十三日，印山自率全军以出，拼一死战，而广丰、南丰二属之援兵适至，内外夹击，贼大败，遂窜抚州、宜黄、崇仁以去，而抚军所派和字营兵勇八千人，犹数日不能进也。又云此次贼于初九日轰城后，获贼供称，于高山上见城上红光笼罩，守护者百余人皆着红丝袍，其时城上只潮勇十余人而已。是日天明早二刻三分，发白后即出红日一轮，高三丈许，而所轰之砖石，无一片入城内，皆飞向城外，击死贼头不少。十三日追贼时，贼皆惊，有红袍二人，尾追甚勇，由此卜天心之呵护此城也。又钱馨北桂森二月十九京中信。六飞回驭，忽又改缓，未知能否成行。折差言以鬼子有迎驾之说故也。

廿七日乙卯（5月6日） 午后大风雨，旋止。闻黄州贼造船成百余只，将以渡江。作书寄向湘汀。

廿八日丙辰（5月7日） 雨。闻石牌贼已至集贤关，沅观察以八百里告急。

成大吉廿六尚未至太湖，李希帅老驻潥口，既不急攻德安，又不分兵下援，皆可怪。作书寄王壬秋，附以《魏孝文比干庙碑》拓本。

廿九日丁巳(5月8日)　雨。果臣言益阳有慰人子弟阵亡书云："居今之日，除却杀贼，别无生路，除却阵亡，别无死法。"语甚伉壮。

三十日戊午(5月9日)　雨，入夜大雨彻晓。廿六太湖来信，言狗逆窥探太湖后，直趋安庆，入城一宿而出，现在贼垒，扎集贤关内外。廿三日，伪璋王、伪玕王两贼自桐城纠大股趋练潭以会狗逆，多都统率马步三千余人迎击，杀毙溺死之贼约一万有余，马队追至桐城而返。多公现加派挂车河守营分兵同进，以成镇兵合之。成大吉军廿六日巳刻已到太湖。黎柏容来访，约明日同眉生、幼湖早饭，二君将之湖南，饯之也。于周宅山许识李香雪映菜都转，香雪，叙州宜宾人。刘庸斋过谈。

四月初一日己未(5月10日)　雨，夜尤甚。幼湖将往益阳，眉生将往长沙，期明日登舟。柏容招同饮于半山楼。

初二日庚申(5月11日)　雨。送眉生、幼湖。探报言黄州贼造成船四百只，且有炮船十余。又言蕲州贼有船百余只，将渡江。大冶禀亦言贼拟冒官兵夺船上下。

初三日辛酉(5月12日)　大雨不止。闻曾涤帅已于前月廿四移营东流张家滩。又闻江西瑞州府失守，逼近湖北之兴国、大冶，甚可忧。

初四日壬戌(5月13日)　霁。太湖大营三十日来信，鲍镇七千人已过北岸，大约初一二可到，加以成、多各军，合一万余人。宫保自将进剿安庆，屠狗必矣。闻田兴恕已阵亡。

初五日癸亥(5月14日)　黄雾竟日。卓午日暂见，乃甚寒。与果臣同过丹初谈。

初六日甲子(5月15日)　寒雨。果臣言申包胥乞师秦庭，秦人为之赋《无衣》；以左氏载庄姜美而无子，卫人为之赋《硕人》；高克不召师溃，郑人为之赋《清人》例之。则《无衣》之诗，即为包胥作也。诗中词旨亦合事实，旧说以与七子赋诗为例，殊未安也。

《汉石例》六卷，宝应刘宝楠字楚桢。所述，灵石杨墨林刻之《连筠籙丛书》中者,较梁曜北《志铭广例》、郭频伽《金石例补》、冯登府《金石综例》尤精善。陶文毅澍《靖节先生集校本》十卷,略有考注,附《序录》一卷、《年谱考异》二卷、《评陶》一卷,为见行陶集善本。

初七日[乙丑](5 月 16 日) 阴,午后见日,犹寒。刘庸斋来访,与果臣论割圜密率,果臣谓古率径一围三者,乃六角之圜。依六角规之,分为六弧,得围三一四一五九二六五;六角周得三万万,半径五千万,六方每边与半径同数。六分之,每弧得五千二百三十五万九千八百七十七有奇。果臣又言八线三角。刘兰汀大令寿椿在京师时,与易笏山孝廉佩绅同晤于书肆,今来湖北候补。

初八日丙寅(5 月 17 日) 晴阴半。闻以瑞州之故,通山一带颇惊扰。朱觐侯相访。

初九日丁卯(5 月 18 日) 晴。食后与果臣访庸斋,果臣先归,遂过柏容谈,晚饭乃还。道经藩库厅署,闻兴言移寓,看之。闻德安贼欲投诚。

初十日戊辰(5 月 19 日) 晴。有亲兵初六自太湖来,言初七当开仗。

十一日己巳(5 月 20 日) 晴,黄雾。柏容见过,言其所遣还家之人,三月△△行至思南府之△△,道阻而返。又言有自遵取酉阳龙潭道、下酉水来者,言二月中,田军门之部将毛△△攻发贼于△△,阵没。贼遂由△△趋大定,陷之。前闻军门亡,或以此。二月尾,桐梓知县陈[世铦]诱致其团总王正儒,杀之。团民遂杀县官,并其所募练勇皆尽,其民仍耕作如常,特恐以兵临之,则皆畔耳。作书寄胡宫保。为果臣篆书《调息箴》。

十二日庚午(5 月 21 日) 雨。遍检理簏中碑帖,拟以两《石鼓》、《嵩山三阙》各黏为大册,以便临仿。

十三日辛未(5 月 22 日) 晴。闻洋鬼买江中钓钩等船可百余只,陆续开以下行。

十四日壬申(5 月 23 日) 晴。闻狗贼已挟其家室去,不在集贤关矣。又闻江西腹里之贼皆趋徽州。胡湘林万本自弯乡至寓园之东头，善刻石，年七十余矣。

十五日癸酉(5月24日)　晴热，薄晚雷雨，日入后大雨。闻刘君救随州者必待饷乃开仗。又闻黄贼所缮所夺舟益多，将乘雾渡江。闻昨夜四更许，有星陨于北方。

十六日甲戌(5月25日)　晴。闻贼在瑞州者又以十一日陷义宁。又闻江西带兵者刘△△以五千人降于贼。

十七日乙亥(5月26日)　晴。闻崇阳告警，以其与义宁接壤也。

十八日丙子(5月27日)　晴，午后阴，有数点雨。阅开元二年《周公祠碑》云："公字朝明。"公字古籍无可见，独载此碑，殆附会也。果臣又持示《敬善寺石像铭》，文甚藻丽，字是初唐法，乃(妃)[纪]国太妃韦氏造像所立，今在洛阳。《唐书》太宗诸子列传，韦妃生慎，慎始王申，后徙纪。碑无年月，《纪王妃陆氏碑》载陆妃薨于麟德□年，太妃时在洛下，则此像铭当在麟德时也。

闻义宁贼声言，当往蜀救其翼王石达开。又言当破平江。

十九日丁丑(5月28日)　雨。果臣言前岁有叩乩者，书云："不平人杀不平人，杀尽不平方太平。"语殊有理。

二十日戊寅(5月29日)　晴。出饮祥荫梧寓。

二十一日己卯(5月30日)　晓见日，寻阴雨，夜兼大风，雨亦竟夜。闻十五日多都统在桐、怀间获胜。

二十二日庚辰(5月31日)　风雨竟日，寒如晚秋。得益阳十九太湖信，言校书行款，一切归整齐画一，应如所拟。其血症仍作，则可忧。

二十三日辛巳(6月1日)　雨，晚霁，仍寒。闻义宁贼已退，乃犯奉新。闻三月中曲阜失守，捻贼屠其城。

二十四日壬午(6月2日)　晴。闻贵州以何杰夫护中丞、承子久护藩司，其阙员可想也。融斋相过。晚访丹初，并答看罗冀阶登汝、谢守之扆、邢子英世铭三君。守之示其所藏碑帖，中有魏崔颃墓志最佳,武定六年十月卒,齐天保四年二月葬。是昔人未著录者。又赠江都新出田伭志及伭妻冀氏合葬志。

二十五日癸未(6月3日) 寒雨,夜尤甚。果臣将行,商以《兵略》板子携就长沙梓人补误,连两日夜检已校出者,核定,得十二卷,付之。

二十六日甲申(6月4日) 大雨,仍寒,彻夜雨。果臣冒雨登舟,不能开也。

二十七日乙酉(6月5日) 大雨,午后止,晚霁。宫保廿日来信,言书板应在鄂更正,乃为合法。果臣以板运长沙,无主人,一切不便。又言致语丹公,我不索饷,即饥溃身殉,决不尤人。又言林冠山以汪梅生荐,可令入署抄书,付书局管理。

二十八日丙戌(6月6日) 霁。芒种。柏容相过,融斋亦来,同登蛇山观涨,汉阳、汉镇皆水所包。晚携绳行及小东门,登城楼看山,所经小沟清激,盖雨后城中泉脉所成。

二十九日丁亥(6月7日) 晴。罗大令仙舸登瀛自沔阳至,为乃弟冀阶料理检书。谢守之致来镜铭六纸。

五月初一日戊子(6月8日) 晴。四月一月中寒雨逾十分之二,至今日夏令乃正。作书复景剑泉提学及其幕客汪芸石。

初二日己丑(6月9日) 晴。出过柏容寓,留食鲥鱼。闻黄州可收复,其城坏十余丈,其贼已自溃然乎。又闻自孝感来者,言孝感失守时,乃自光州败回之贼经其地,其自黄州上窜,长毛才七人耳,城遂陷。先贼未至时,令募三千人待之。闻震雷,以为贼炮也,先溃矣,故致然。闻宫保与诸帅信,言其将还省城。绳买冰纹瓷盂,售者以为骰子盆也,吾谓作笔洗最善,岂取槿牡之饴,抑封地之不龟手药乎。

初三日庚寅(6月10日) 晴。晚访丹初,并看吴小山兆熙,小山将以明日往太湖。丹初谈书甚愜,见有馈其爹服蓝玻璃帽顶者,始知其升臬司候补。以谢文节卜砚拓本报守之。

初四日辛卯(6月11日) 晓晴,寻大风黄雾,午后开朗,晚有虹见于东,疾风甚,雨中杂细雹,寻止。晚食后访融斋,谈久之,同登府署西小邱,见江有浪花,虹脚在墨气中,而风雨至矣。还俟其过,乃乘轿还。闻通山失守,其令逃往咸宁,咸宁令所报也,通山实无城。

初五日壬辰(6月12日) 晴,午阴,闷热,晚复霁。晨过柏容早饭,丹初邀午饭,辞之。与柏容访王敦亭[静一],敦亭新选通山令,方自京至,言此时月选州县正班引见,须到避暑山庄,他班知府亦不往。先奉旨二月还跸,直隶一省,派办纷然,已而中止,诸守令皆费不赏。如赵州亦帮六千两,他可知。陈杰夫大令来候补毓坤,持其尊公息凡信,并新刻《依隐斋诗文词》及《岷江纪程》十册至,言去冬风疾复作,今春乃愈。平棘赔累倍于寻常,去秋勤王兵差、今春回銮支应,其最著者也。昨今二日,以积雨初晴,二月避出移归者约千家。又以通城之故,纷纷移入舟者又复不少。甚矣,鄂人之无固志也。闻胡宫保将还,又人人额手相庆,冀其速至,岂城中更无一人可恃耶。二更,闻通山有报至,言贼已退三十里。

初六日癸巳(6月13日) 忽晴忽阴,大风,若大雨将至,寻吹散。闻有报至,贼之去通城、通山者,又陷咸宁。城中居民移出者纷纷,官不之禁,人心甚摇。晚过柏容,言欲与敦亭同买一舟寄子弟。因过看陈杰夫于寓。△△△寓。城人急于逃城者,以诸大吏眷属赍重三日内皆移入舟,以为民望,非尽民之咎也。

初七日甲午(6月14日) 阴,食后雨时作时止。晨起,即闻市人移而出城者较昨日尤甚。初二日营中寄抄周寿山禀,言前月廿九成军急攻集贤关贼垒,降其首李馥莲、曾庆忠二垒。又有第四垒俱欲降,惟第一垒贼首刘沧林未降。鲍军会同合围,想早晚可下。此四垒,皆贼之劲旅也。周宅山言城人之摇动狂走,其一由贼自武宁分股窜兴国之辛潭铺,经我军击退,窜至环山。我军扎三溪口以堵之,口当兴、冶、山、通、武五交界。环山可通江夏之三坡一带。禀报者历言三溪、环山去各州县道里,而听者遂谓贼已并及其地。其一由何绍彩以五百人扎崇阳,闻通山、通城贼窜咸宁境,移营咸宁截剿,遂传咸宁亦陷耳。今日李希帅已带六营兵由阳逻渡江,出青山,扎鲁家巷。又闻新制炮船数十已下水,由金口往咸宁,会旧扎水师会剿。闻成大吉以初六日带五千人渡江而上,中丞以初八渡江而上。过粮台借支三个月薪水。过融斋,言其居停未为之谋,居此危城,颇有伤勇之忧。唐义渠方伯昔岁在鲁家巷要处筑小城,今颇得其用。现在夏水方盛,此路止一线,极易守。

初八日乙未(6月15日)　晴。武昌县知县禀,言前扎三溪之知府唐协西时雍、副将余际昌、都司江得胜三营,以初五日失利溃散,大冶失守。代办大冶知县王墉退至武昌县界之保安局。大冶帮办团练之府经林瑞枝亦失利而溃,溺水复生。先是,江得胜出队攻贼,方得手,而兴国州村民恶其所部兵奸掠太甚,遂焚其营,其纪律可知也。端节之溃,得毋蒲酒纵酗,遂忘设备与。李希庵入城,饮于粮台,闻报即还鲁家巷,谓当别派劲队往武、冶,换三溃营还守,调度甚是。融斋午相过,晚复相过,谓果有急警相闻,各行不必牵待。闻金口、嘉鱼,皆以溃兵大警动,而牌洲界其中,乃了无所知。盖洲在水中,溃者所不经也。

初九日丙申(6月16日)　晴。外间哄传武昌县以昨日申刻失守,然昨日酉刻即闻此言,殆余际昌等在武昌收溃卒而讹传也。食后,罗仙舸行,还新堤。

初十日丁酉(6月17日)　晴热。传言陷武昌贼已退,以蒋道凝学兵由水路下,将于武昌登岸也。访融斋,昨日已行。陈杰夫雇四百石船,谓可寄行笥。闻有报至,言蒲圻、崇阳并有贼,去城才数里。

十一日戊戌(6月18日)　晴热,风。宫保初五日与李香雪信,言集贤关贼三营降者皆诈,已设法屠之。其未降之一营散走,皆为我兵所截杀,此皆老贼之劲旅,入夏来唯此事差快意。成镇十营已于初二发,当由武穴渡江。又言其血病又增,日咯至二百许口。朱觐侯来访,言其眷属在金口,亦一日数惊,与城中谣言相似。陈杰夫言天津守石襄臣赞清⋯⋯

有谓蒲圻失守,又有谓不然者。午,出望山门,访廖一堂于粮艘。

十二日己亥(6月19日)　晴,酷热,晡后大风,中夜大雨。晚过钟云卿牙厘局，言有报至，谓入蒲圻贼五百许人，城中空无人，无积贮，又处处阻水，仅其来处一线堤路，若有兵往，不走即成禽耳。又同过△△观△叶云峰，谈久之。

十三日庚子(6月20日)　大雨，申后乃止。晚饭后过柏容、敦亭，柏容议当即遣纯斋北上，应顺天乡试。钟云卿来言宫保以初九发太湖。

十四日辛丑(6月21日)　晴。夏至。外间传言通蒲间贼以水盛不能至鄂城，当趋湖南岳州，城中皆移徙一空。食后携绳往斗记营送黎纯斋行，赆之三十两。晚还桂苑，二月折差始还，以益阳所买《通志堂经解》及殿本《史记》、两《汉》至。言车道时不靖，贵州差官犹被劫一空。过陈杰夫少谈。有妄传贼至三坡者，不可信。

十五日壬寅(6月22日)　晴。晨，遣绳送纯斋渡江至汉口登舟，还，言明日有遵义王姓者将行，可作家书托之。阎丹初廉访过谈，冀阶亦相过，柏容亦过谈久之。太湖十一信至，言中丞十二乃发。夜，作书寄彝儿。

十六日癸卯(6月23日)　晴。王孝凤家璧部郎来访，言此番贼之至武昌，以唐时雍先遁，而江得胜继之，余际昌方与贼力战，见两军溃，遂不支而败也。初十间蒋[凝学]登西山相营，贼以为唐时雍也，攻之，蒋兵俯而接战，水师先泊岸以俟者相与夹击，杀贼可三百人。柏容言咸宁令与首领信言，大冶、兴国、通山之贼，尽数二千余人，窜咸宁，县城已于十三失守。其禀报则云，贼在城外二里时，令已挈家棹小舟避湖荡中，城人亦移空。柏容家四月十八遣人至，言遵义尚安靖。子尹今年主湘川讲，守仍窦千山，令仍邓尔亨。

《鄂中论史二首》

蒙冲大舰扫沙羡，霸业居然见此时。鱼水君臣愁响沫，鸟飞星月念依枝。遂令赤壁英名起，终是丹徒世业资。不道绿林狐鼠辈，十年飘忽至今疑。

陶桓未许戍邾城，猎骑悠悠引旆旌。倚水能提南国纪，安夷不召朔方兵。重屯本自雄吴国，急援偏难枝庚生。望古岐疑无定算，西阳豺虎遂纵横。

十七日甲辰(6月24日) 晴,夜大风。作字寄善征弟。又作书复赵州刺史陈息凡。廖一堂相过。晚过阎丹初,遂同步至武胜门。即草埠门。登凤凰山顶纳凉看江色。揆帅遣以中丞十三日来信示丹初,是在舟中作者。城中已先遍传,移而入者渐多。唐义渠训方方伯登城寻丹初,遂脱身先还。

十八日乙巳(6月25日) 晴,午小雨,即止。柏容、敦亭、冀阶、小山次第相过。为冀阶作书四纸。冀阶言贼窜蒲圻,有浪传岳州有贼至者,方遇湖南折弁,言南省已遣总兵周宽世将五千人防岳州,已于初十日至。宽世,李迪庵旧部也。探报言十七日已复武昌县。

十九日丙午(6月26日) 晓阴,午雨,晚晴。闻蒲圻、咸宁驿路皆通,贼以中丞将至,复南窜也。成镇兵昨日已至。

二十日丁未(6月27日) 晓即蕴热,乍晴乍阴,午西风,晚雨。柏容招晚饭于敦亭所。

二十一日戊申(6月28日) 晴。午梦在遵城遇少年负贩者,作都匀乡音,见余前趋起居,自云乡里李氏子也,且言陶方伯致声,早晚当由匀走省,即渡乌江候公,有要件相商酌。李氏子请余出城,以雨泞倦行,强负以走。又言其所买准称当为一视。霍然遂醒。方伯讳廷杰,字子俊,咸丰六年秋都匀城陷,已殉难,谥文节。梦中乃忘其已死,何也。

晚访丹初谈。谢守之言有扬州王益三甲曾,元名文甲。大令罢官,馆于历伯符观察许,因同往访之。益三,辛卯同年,道光癸巳正月自扬州同赴春官,同舟联镳而行者二十余日。尔时皆少壮,各以意气相矜尚,今皆颓然老矣。益三长十一岁,先选恩施知县,有七子,其长者为直隶县丞。

《赠王益三同年甲曾》

春明三十年分手,南北东西断雁缄。君始一官惊短梦,我犹无地着长镵。江湖恶浪兼天回,鼓角悲风落日衔①。忽漫相逢青眼在,悠悠且莫计归帆。

二十二日己酉(6月29日) 半晴阴。过刘兰汀早饭,坐中吴桐云大廷舍人方自京师来李希公营,谈甚快。桐云用力归、方文法,极有得。闻中丞十六信自东流来,其经涤老营必小留。又经蕲水蒋令境,更小泊。或当逾天贶乃至也。吴丹书自长沙来,言闻都镇境中苗已降,愿修还都匀城诸城郭。

二十三日庚戌(6月30日) 半阴晴,午后再雨。吴桐云、刘兰汀见访,谈良久。

二十四日辛亥(7月1日) 乍晴乍雨。王逸珊、朱觐侯、周木皆、罗蕙阶先后见访。作字寄果臣,并《兵略》已定者十八册。始十三卷,至三十卷止。李眉生五日长沙寄书至,言其四月廿一抵长沙,湘水盛涨,多坏民田。闻湖南人言湖南之官贿赂通行,湖南之民日怨东征,湖南之省城无官无将无兵,日以为忧而已。王壬秋已移居省城。

二十五日壬子(7月2日) 阴,午雨。作字寄郭笙陔敬镛大令并篆联横幅。去冬笙陔在长沙寄字怀宁见索也。作答李眉生书。夏古彝自太湖至,住李希帅营中。午与蕙阶同见访。中丞与古彝信至,言成镇已抵省,即听希帅节度进兵。

二十六日癸丑(7月3日) 阴,晚霁。晚过柏容,言张滨之祖,绅士,江西余干人,年四十余,病吐血,逾年不止,百方不效。寻饶州名医吴某视之,曰:"此不必服药,药能暂止,久则吐尤甚。君但服回元汤,兼以藕片泡当茶饮,每食忌鸡鱼葱蒜,病自能痊。痊后更服回元汤三年,乃可终身不发。"张如法行之,果不复发,年八十余。滨时二十余岁,亦患吐血,其祖教服回元汤,滨嫌不洁,师其意,取七八岁小儿童便服,日数服之,兼以藕汤。不半月而止,惟体弱神昏。张翁教之服黄牛乳,辰午酉三服,服之三月,身健如常。又教之服童便,至

---

① 原作:"兼天恶浪江湖迥,落日悲风鼓角严。"

三年方已。滨今年五十二岁,现分湖北候补藩经,其血症愈后即不发。日入后有星见于乾方,在北斗之西,大如月四之一,其光东南指,渐成白气,似彗非彗,其长可六七十度许,不知何名,绳谓见已自昨夕矣。亦有谓前四五夕见者,未审。

廿七日甲寅(7月4日)　乍阴乍晴,晚有数点雨,夜不见星。晚食后访丹初谈。

廿八日乙卯(7月5日)　晨,黑云欲雨,旋开霁。日入,视前夕所见星,乃移于壬方,在紫微垣中,斗枢、少尉之间,仍扫东南,其气近南一边射出最长,过天汉,近东一边才及其半。

廿九日丙辰(7月6日)　晴热。校《兵略》,并以张习庵成嵩、汪梅岑士铎两校会核定本,始于三月十六,至今日通毕,凡七十余日,以余所校稿本付绳,装而存之。晚,钟云卿过谈,示邸钞,有毛昶熙请开复尹耕云原官一折,奉朱批:"因该员希邀宠荣,又无声绩足录,遽请开复,殊属冒昧。毛昶熙着申饬。该革员如果始终出力、著有劳绩,准其酌量奏请,惟断不能仍列谏垣。钦此。"盖权要恶耕云,唯恐其仍列谏垣,若以他官请自可准也。夜视昨所见星,又小移,东与斗魁之枢、权二星成三角形,于权星尤近,其气近东一边长而近南边又短,中夜则转而南扫。

三十日丁巳(7月7日)　晴热,小暑。午过柏容谈,敦亭在座,遂同过杰夫,还访丹初于粮台,晚饭张溶江之沅相过。夜视昨星又少移,而东北与斗魁之权、杓之开阳为三角形,与权为勾,与开阳为股,而权与开阳为弦。唯股之分少不足。见十五日吉营抄信,言皖城出逃者二百余人,皆虏胁者,言城中贼万余,仅半月粮耳。又抄陈玉成与皖贼信,甚言其兵饷之缺,属其坚守,观此则贼势亦甚窘蹙也。

六月初一日戊午(7月8日)　日食四分二十秒,辰正△刻初亏,巳正二刻复圆。午晴热。食后中丞舟中信至,言其初三辰刻当入城,其病复作,当暂息静于多桂园,遂与绳移住西花厅之西间。觐侯相过,谓有讲天象者,示一纸云:前月廿五壬子日戌时始见彗星,光芒长数十丈,头在西北,尾指东南,由内阶下二尺起冲犯三师及文昌第一星,历贯紫微垣右藩少辅、上辅、天乙、太乙,左藩上卫、左枢、七公、女床、天纪,天市垣左魏赵、九河、帝座、宗正、宗人、候星止,此壬子、癸丑、甲寅三日所见也,后又当有移宫改变。前载论彗星大凡治时出则主乱,乱时出则主治,无兵兵起,有兵兵罢。郗萌曰:"太白与日同舍合度,七十日彗星出,岁星逆行过度,则生彗星。"检《七政历》载:岁星于咸丰十年冬月初四日,由星宿二度九分逆退,至十一年三月初四始止复顺,历柳宿,至五月廿四日,始归星宿初度。廿五日即有彗见。然则岁星逆行过度生彗之说为不诬矣。荧惑守星,期三十日,彗星出,镇星守氐三十日,彗星出,出入留舍斗,一月不下,彗星出。又查《七政历》载,本年五月初九,太白行井宿、初度,十九太阳亦行井宿、初度。现在虽未并行七十日之久,总属相行同舍,然则太白与日合度彗星出之说亦有因也。夕见彗与斗权、开阳成正勾股形,与权为股,与开阳为勾,而权直,开阳则弦也。

初二日己未(7月9日)　晴,热甚。食后向湘汀、文任吾、吴小山、明子卿、陈翰园、王翰筵诸君皆至。李香雪相过。过敦亭晚饭,食豆花甚清爽。夕视昨彗又少移,与开阳为勾,与权为弦,权与开阳为股,亦正勾股形。是日,城中各街巷人增于往日者十之九。

初三日庚申(7月10日)　晴热。卯刻胡宫保至,迎候于多桂园五福堂,虽咯血时作,而神气较三月初差胜。识方子帠翊元。晚过宝善堂访邢星翁、卫静澜、夏古莽。又过周寿山,言善征已至东流,甚不得意。夜识胡花楼。郭筠仙信至。但又湖五月十七信至。子帠讲诗古文,兴国诸生,湖南令。

初四日辛酉(7月11日)　晴热。晨朱觐侯、魏春农相过。午识汪梅岑孝廉士铎,谈久之,小学地理最长,江宁人,方仲坚凝之旧友,年六十矣,中丞典江南所得士也,老而无子,携妻避乱,来依中丞,郁郁时时不得志,自号"无不悔翁"。其遇亦可悲矣。以《兵略》校本呈宫保核,谓一依所勘为定。

初五日壬戌(7月12日) 晴热。作字寄果臣,并封《兵略》三十四卷遣人往。复作字寄眉生。晚候希庵中丞、雪琴方伯于多桂园。夜视彗与瑶光、开阳成小三角形,又东南移矣。

初六日癸亥(7月13日) 晴热,风。中丞生日,闭门不见一客。午,雪翁过谈,言初三□城贼已走,有李(少)[次]青自上击之也。闻徽州收复,贼趋江西铅山、福建汀州。

初七日甲子(7月14日) 晴,风。豫抚五月廿五信述涤帅言:不逆死,不亿不起,即是养生之法;不逆败,不亿不振,即是行军之法。又谓方存之已延致汴中。又谓豹岑节俭正直清净冷淡,我有豹岑,如公□□。抄件言布鲁斯国到津,愿仿照英、法等国进京换约,派崇恒往俄西从中说合,俟通商五年、十年无事,再行驻京。俄商贩货欲到京贸易,未许。令赴津门,不卜允否。夕视彗与瑶光为勾,与衡为弦,而瑶光与衡为股。

初八日乙丑(7月15日) 晴。幼湖前月廿九书至,闻张石卿亮基在鹤峰买田养病。

初九日丙寅(7月16日) 晴。中食后与湘林、宅山、子白同访丹初,言沅圃有信,言前月三十日安庆城外菱湖十三贼垒皆攻拔,斩五千八百余级,散胁从千余人,下城即在早晚。初六日复崇阳,亦李次青兵。蒲圻、大冶贼皆退。遂同过里仁巷访汪梅岑所寓小园,有树石颇幽爽,谈至月上始归。明末黄州黄氏之瑞有兵家言曰《草庐经略》,尚无刻本。旧藏写本,在行箧,不完。借益阳本抄补成,使绳装之。彗光渐短而小,与开阳为弦,与瑶光为股,而瑶光、开阳为勾,光之减岂夺于月耶?闻邓子久中丞尔恒在曲靖被刺。

初十日丁卯(7月17日) 晴。梅岑相访,谈久之。同宅三访张仲远曜孙观察,言《沙南侯碑》是徐星伯拓归三纸。一自存,一赠刘燕庭,一赠仲远。其碑在新疆焕彩涧,涧旧名棺材,岳大将军经之,嫌其名不雅,为改之。即磨刻三大字于此石之背,不知其有字也。星伯赐环,憩此,乃审为汉刻而拓之,其阴之刻焕彩涧者,当亦有字,仅已磨去矣。宅三言南海番禺二知县为夷人拘去,广东某道寄家信于汀州,函中仅有爪毛。陈息凡信至,言教匪陷丘县清河,攻围威县。黎纯斋信言初一自樊城上车北行。作书复但又湖。

十一日戊辰(7月18日) 晴。午,仲远见访,言昌邑黄坤载元御《素灵微蕴》《伤寒悬解》《长沙药解》《四圣心源》宛邻书屋元刻板毁,其本行于湖南甚多,今湖南有重刻本,其太翁《素问释义》欲重刻未果。晡,丹初来访。夜,桐云来访。

十二日己巳(7月19日) 晴,晚虹,雨。与湘汀访丹初,遂访桐云,适雨,雨止月上乃归。

十三日庚午(7月20日) 初伏,晴。补阅监利县观风卷毕,有廪生王承烈最佳,补入超等。

十四日辛未(7月21日) 晴,晚虹,夜有风雨。闻有援贼自庐江出英、霍,江中所泊鬼船数日忽尽去汉口,修洋行者已停工。作篆书四箴二纸。

十五日壬申(7月22日) 晴。梅岑招午饮,月上乃还。作篆书《朱子六先生赞》。

十六日癸酉(7月23日) 晴。晚访梅岑小坐,遂同过柏容,还遇朱觐侯、魏春农,复小憩乃归。

十七日甲戌(7月24日) 晴,晚虹,小雨。复作篆书四箴二纸,以前作者误七字也。梅岑、丹初并来访,丹初言现已派成镇十营,希帅又拨五营出新州,指黄州,迎剿援贼,催李次青由义宁剿江西贼,使唐时雍等堵兴国南边。梅岑言绩溪胡竹村先生著《仪礼正义》,讲礼经家最善本,又有《研六室杂著》,皆已刻。梅岑自著则《水经注图附汉志质疑》,现胡宫保为之附刻。又有《释乐》《后释车》史志。等十余篇。又言其在鄂所识张廉卿裕钊,武昌丙午举人,长古文,其门人刘晓堂兆兰有天资而好学。胡东谷兆春,汉阳己未举人,能诗。洪琴西[汝奎],汉阳举人,讲汉学,数君而已。又言桂未谷《说文》,山东已刻,江宁杨雅轮明经大埙著《说文重文考》。

十八日乙亥(7月25日) 晴,晚骤雨即止,虹。复作《六先生赞》篆书付绳。桐云以何愿船秋涛所校张石洲《蒙古游牧记》并二函信属东下时致涤帅。朱觐侯以诗册相正,《夜宿白洋关》句云:"断椽牵旧网,破壁贯斜阳。"

十九日丙子(7月26日) 晴。闻援贼向罗田,而鲍镇兵乃使还防集贤关。作书复息凡。

二十日丁丑(7月27日) 晴,午后雨,即止,夜五更雨,晓止。与宅三……

廿一日戊寅(7月28日) 阴,晚大雨,夜仍大雨,将晓乃止。与宅三候中丞,言诸卷可不必多收,月内当往东流,许之。申刻过梅岑少谈,又过丹初谈,雨至,乘轿归,衣裤俱湿。

廿二日己卯(7月29日) 午,大雨,傍晚乃止。过丹初,为作大幅篆书,并晚饭。见《潘四农诗话》,持论甚佳,又见道光丙戌刻成《国朝名人书札》,目录凡六百余家,编廿四卷,自亭林起至张皋文、吴蕙止,惜未看其帖。善征十一日书至,并以湘潭欧阳小岑兆熊乞书表志纸来。又得翁中丞二月复书。灯下作字寄善征。午晤张廉卿于丹初许。

廿三日庚辰(7月30日) 辰巳大雨。丹初过访,谓明日有粮船东下黄石矶,趣束装,以明日坐之以行。廉卿相访,方子帛亦自李营来,夜往来至三更乃息。

廿四日辛巳(7月31日) 晨,雨数点,遂晴。晨谒宫保别,其吐少减于昨日,谓见涤老可言病状殆不可为,惘然久之。梅岑、廉卿、桐云诸君子并来相送。梅岑为拙集题诗甚雅赡。张仲远来视行,与廉卿并属口候涤老,未及作书。丹初以纸托求涤老作榜,又以书托致穆海航。午,丹初使人为押行装登舟。未初,出抚署,行过柏容别,作字寄彝。以《地理图》寄雪翁。柏容谓七月初旬当遣人还家也。以一皮箱、二小棕箱、大棕箱并行兜寄存柏容许。申初,出望山门,登舟,访廖一堂舟为别。欧阳健以其《泥中吟》见示,为题其首还之。以雪琴扇存寿山许,托还之。时彭老方以水师上德安,有纨扇索其画,尚未见还。

廿五日壬午(8月1日) 晴。晨开头渡江,泊鲁山下,待运物之未齐者,午南风长,船溜而下二三里,触洋舶,成大窟窿,舶上洋鬼争以刀斧斫我舟,护饷长龙船官唐干臣柔刚调之,乃止,遂以长龙诸水手逆风浪移船上泊,寸寸而进,费两时许。唐干臣、胡春亭相过,夜视彗渐南移,其光大减,芒不过尺许,其星与斗杓二、三星及魁之一星相直,其去开阳如杓三之去魁一远近也。

廿六日癸未(8月2日) 晴。晨发汉口,六十里阳逻,逆风小泊,未申风息,复行三十里叶家洲,四十里赵公矶,泊。其下十里为七矶洪。

廿七日甲申(8月3日) 晴。行五十里,过武昌县一百二十里韦阳口泊。

廿八日乙酉(8月4日) 晴。抢微风行三十里,过靳州南岸三十里田家镇,百五十里九江府泊。

《寄庐山故人》

石钟山下半江清,彭蠡湖头十日晴。遥忆石梁高绝处,枕流松下看云生。[①]

屏风九叠护飞湍,朝暮应生六月寒。寄语君平好将息,秋分回棹定探看。

廿九日丙戌(8月5日) 晴,午黑云西起,暴风急雨,雨辄止,风至夜不息。行六十里过湖口县,四十里纽丝峡,风暴将至,遂泊,为同舟数君子作书以镇摆簸。

《避风纽丝峡》

西上顽云触蕴隆,长年收帆剧匆匆。横江飒尔飘冻雨,快意浑如

---

① 此诗原作:"匡山百里傍船行,侧送横迎各有情。遥忆石梁高不极,卧开窗扇看云生。"后墨笔删改。

画朔风。峡静不妨村店远,诗枯偏直酒杯空。绝怜一片匡山色,百里苍然护短篷。

七月初一日丁亥(8月6日) 晴,入夜北风骤雨,即止。顺风行五十里,过彭泽县六十里,华阳镇南洲苇间泊,以同行四舟当至望江交运饷军械,逆风水不易上,故停以待。

初二日戊子(8月7日) 晴。夜子立秋。甚凉。晓,移船华阳市口,食后护饷长龙还,乃行五十里至东流县,善征弟迎鸦少划子泊城外,过其舟住。过邻舟访何丹臣敦五刺史,阎禹邻泰来访善征。

初三日己丑(8月8日) 晴。欧阳小岑兆熊、李芋仙见访,遂同还。食后,谒两江总督钦差曾公国藩于城中行营,细询京师友朋及入楚新旧相识,谈一时许,示新撰《箴书院记》,使勘定,谓明日当书之以应胡宫保之索。宫保病久,亟欲得此文上石,为谈别时病状,因道其汲引人才,联络调和,当世无两,愁叹久之。遂访小岑、芋仙、李少泉廉访、鸿章,合肥。(陈)[程]尚斋太守,桓生,歙人。梅小岩侍御,因同午饭。出访李申甫榕观察、穆海航、周圭甫成溪,又访潘聚垣兆奎大令,还舟。晚饭后,访周娱阶于舟中。以望江方水灾,而亩捐劝捐方急,差运烦苛,欲辞请交卸也。娱阶言现在云南回汉已和,而回人要结人心,假仁义以辑柔滇境,其服从于回之郡县已有太半。闻狗贼在桐城,其援贼已及太湖、宿松。

初四日庚寅(8月9日) 晴。食后曾公来访,谓在此间粗讲汉学者有绩溪胡文甫,绍勋,丁酉拔贡。乃竹村先生弟子,著有《四书拾遗》,讲宋学者有石台陈虎臣夔,并在忠义局中。又言有姚慕庭县丞浚昌,桐城石甫先生之子,质美未学,当使就正于君。得丁果臣长沙六月十日来信,言梅生方访郭筠仙,又问校书已得多少,盖初五已并寄全书,未至也。总督关防晚始至营,自去冬十一月江苏委员送临淮,此间委员往迎,今已八阅月,道路之梗如此。闻今日援贼已及石牌。

初五日辛卯(8月10日) 晴。程尚斋相过。姚慕庭以曾公命来请业,以《幸余轩诗》二卷为挚,其风格甚好,但境未阔、词未细耳。

周至甫相过,谈至午。史贤希怿悠大令过谈,言春迎印至淮安,还及寿州,赍斧不济,延之□乃□归德绕道出鄂城,东下道路艰阻,未有甚于此行。

初六日壬辰(8月11日)　晴,热甚。曾公以卯时接制军印,食后往贺,并答姚慕庭拜。涤老言仁和陈奂字硕甫著有《毛诗义疏》,居于苏州,苏州马钊字远林。孝廉言硕甫藏有郝兰皋先生《尔雅义疏》稿本,乃兰皋晚年成书时,以此稿付硕甫持入京,就正于王怀祖先生。怀祖已八十余矣,使伯升尚书见硕甫,受其书,约匝一年还之。明年硕甫又入京,往谒怀祖,及自出见之,已将郝书删定一过,删者数万言,点易万余言,立命伯升于点易引书一一检本核对,以付硕甫归兰皋。比硕甫及栖霞,兰皋先下世矣,遂以寄阮文达于广东,文达即命刻入《经解》中。咸丰初,陆栗夫督两江,刻硕甫《诗疏》及胡竹村《仪礼疏》,又再刻兰皋《尔雅》,则以马君言之也。今未见行本,其元稿马君当知其踪迹,今马君尚不知存没也。闻江西□□言南昌上流三十里之生米镇被贼焚,省城望鲍军至甚切。闻昨日贼焚怀宁之上十牌。

初七日癸巳(8月12日)　晴热。涤老屡问所携书卷,皆手头常本,因检箧中旧藏《文待诏西湖图并诗长卷》及新收《杨忠愍诗册》呈之,为报撰先君墓表之贽,且乞为书于册子。筱岑趣为书其子功甫墓志,挥汗作之,得半而止。马雨农恩溥学使过访。折差还,言自京走行在,苦旱甚热,土木之工未休,方尽撤海淀屋材以往。

初八日甲午(8月13日)　晴,北风。饭后,毕书功甫志,访刘香石建德观察、广东驻防汉军同年。彭九峰山屺副将。过马雨农舟答拜。

初九日乙未(8月14日)　晴,北风。筱岑、芋仙、慕庭过谈,自辰至申初乃还。刘馨石过访。

初十日丙申(8月15日)　晴。闻安庆石梁子已攻破,城外无贼垒矣。

十一日丁酉(8月16日)　晴。筱岑招午饭,在钦差许见初三日胡咏老手书,言其服灵雨汤,稍可。与芋仙同访谭荔仙。作字寄咏老。

十二日戊戌(8月17日) 晴热，午后风暴不成，雨，辄止。

十三日己亥(8月18日) 晴，午大风，少雨即止，夜时有风雨。慕庭治具招筱岑、尚斋、芋仙、丹臣来舟中同饮。善征寒热往来，委顿不食，服小岑方，晚少食，夜再利而病减。

十四日庚子(8月19日) 晴，午后大风，少选而雨。涤帅招午饮。沅观察信至，言昨日又破贼二石梁，杀贼八百余人，其梁皆瓦屋，我已据守。又言多礼堂击援贼，杀三千余人，自挂车河追奔至桐城乃还。江西信至，言省城已议闭城，撤城外民屋，皆未行。闻鲍军定往，人心遂安，贼遂退五十里。高伯足至舟中，适未还，与芋仙看之于李申甫所，并看穆海航行，海航将以明日之湖北。善征服筱岑方，寒热减于昨日。

十五日辛丑(8月20日) 半晴阴。食后筱岑、芋仙、伯足过谈，近晡乃去。

十六日壬寅(8月21日) 晴热。伯足、至甫过谈，至晚始去。怀宁诸生何明昌云锦来，以戴存庄钧衡所刻《望溪集》及存庄《书传补商》、《蓉洲初集》、《味经山馆诗文钞》相赠，言数种板桐城初乱时即移避舒城，今夏贼及舒，及移之怀宁吉营，二日而昔寓舒城之屋毁，亦天幸也。又言援贼据石牌，有坚守之意，宿松已为贼据，势可相联，唯潜、太尚无贼，此时宜急攻石牌，皖城乃易言复，前者狗贼所留城外诸〔垒〕，今幸已尽也。

十七日癸卯(8月22日) 晓晴，午大风欲雨，晚虹，夜大风雷雨。闻彭雪琴信至，言德安克复。

十八日甲辰(8月23日) 晓雨止，午欲雨不雨。涤帅招同芋仙、碧湄、至甫饮，碧湄言徐谦字白舫，广丰人，以庶常老，著《悟雪楼诗》初、二集。又言广西△鹗字△△，诗学嗣宗。芋仙将还南昌，登舟同泊，碧湄来舟中宿。

十九日乙巳(8月24日) 晴。闻瑞州已复。芋仙船待风，作二诗送之。与伯足同往，还其舟，晚饭始开，芋仙留赠《后山诗》一册、乃与文同刻者。尚有文一册，俟缓寄，犹非足本。《唐长律》二册。因索其以七律相寄并为购《惜抱集》。筱岑晚过，少谈即行。以芋仙行无资，涤帅以△△金属其买书，非真要书也。

廿日丙午(8月25日)　晴，晚大风。为伯足作书，风舟摆簸，不称意。闻援贼据石牌者四出掠稻，且入集贤关约二三万人。得王壬秋长沙寄信，言曾为作《影山草堂图记》，托筠仙转致潘廷尉，今潘氏已之关中，殆不能到。作字寄曾沅圃观察，并还其《华岳颂》、《韩仁铭》。

廿一日丁(丑)[未](8月26日)　晴热。慕庭以《龙藏寺碑》乞为跋尾。涤帅遣吉字后营援安庆。小岑来视善征病。

廿二日戊(寅)[申](8月27日)　晴热。伯足过谈，并见赠三诗。中食后同访方仲舫孝廉、李竹崖……还过李申甫看其病，谓服小岑方较愈矣。访陈虎臣于舟中。

廿三日己(卯)[酉](8月28日)　晴热。涤帅索观旧诗，以子尹指摘过一册呈之，又以册页乞为行书所为撰先君墓表。过申甫谈。晤宿松赵蔗诠世逼解元，己亥，年七十四矣，谈次营门外火四五市屋，急救而熄。筱岑来舟中看绳儿感冒，处方，谈良久乃去。

廿四日庚(辰)[戌](8月29日)　晴热，午后北风，闻雷辄止，而雨不至。伯足过谈，为作一名印。闻廿一夜贼逼攻安庆军喻△△营墙，营中鸟机御之，毙贼十数，后至者不已，至明日午后轰以大炮，乃退。

廿五日辛(巳)[亥](8月30日)　晴，北风，夜尤甚。食后，视小岑病。涤老留与常州赵惠甫烈文同午饭。晚过至甫，同访胡文甫。少鹤先生天贶节信至，言其月可补御史。

廿六日壬(午)[子](8月31日)　大北风竟日，时挟少雨，夜风益急。过虎臣舟，遂过申甫、碧湄，谈晚乃归。假得西人《谈天》十八卷，英国侯失勒原本，伟烈亚力口译，海宁李善兰删述。例谓"此书侯失勒约翰所撰，约翰今为英国天文公会之首，其父曰维廉，日耳曼之阿诺威人，迁居英国，专精天文，不假师授，有盛名。维廉有妹曰加罗林，相助测天，侯失勒氏言天者，凡三人，勿混为一"。

李善兰序曰：古今谈天，莫善于子舆氏"苟求其故"一语，西士盖善求其故者也。旧法火木皆有岁轮，而金水二星则有伏见轮，同为行星，何以行法不同。歌白尼求其故，则知地球与五星皆绕日，火木土之岁轮，因地绕日而生，金水之伏见轮，则其本道也。由是五星之行皆归一例，然其绕日非平行。古人加一本轮推之不合，则又加一均轮推之。其推月且加至三轮四轮，然犹不能尽合。刻白尔[①]求其故，则知五星与月之道皆为椭圆，其行法面积与时恒有比例也。然俱仅知其当然，而未知其所以然。奈端[②]求其故，则以为皆重学之理也。凡二球环行空中，必共绕其重心，而日之质积甚大，五星与地甚微，其重心与日心甚近，故绕重心即绕日也。凡物直行空中，有他力旁加之，则物即绕力之心而行。而物直行之迟速，与旁力之大小、适合平圆率，则绕行之道为平圆，稍不合，则恒为椭圆，惟历时等，所过面积亦等，与平圆同也。今地与五星本直行空中，日之摄力加之，其行与力不能适合平圆，故皆行椭圆也。由是论定，又证以距日立方，及周时平方之比例，及恒星之光行差，地道半径视差，而地之绕日益信，证以煤坑之坠石，而地之自转益信。证以彗星之轨道，双星之相绕，多合椭圆，而地与五星及日之行椭圆益信。余与伟烈君所译《谈天》一书，皆主地动及椭圆立说云云。咸丰己未重阳后八日。

伟烈亚力序略云：夫地球大矣，统四大洲计之，能尽历其面者无几人焉。然地球乃行星之一耳，且非其最大者，计绕太阳有小行星五十余，大行星八，其最大者体中能容地球一千四百倍，其次能容九百倍，设以五百地球平列，土星之光环能覆之，而诸行星又或有月绕之，总计诸月共二十余，设尽并诸行星及诸月之积，不及太阳积五百分之

---

① 今译为开普勒。

② 今译为牛顿。

一，太阳体中能容太阴六千万倍，可谓大之至矣。而恒星天视之亦只一点耳。设人能飞行空中，如最速炮子，亦须四百万年方能至最近之恒星，故目能见之恒星最小者可比太阳，其大者或且过太阳数十万倍也。夫恒星多至不可数，计秋冬清朗之夕，目能见者约三千，设一恒星为一日，各有行星绕之，其行星当不下十五万，况恒星又有双星及三合四合诸星，则行星之数当更不止于此矣。然此仅论目所能见之星耳。古人论天河皆云是气，近代远镜出，知为无数小星，远镜界内所已测见之星，较普天空目所能见者二万倍，天河一带，设皆如远镜所测之一界，其数当有二千零一十九万一千。设一星为一日，各有五十行星绕之，则行星之数当有十亿零九百五十五万。意必俱有动植之物，如我地球。伟哉，造物真不可异议矣。而测以更精之远镜，知天河亦有尽界，非布满空虚①也。而其界外别有无数星气，意天河亦为一星气，无数星气实即无数天河。我所居之地球，在本天河中，近故觉其大，在别星气外，远故觉其小耳。星气已测得者三千余，意其中必且有大于我天河者。初人疑星气为未成星之质，至罗斯伯之大远镜成，始知亦为无数小星聚而成，而更别见无数星气，则亦但觉如气不能辨为星之聚，设异日远镜更精今所见者俱能辨，恐更见无数远星气仍不能辨也。如是屡推，不可思议。动法亦然，月绕行星，行星绕太阳，近代或言太阳率诸行星更绕他恒星与双星同。然则安知诸双星不又同绕一星，而所绕之星不又绕别星耶。如是累推，亦不可思议云云。窃意一切行星，亦必万物备具。生其间者，休养乐利，如我土地。造物主大仁大慈，必当如是也。

其例后载。已著诸书目：《数学启蒙》二卷；《几何原本》七卷至十五卷；《代数学》十三卷；《代微积拾级》十八卷。

一论地。明地面测土之理。二命名。以歌白尼说立论，故立新名。三测量之理。皆明今法以改古误。四地理。详论测天，以定地理之事。五天图。

---

① 空虚：《谈天》原文作"虚空"。

测定天空[诸曜相距]之方向并远近，作图或球或表显其象。六日躔。地心至日心诸线，恒在一面。七月离。月约二十七日七小时四十三分[十]一秒五而绕地一周，然所离之宿度，与前微不同，故详论之。八动理。地何以绕日，月何以绕地，且俱终古不停，特阐其理。九诸行星。时行时动，异于恒星者，不独日月五纬。其远而难见，非远镜不能察，曰天王，曰海王；其微而难见，必以远镜察者曰谷女等五十四，皆西国近代所测得，凡此诸星实绕太阳。十诸月。诸行星除水金火及诸小星外，皆有月，少者一，多至六七，月绕行星，犹行星之绕日。十一彗星。古人以彗星之行，速率甚大而无法。恒隐而忽见，光或甚巨，异于常星，故目为灾异。今始知其行与绕日诸星同理，未尝无法，然其状及功用，亦未能深悉。又有难解者数事，如尾其一也。十二摄动。月与行星于刻白尔所定三例外，尚有小差。名[曰]摄动，在行星，则因他行星之摄力加之，令绕日之道小变在月。一因同星之他月力[摄]加之，令绕星之道小变。二因日与他行星之摄力加于本星及月。时时不同，又生小变。摄动之差甚微，然积久则成大差。故古昔所定椭圆之根数，今不合也。十三椭圆诸根之变。论法切二力令椭圆道变状，及星行椭圆周变速率之理。十四逐时经纬度之差。行星与月逐时经纬之差，用摄力递解递明。十五恒星。方位有一定故，名之曰恒星，然其中亦多有迟迟行者，非精测久测不能觉也。十六恒星新理。恒星散布天空如是其多，安知非别有动植[诸]物生于其中耶。行星俱受日光，恒星不借日而自发光，安知非各自为日而别有诸星绕之耶。十七星林。澄明之夜，仰观天星，往往有簇聚而密于他处者，用远镜窥之，[见]簇聚之处益多，有星团、星气、星云、云星之别，总之曰林。附所测道光十年诸星气方位表。十八历法。时如线，可任用根度之，设有时分用根度之，得若干适尽，则但言若干根，即得时分之全，若用根度得若干，尚有不尽数，不满一根，则当言若干根又一根之若干分，此历法之大凡也。

此其书务出新意，以与古法为难，岂索隐行怪有述者与。

廿七日癸(未)[丑](9月1日) 半阴晴，大风，向暮乃渐减。借观西人《地理全志》十卷，题大英慕维廉撰。云耶苏降世一千八百五十四年甲寅仲秋松江上海墨海书馆藏板，则咸丰四年刊也。

维廉序略曰：地志质者，乃论陆海、天空、居民、生物、草木，又论其所分界之故。凡人民所自建置郡国中外之说皆不与。惟高山大川，为造化主所定形势之大者，人与他所造之物共处地球。人、物互相感动，人以灵性贵于万物之上，能制伏役使一切，以为日用行习，寒暑阴阳，变化气质，斯所系于地质志中为最重者也。地球古者历经震动变迁，成今日之形势，陆海支分区别，使世人得以造作制度，成不刊之要典。天空中地球仅一微尘耳。从最近之定星视之，已不见有地球；从至远之行星，以远镜窥之，几不能见地面。其下愈深，热气愈甚，多有大火吐山遍地，焚毁人物，可证地下初不甚深，即有流火如大湖或海。人足所践之土，亦非坚体。有时摇动，其内必有簸荡之势，乍高乍下，疑地中流火亦如潮水一涨一落，或地中磐石因气候变化能卷能舒，皆供造化主威灵莫测之役，分裂坚地，启其秘缄，俨如笔之于山，使人能读此地球自元始以来渐次变化，今益美备。观其遗迹，知其先生物无数，自全其用后，则去故留新，新亦尽灭云云。中土之士所已知之法，至今更为详明，亦有向未究及者，即如地球形质，为西土著名之学，更期华人考订，以验中土形质，当信而有征也。衡量之物，丈尺皆依西制，华尺十寸，西尺十二寸。

下编卷一、地质论。地质志，地质略论，磐石陆海变迁论，磐石形质原始论附图；磐石方位载物附图；地宝脉络论附图。二、地势论。水土比较大小论；洲论、岛论，山谷论，高原论，平野论，地洞地裂论，冰山论，火山论附二图，地震论，土倾颓渐移论。三、水论。水质论，水气候论，水光色论，泉论，河论，湖论，洋海支派浅深论，波浪论，潮汐论，平流论附图，水激地体论。四、气论。天空气总论，风论附图，云雾论，雨论，雪雹露霜论，暑寒论，气候论，同热线论附二图，雷电噏铁气论。五、光论。光性论，光色论，虹论，光环雾影论，日月重光论，人物斜照返照论，沙尘花粉飘坠论，桥雾论，磷火论。六、草木总论附二图。七、生物总论附七图。八、人类总论附二图。九、地文论。地文志，地球论，地形椭圆广大论，空际载星论，空际能力论，行星轨道论，行星本轴论，日属行星论，昼夜论，四时论附图，岁月日论，暑寒道论，地球圆线论，经纬二线论附图，地图论。十、地史论。上中下。

其说与前《谈天》相辅翼，皆求知于所不必知者也。其雷电噏铁气论云：昔有合众部士佛兰格林，悬引电之竿，通于地内，以免其患。此竿以铁为之，稍高于屋，其意非使电来，惟电至时可运去无碍。其竿渐下而尖，令通地内，四周甚滑，上下厚薄如一。一竿可庇周土二十丈，西洋周屋每树电竿，获益甚巨。有士以为用竿若多，则天空之电，可运于他所，或免雷暴，或速消灭。

廿八日甲(申)[寅](9月2日) 晴。筱岑相过，碧湄来辞行，相拉同过申夫。赵惠甫相过。

廿九日乙(酉)[卯](9月3日) 晴热。虎臣过谈，言世乱奔走，觉向日研食静中所得顿失，为之悚然。刘咏如自望江来，惠甫来，共谈久之。闻咨会鲍军，使还援安庆。

卅日丙(戌)[辰](9月4日) 晴热。胡文甫相过，言所著《说文声辨》十五卷，避乱不及携，其书专析重文而所从得声之字有异者，昔祁寿阳视江苏学，张小浦视江西学，皆入其幕，今年七十三矣。闻鲍军剿贼，大获胜于丰城，杀及溺死万余人。

八月初一日丁巳(9月5日) 晴热。伯足将行，来谈半日许，书纨扇赠之。午后安庆克复报至，谓自昨夜以地道轰塌北城，我军乘以入，贼放鸟铳一排，即不能继，城中饥乏久，犹负固至是之久，当尽歼之。今晨曾观察已入城，但未闻叶、张授首耳。

初二日戊午(9月6日) 晴热。晨贺涤帅捷。午过申夫饭。晚伯足登舟同泊。闻怀宁、集贤关内外援贼以次退。

初三日己未(9月7日) 晴，北风，晚益甚，始有凉意。晨起送伯足行。涤帅欲往安庆赏军，犹待风转。筱岑约觅船同往，不得。

初四日庚申(9月8日) 晴，北风竟日。赵惠甫示《能静居文》一册，有《庚申和约论》一篇可采。李少荃、小岑相邀同往安庆，观收城攻围之迹。恐少荃坐船不能容吾二人，必添小舟以便随意坐起。袁迪庵、黄菊泉相过，周至甫又过谈久之。黎寿民言颍州蒙石县令率团民击苗练，杀其党数千人。闻抚州被围。

初五日辛酉（**9 月 9 日**）　晴，北风竟日。与小岑同坐银钱所船，与少荃船同开，泊东流东门，转出港，即泊南门外。

初六日壬戌（**9 月 10 日**）　晴。行三十里，北风竟日，强开船，抢行三十里吉阳湖泊。

初七日癸亥（**9 月 11 日**）　晴，北风竟日，益长。仍泊吉阳湖，食后观少荃所藏《赵文敏枯树赋》真迹，绢本，意在智永《千文真草》间，乃殷会詹兆燕所藏，有二跋。

初八日甲子（**9 月 12 日**）　晴，北风，晓少息，仍长。开船行三十里，黄石矶遂泊，遇姚慕庭小赈矶上流民，有闻赈急渡江者，曾覆二舟。夜半矶上火数十家，仓皇移舟芦洲侧避之。是日购得文休承直幅山川、孙渊如篆联及他小画三纸。用钱一千四百文。尚有郑汝器分书，价二金，未购。少荃购伊墨卿分联，绝佳。夜火救熄后，即小雨。

初九日乙丑（**9 月 13 日**）　雨，午乃止，北风仍不休，夜雨。仍泊黄石矶，作《阻风》古诗一首。

初十日丙寅（**9 月 14 日**）　雨时作时止，北风不休。午，涤帅有信催东流营中委员并开而下，筱岑以当还检旅箧，遂同开船西上，酉刻行六十里，还泊东流南门外。闻上七月十六上宾，大阿哥幼冲登极。皇后临朝，辅政者端华、肃顺诸人也。

《黄石矶阻风昼览》时以安庆收复，与小岑、少荃自东流趋往贺，行五日，犹滞矶侧，灾民趋赈，冒逆风覆二舟，是夜方半，矶上市屋火几百户。

楚师朔月收皖国，十年陷失崇朝得。机衡瑞会应匪讹①，风水挠波骄不息。东流怀宁百里近，五日滞羁黄石圯。矶头城角呼可应，北舫南谯坐相忆。计粮三宿苦易尽，粗了朝餐愁夕食。鸠形满眼趋赈来，倾覆〔频〕仍已增恻。中夜狂呼万舟避，岸火飞鸦半江赩。儿啼女哭何处救，一瞬嚣廛更焦磧。皖民凋弊吁已极②，兵革且纾犹涔懝。

---

①　原句作"珠联璧合应天休"。

②　极：原作"甚"。

我行利钝安足论,对此茫茫泪横臆。京观依山筑应缓,露布连城报还克。日午收池州、桐城捷书至。处功主帅知不矜,可念灾黎浩千亿。

十一日丁卯(9月15日) 雨,日夕乃止,风少息。已定明日开船下,又闻涤帅将暂还,当少迟乃东。冯莲溪、周虞阶来贺捷,过谈久之。

十二日戊辰(9月16日) 霁,北风。过舟看莲溪、娱阶。涤帅信至,言少荃昨日抵安庆,商定哭临于省城,不更上东流也。上游信言蕲州贼已空,方急攻黄州。

十三日己巳(9月17日) 半阴晴,北风。

十四日庚午(9月18日) 阴,晚有小雨,仍风。过舟看赵惠甫,又看刘咏如、李少山,不值。

十五日辛未(9月19日) 阴雨,晚尤甚,北风益急。辰,刘馨石过谈。

《东流中秋》(三)[四]首

大声倒江秋不歇,连旬恶浪搏惊雪。坐虚清兴皖江楼,愁杀东流三五节。萧萧冷雨吹日晚,隔舫招寻意俱懒。长年三老殊自豪,打鼓鸣钲柁楼饭。

辞家今节忽过四,去国佳晨惊再奎。横江累月足波涛,逐客频年哭天地。顽云蔽空呼不开,神山若近引且回。神山在东流东。苍苍玉宇隔津汉,高处早寒催未催。

上船破浪如翼虎,下船着力无处所。片帆若指上风开,昨日应过黯北浦。黯浦南回更向西,云门九曲溯安溪。草堂璧月上云雨,坐拥芝盘醉似泥。

子由倍数侈勤究,过也按图思阵斗。不堪风雨废清节,默对无言宵且昼。坡公老懒耽北碑,摩挲昔昔鬂成丝。臧获亡羊共一噱,峨嵋月在归何时。

十六日壬申(9月20日) 大风雨,巳后雨稍止,戌后风稍止,复作。

十七日癸酉(9月21日) 大风,半晴阴,入夜风少止,更作。午过周娱阶舟视其病。

十八日甲戌(9 月 22 日)　大风,时有小雨。李申夫相过。

十九日乙亥(9 月 23 日)　风益甚,阴寒,时时小雨。

二十日丙子(9 月 24 日)　晓晴,风小止,午雨,仍风。腹利,赵惠父为作方服。

廿一日丁丑(9 月 25 日)　晴,风差小。食后开头抢行十余里,伴舟不能进,仍还东流同泊。

《楚军收安庆凯歌献曾涤生制军兼呈介弟沅圃、事恒十首》》①

上将宣威下②皖城,江淮草木识威名③。如珠五纬趋辰月,并作重光照洗兵。

临淮号令肃清秋,不动如山有定谋。但看宜城新壁垒,湘乡群季亦营州。宋景定初迁安庆,府治于盛唐湾、宜城渡之阴,即今府治。

大雷港头扬④大旗,长风沙觜接长围。凭招[黠]发千排入,肯放狂毛一骑归。

死房批亢意未消,军锋雄剑剧风飙。称心一扫空秋叶,葬于西江上下潮。

贼守深藏九地牢,善攻动自九天高。夜拔十梁成破竹,平明流血满空壕。

手牵面缚日纷纷,儿款心输各一群。顺刃可生苏刃死,受降曾薄李将军。七。

狃波健锐矫长龙,巧射骈怜耐击冲。北马南船生两翼,一时齐上雾灵峰。六。

万福舒州与荡平,江淮草木尽知名。即看刘展须膏斧,何物陈庄敢弄兵。

---

①　眉批:"此诗在《阻风诗》后,补录。"

②　宣威下:下旁另书"乘秋收"。

③　此句原为"手开都会应机衡",墨笔删去。

④　扬:旁又书"悬"字。

乘胜军威疾似雷，并江风鹤总惊猜。前军又报收秋浦，生得方清系颈回。

楼船风利不能休，旋定江东十二州。图像早应开阁待，扬旗直到海西头。

廿二日戊寅（9月26日） 晴，风减，晚止。昨夜二更开头行六十里，鸡鸣及罗汉洲，小泊，天明，行三十里至安庆八卦门外泊，同行诸舟犹泊黄石矶，故皆未至。

廿三日己卯（9月27日） 晴暖，半夜雨如春。晨起，善征、筱岑、丹臣诸舟以次至，过筱岑舟，索其处腹利方。普钦堂承尧言周娱阶还望江，入署而没，甚可惜。

廿四日庚辰（9月28日） 雨。

廿五日辛巳（9月29日） 晴。入城同惠父访小岑，就涤老午饭。遂同候曾沅圃观察，见其两甥王迪来、王瑞臣。

廿六日壬午（9月30日） 半阴晴，时有数点雨。筱岑借马同惠父出北门渡莲湖，观贼附城营垒及我兵长壕、前后营壕，憩吉字后营半时许，又同过振字营罗总兵，相携指点贼所急攻喻字数垒及我兵策应得手处，徘徊久之。罗君留午饭，以治具迟，恐难入城，辞之，同还就李申父饭。惠父言曾观江宁长壕，深广皆丈许耳，而此之深倍之。江宁之长围大营常隔数十里，其近者亦十余里，而此大营亦逼壕而下，江宁之营中具食啜嗟可办，而此一鱼一肉须遣买之市中。其虚张实力之异如此，饮食衣服华俭之异又如彼。此成功与不成功所由然与。

廿七日癸未（10月1日） 雨，夜益大。姚慕庭、赵惠甫相过。

廿八日甲申（10月2日） 大雨竟日。曾观察招午饭，借马以往，乘其竹筦还。作字寄胡宫保、但幼湖。曾观察言当以其驻营之屋招余住。

廿九日乙酉（10月3日） 阴，时有雨。晨遇惠甫舟，观其上涤帅书数千言，于夷情军事皆踏实有见。

九月初一日丙戌(**10月4日**)　霁，午后暖。筱岑、惠[甫]将往武昌视胡宫保病，薄午始登舟，遂相会晚饭。普钦堂言八月廿四日已收黄州报方至。

初二日丁亥(**10月5日**)　晴暖，夜雨。与筱岑、惠甫会早饭，二君乃开船。余与九弟、绳亦登岸入安庆城，与何丹臣同寓。李芋仙以《七纬》相寄。由涤公处付到。

初三日戊子(**10月6日**)　阴。食后过申甫，谈次而湖北夏古彝信至，言胡宫保以前月廿六亥刻薨矣，惊痛久之。自此老抚湖北，收其会城及所失郡县，纾其征科裕其军饷，又与涤帅合力为图皖之谋，先力肩其转馈，于诸将则能和人之所不能和，于决大疑大计则能断人之所不能断，非唯两湖长城，诚国家之柱石。皖城既复，黄郡又收，军机方利，何天遽夺之急耶？皖南山内粮台李勉亭请员自副，涤老令其自举，勉亭以祥芝弟为请，已允行。弟以不欲经手银钱，拟托申公婉辞，申公以为："当促之去，不宜辞，昔涤老派余统领时手札二语云：'黜己之聪明，去己之智虑，事事请教于朱云岩，则军中皆悦而告之善矣。'请以转致乃弟。"①

初四日己丑(**10月7日**)　晴。食后见涤帅，共悼叹胡宫保之亡。涤公谓吾方致左季高书，有三语评此老曰：赤心以任国事，小心以处友朋，苦心以护诸将。良然。涤老又言当遣祥弟往祁门粮台助李勉亭，余辞以去公远，不能时时禀承，恐滋咎戾，不如在大营候差遣。则曰：李令极有本末人，与乃弟最善，且彼处统领朱云岩亦诸无苟且，可往也。又言当为余谋书院，以城中沉圃驻处为讲堂。余以荒落辞不可，且恐事缓当暂还家，明春乃来。则曰早晚当谋定局，欲暂归且俟度岁后。此老待人挚腕如此，可感也。遂访马雨农学使于行

---

① 曾国藩致李榕札原文云："今既受统领重任，务祈细己之聪明，贬己之智术，凡军中大小事件，殷殷请教于朱云崖，处处出于至诚，则人皆感悦而告之以善矣。"(咸丰九年十二月二十三日)

馆,谈久之,因识保山张仙舫观察庆安,雨农之同乡同年也。先随张小圃蒂侍郎在徽州劝捐,甚不扰而有济,谓徽之富仅在商而民贫,商之捐者仅上中户,有万金赀者捐百金,其下户数千金资者皆不及。一次可捐五十余万金。曾行两次,现以涤帅调遣往徽劝捐,二三日即当行。纵谈久之,知此君明敏干才,而不失平正者也。又言云南师[端人][范]著《滇系》甚详核,可八十许册,闻其板在苏,今不知存否。又言有武人张金壁者好强,与人交而设法骗其财,小不遂者辄恣造谣啄,云之一马一普,皆其所中也。涤公有定江西征粮示,有丁粮每两折钱二千四百,米每石折钱三千之说,此事恐难行。

初五日庚寅(10月8日) 过申甫谈,偶及西江章程粮折,阎雨霖言米石仅实米四斗,不足三千之价,尚不为寡,银则差不足耳。余谓此示一出,必将欢声动地,而令牧又将有不能办公之患。申甫即向涤老言之,谓止两年,当更酌议。

初六日辛卯(10月9日) 涤帅札祥弟往祁门粮台司银钱,促其束装。作字寄阎丹初廉访。又寄柏容,托其寄书箱来。

初七日壬辰(10月10日) 晴。与周至甫、姚慕庭登枞阳门外浮图绝顶。在慕庭所识刘莘农户部。

初八日癸巳(10月11日) 晴。普钦堂招午饮。慕庭亦招饮,辞之。

初九日甲午(10月12日) 晴,午后阴。独登西门城楼,还过方仲舫午饮。

初十日乙未(10月13日) 晴。食后送祥弟登舟,以北风太大,今日不能开。又同过李少山舟,还弟舟午饭,乃入城。涤老以舍弟已使潘聚垣致五十金为薪水。

十一日丙申(10月14日) 晴。午后就涤老谈,遂送张仙舫行,绳购得沙青崖《艺文备览》,以其便检字耳。以费绍先、黄庄斋、汪海门赠舍弟十金转托其掩骼,又以惠甫留三两二钱并附之。

十二日丁酉(10月15日) 晴,薄晚微雨。午过陈虎臣,谈久之。还，复过冯濂溪晚饭。

十三日戊戌(10月16日)　阴，晚霁。虚气下坠而泻，黄庄斋来为处方。

十四日己亥(10月17日)　晴。时时习习畏风。随龙渊太守藏珠相看。蔡朗轩自太湖来相过，谈久之，晚饭乃行。刘彤阶[世]墀自湖北汉阳还营相看，故人椒云之犹子也。闻上改明年为祺祥元年，涤帅赏宫保衔。

十五日庚子(10月18日)　晴。朝食过申甫谈。薄晚独游出城东北，绕还北门而西，遇黄庄斋，同至寓，为处丸方。

十六日辛丑(10月19日)　晴暖，入夜小雨，夜半后大雨彻晓。慕庭过谈，午答彤阶拜，识王福波敬恩，闻曾事恒学博至，方病痃，看，遂食于丹臣、聚垣所。杨大廷名声参戎将往湖北，作字寄柏容、杰夫，以《望溪集》寄陈息凡同年、并寄之字，并烦大廷转致。眉生初八信至，言其初一已至鄂，此月底当东下。

十七日壬寅(10月20日)　大风雨竟日。绳检所买沙青崖《艺文备览》，装过，为十四册，此书亦学堂善本，其末补详字义十四篇，时有可采。

十八日癸卯(10月21日)　晴。周学博见访。慕庭、庄斋过谈，同寻清凉寺老僧，索观其所藏邓完白《寄鹤书》真迹。云："今岁避援贼，新失之矣。"庄斋谓尚有别本真迹，书款云"登邑玉炎"者，为某氏藏，俟更访。新任安庆守陈心泉浚见访，适已出。

十九日甲辰(10月22日)　晴。贺钦差加宫保衔，并贺丹臣、寿民、申甫、仲舫、竹崖、福波诸君。出访王春帆、霍生虚斋，晚饭于寿民所，因过莲溪、钦堂少谈。

廿日乙巳(10月23日)　晴。答陈心泉拜，还，而心泉先遣人送庐州庐阳书院关订，云钦差意也。涤老曾言为谋书院，当有所着，庐州未复，则名实不称。晤申甫，言拟婉辞之。申甫以为不必。黄少昆相过。

廿一日丙午(10月24日)　晴。移居于行台东之内军械所，以丹臣移同移也。作字寄善征,托熊云程。

廿二日丁未(**10 月 25 日**)　晴暖。谒钦帅致谢,且以谐语责其虚馆之不合,大噱久之。遂以公子劼刚寄纂《说文分韵解字凡例》相示,为指其利病而还之。陈尚斋自东流至。得善征字,云十七至祁门。

廿三日戊申(**10 月 26 日**)　晴热。少昆与汤子镇相过,汤子惠之从弟也。能诗律,师杜。晚过莲溪谈。作字寄善征,又作字答李勉亭兴锐。

廿四日己酉(**10 月 27 日**)　晴热。虎臣过谈良久,尚斋、莲溪相过。马玉农邀午饭。慕庭以其先人《谈艺图》来观,道光十七年都转两淮作也。

廿五日庚戌(**10 月 28 日**)　晴热。许仙坪振祎相过,言奉新被贼,其家避出,幸无恙,而家具皆空,惟屋存耳。冬末仍当就公车,且约为伴。

廿六日辛亥(**10 月 29 日**)　半阴晴,夜大雨。慕庭以诗来质。

廿七日壬子(**10 月 30 日**)　阴。晚访仙坪,兼晤少荃,谈久之。晚庄斋过谈,且惠茶饼。

廿八日癸丑(**10 月 31 日**)　阴雨。薄晚至甫相过,言其妇、子妇俱亡,当还家一看,恐汪梅岑来,当告之,以其学生程生已为之备寓处。

廿九日甲寅(**11 月 1 日**)　雨,午后渐止。慕庭以诗来,甚有进。午后过至甫、少昆,又就申甫谈。少荃、仙坪、尚斋来访,适已出。

三十日乙卯(**11 月 2 日**)　半晴阴。访仙坪,已出,还,直其归,过谈良久。

《胡润芝宫保挽诗》五首

江国郊多垒,湖南起数公。使君开鄂府,尤是出群雄。未吐平吴气,刚成下皖功。桥山遗恨在,攀去曷匆匆。

封疆争举措,贤路必康衢。抚治虽南纪,精神贯海隅。臣心唯活国，天听叶吁谟。俯仰悲陈迹，真成绝世无。

倾心调猛将，斗虎亦相欢。冰雪生胸次，风霆走笔端。济时余半道，横海旧登坛。辛苦求和断，思公乃独难。

平生豪侠气，除去不教存。猛力何精进，澄心见道根。古来桑卜法，难与豹侪论。相济成忠计，人亡那可言。

启事山公重，谈兵景武深。宫保纂《读史兵略》已刊成，今夏曾为覆校一过。初秋来流，期还鄂度中秋，更编录《抚鄂疏草》。中秋期就帙，爽约倍沾襟。宝善无穷意，箴言未了心。退之金石药，悔乏谏诤忱。

咸丰十一年十月初一日丙辰(11月3日) 阴雨。许仙屏过谈。

初二日丁巳(11月4日) 阴。仙屏晨过，言沅、事二老有庐江之推，辞之，占得震之泰。食后过仙屏，遇事老，谓且决牙牌数，仙屏为占得。上上、中下、上上。遂以挽胡宫保五诗质之，钦差谓第三首颈联不了，第五首事太多，当作两首。良是。

初三日戊午(11月5日) 半霁半阴，食后暂小雨，晚又雨。方仲舫过谈。晚携绳散步至西门，见街肆阁毕秋帆《续资治通鉴》，使送寓中，检有阙损否，当买之。午间洋鬼△△来见钦差，言已定通商和议，安庆厘卡不应扣其带船。马雨农相过。

初四日己未(11月6日) 雨。

初五日庚申(11月7日) 晴。西正二刻一分立冬。绳买《续通鉴》，价二两二钱。又买陈东之潮篆联。

初六日辛酉(11月8日) 晴。访仙屏、尚斋不值，出遇虎臣，同过申甫、龙渊、至甫纵谈，而二君亦至，遂与仙屏同过雨农谈。还寓而慕庭先在，晚饭乃去。少昆已往枞阳，属早完其册页。今日始开读先皇哀诏，盖道阻故奉到迟，上以九月廿六日自避暑山庄奉梓宫还京，十月初九乃于大内登极。闻寿州不守，药房中丞殆难存矣。

初七日壬戌(11月9日) 晴。午过周至甫，傍晚仙屏与刘仲良秉璋庶常相访。夜过申甫谈。

初八日癸亥(11月10日) 晨，小雨即止，阴。申甫过谈。食后过仙坪,即以吴南屏为小岑撰其太翁麓樵墓表质涤帅,共酌易损其称谓不合例者十余字,筱岑属为之书,不容不慎也。遇柯小泉钺主事至,己酉拔贡。仙屏又过谈艺久之。

初九日甲子(11月11日)　晴。绳买得《集韵》、《音学五书》等数种,又得近人《佩文广韵汇编》二册,欲尽书《说文》篆字于眉上,以便检,亦用功一法。闻随州收复。

初十日乙丑(11月12日)　阴,午后雨。晚过申甫,遇彭雪琴中丞至,言前为画扇已交周寿山寄,未至。至甫明日将行,送之。遇梅小岩侍御,作字托至甫寄九弟。

十一日丙寅(11月13日)　雨,午后霁。涤帅生日,以国恤未百日,不受贺,不见客,属员宾客皆若无此事然者,以成其意。午过慕庭谭。又过仲舫,见案头有罗……致涤老书,甚不服所为《功甫集序》,指数姚姬派,谓姬传立意多为纪文达发,良有见。仙坪来辞行。

十二日丁卯(11月14日)　晴。晓视仙坪行,涤帅留之,尚有数日住也。阎丹初信至,言随州虽复,施南又有事。胡湘林来访,同来者长沙余介卿靖本,言贵州巡抚已放江味羹忠义,盖田兴恕之替也,前署抚何杰夫冠英已卒,而田署抚。闻苗陷寿州,于城中官一无所伤,且不许其部卒入城,而常以人监守翁中丞,防其自尽,且欲挟以奏请,不知逆意何等也。

十三日戊辰(11月15日)　晴。食后出南门西行,视湘林于延河舟中,兼晤介卿,又识仁和杨啸云。还,仙坪适来,相与访雨农,遂晚饭。

十四日己巳(11月16日)　晴。雪琴中丞见访,言有魏郑公书《皇极》一节大楷真迹,乃罗澹村中丞旧藏,已曾刻于浙中,其石已毁,当令湘林刻之,存石钟山祠下,约暇日舟中鉴之。晚过仙坪送行,涤公来谈久之,示所作《胡宫保军事苦心始末请付史馆》一疏,颇能道此老真处。出,遂观涤公作行书大幅,月上乃归。遇阎海晴来,即下船。

十五日庚午(11月17日)　晴。涤老招午饭。晚遇申甫,见丹初信,言施南有贼,乃黔匪窜入。眉生、海航初十后方能东下。王鹤生过谈,言闻贵州肃清。陶燮甫锦扬来访,适已出。黄庄斋以邓完白《寄鹤书稿》相示,其书尚可,而加有评点,颇露俗气,此书别有一纸在清凉庵老僧所,曾见过△△钩刻本,较此本为尤胜,惜今春避贼失去。在少荃许见王[臣]弼篆书,亦邓、包派,颇佳。

十六日辛未(11月18日)　晴。食后携绳出南门,沿江上取西门道还。李少山、王雨轩必昌,临桂。相访。晚过鹤生、虚斋、莲溪。买子石圆砚,甚发墨。

十七日壬申(11月19日)　晴。丁燕山义方副戎、魏栋太守相访。朱觐侯自湖北至,言胡公在时幕下诸人云散殆尽。陈心泉太守过谈。少山、雨轩、鹤生相过,遂同至粮台。答看少、雨二君。

十八日癸酉(11月20日)　晴。觐侯来谈,同走其寓看之。闻翁中丞在寿州饿死。又闻不确。

十九日甲(戊)[戊](11月21日)　晴。闻豫抚严渭春树声被刺。又闻不确。得九弟信,言初八、九等日岭外之贼分三股内犯,幸各营冒雨追击,走之。又得张仙舫庆安观察信,并致墨一斤,在九弟许,俟妥寄。九弟言其墨颇佳。夜,作字寄九弟,并复张仙舫书。

二十日乙亥(11月22日)　晴。为涤帅篆书《六先生象赞》四纸及集《天发神谶》句云:"文章有神,日月与炳;天人合发,江海咸归。"

二十一日丙子(11月23日)　晴。陶燮甫来访,觐侯见过。

二十二日丁丑(11月24日)　晴。候涤老谈,蒙惠八尺宣纸。晤彭中丞,言廿四当有折差行,夜,作字致少鹤先生。

二十三日戊寅(11月25日)　晴,北风,寒。善征十八日信至,且以墨至。仙舫赠及勉亭致者。过慕庭,且答看江待园。[有兰],桐城人,亦讲诗古文者。慕庭书丛中有《皇极经世》……及《苏子美集》,是未看过者,先借《子美集》观。

廿四日己卯(11月26日)　霜晴。寿民、彤阶相过,为绳致薪水八两,言主帅令其篆关防,特与之也。出城访彭中丞于舟中,晚饭乃还。似闻大帅此日有纳宠之举,官幕诸人皆若不知者然。

廿五日庚辰(11 月 27 日)　晴。金县丞△△、邓少尉瑞品,松桃人。相访。易敬臣雍大相访。出看杨大廷名声及陶燮甫、金△△,遂过马雨农谈。还,闻李眉生、穆海航自湖北至,且为带书箱来,即趋申甫所视二君,纵谈至二更乃还。

廿六日辛巳(11 月 28 日)　晴。海航、眉生相过,纵谈三时许,晚饭乃去。海航论诗利病甚有会,谓拙稿六卷曾在太湖别后细看再过,且选钞数十首,指摘数条,极精当。慕庭、待园相过,以徐椒岑宗亮同来。椒岑,桐城人,年廿八,看似有才气,曾在希公中丞营中。海航言扰施南咸丰、利川两县之贼,乃桐梓贼余党穆二同,由綦江陆路出黔江,经涪州境而入施,且声言将往湖南及永顺界之△△,遇易笏山佩绅自湖南募勇至,击败之,易勇又寻为此贼击溃。

廿七日壬午(11 月 29 日)　晴,食后阴寒。为杨啸云尚履,仁和。作篆联。偶出遇一客,互相视,疑其周羖甫腾虎也,羖甫方自浙来请援兵。余少行即还,已入吾室相访,途间相视,亦疑为余。与羖甫夙未谋面,相诧久之。羖甫好毛诗,其言《二南》皆采之周邵之国,亦一说。晚过营务谈,见眉生新题《吴桐云出关图诗》,甚佳。桐云有属,懒未作也。

廿八日癸未(11 月 30 日)　晨雨,食后乃霁。携绳儿见涤帅,以其所刻二印为贽。遂答候周羖甫。

廿九日甲申(12 月 1 日)　晴。申甫过,夜谈。闻湖南龙山失守。

十一月①初一日乙酉(12 月 2 日)　晴,风甚寒。食后过申甫、海航、眉生,纵谈至晚始归。眉生示近著长句,颇近太白。夜,作书答丹初,且寄《邵诗》一册,托朱觐侯,觐侯将还湖北。羖甫过访,适已出,借《神气通》三册去。

初二日丙戌(12 月 3 日)　晴。书胡宫保挽诗,又作字唁赐福世

---

①　眉批:"初六大雪,廿一冬至。"

兄,并托觐侯致丹初转寄。绳买废字残书付焚,检出《周孝侯碑》木本及《穆子容太公表》《文心雕龙纪评本》,尚可存。眉生、海航来谈,携《孝侯》《子容》二册并假《圣唐观》《高羽真》二册及《太白集》去。

初三日丁亥(12月4日)　晴。李芋仙士荃过访,索书榜联,为集梦得、袭美句"诗情逸似陶彭泽,痴号多于顾(凯)[恺]之"。胡湘林、余介卿来访,湘林索联,又为集句云:"钟鼎山林各天性,金石刻书臣能为。"洪琴西汝奎,汉阳。孝廉相访,在鄂时汪梅岑谓江汉朴学惟琴西,今始相识。琴西极好宋本书,喜校勘,言曾以元刻《宋史》校官本《宋史》,有他卷错易之页即蝉联写刻者,凡数处。又言唐石经当重刻木本以存古,恐石之亟坏也。勘史足见其精,传唐石则未免多事,刻木之不能寿于元石了然易见,而开成本之存拓世间,记入诸家校勘,亦决不至与石俱亡,如汉魏一字、三字也。又言其家有沈小宛钦韩,吴县人,宁国校官。《韩集补注》,考证甚核。乃……录于五百家本《外集》则麻沙本。者,有暇可借抄。刘彤陔适至,言其有小宛《汉书疏证》,是其叔椒云所抄□□□。晚梅生、海航过谈诗,梅生言……言杜诗砌以转,极有会。又言其在黄鹤矶黄仙祠集句榜:"江山清空我尘土,神仙有无何渺茫。"大妙。

初四日戊子(12月5日)　晴。羖甫过言《生民》"帝武"以《毛传》为得,诚然。又谓"(又)[不]坼不疈",盖是连胞生,故实之隘巷、平林、寒冰,犹连胞也,鸟覆翼乃去,胞始破,而后稷呱矣,说甚新。张莲卿裕钊、方子白朔元至,见访,芋仙亦来,剧谈。晚访莲卿、子白,送芋仙。高伯足前月廿九书至,灯下答之。

《子史精华》《论释教本庄列》。

初五日己丑(12月6日)　晴。晨起思南府诸生安青田梦莲,石阡葛彰司人。来访,言其在家皆筑囤以避贼,石阡仅一城未陷,居筑囤者又饥亡相继,田兴恕提督及所部诸总兵皆廿余岁恶少,名为办贼,其劝捐不应者辄被杀戮,无分举贡生监,被害者数矣。其地小康之家往往自焚庐舍,甘心作贼,偶有为田帅及其部将所招,即非甚自爱者,亦托故辞去，青田则畏为所招而逃者也。兴恕及部将唯以鸦片、后房为务，虽时有小胜，不足以偿其残贼诛求之罪也。食后过叕甫谈，海航、眉生亦至，涤帅来窥，因极道滇抚徐新斋及兴恕之谬，张石卿制府之出滇被劫，邓子久中丞之曲靖被害，传闻皆薪斋所使，而兴恕要刘鉴泉为奏，而得钦差大臣。鉴泉本奉命督滇、黔，不必来京，即查勘新斋恶迹，而鉴泉谢恩奏兼告病者，乃故付折弁迟缓而行，鉴泉即不待命北还，奏到已至家，寻奏到，借以免云南之行。故云贵两省之连祸无已，皆鉴泉贻之也。涤帅谓若当设一"全无良心一科"以取人，刘鉴泉当为举首，殆无其匹也。出过申甫谈，遂晚饭乃归。传言杭城不守。闻湖南毛中丞已奏劾田帅。

初六[日]庚寅①(12月7日)　晴。访雨农话，遂访琴西，值海航、眉生来，同往，少荃、尚斋、小泉、程伯敷鸿诏亦至。伯敷，黟县壬辰孝廉，讲朴学，长骈体，气象亦简朴。海、眉又过小寓谈，晚乃去。偶检黄诗，举"好事风流有泾渭"句，眉生以"向人怀抱绝关防"，良工。夜，慕庭以张亨父际亮诗草来待勘。

初七日辛卯(12月8日)　晴，夜半大雨。慕庭母至，又得子，贺之。访程伯敷。访张廉卿、方子白，而二君乃过访，俱不相值。潘聚园眷属至，贺之。冯莲溪相访。在慕庭所，晤其族兄声，字[澄]士。姬传先生之曾孙也，避乱山中数年，其家属丧亡略尽，仅存声及一子一弟而已。名贤后人凋落乃尔，大帅必有以优恤之。见九月邸抄言：先帝　庙谥显皇帝　庙号文宗。

初八日壬辰(12月9日)　大雨。为欧阳筱岑兆熊书其太翁墓表毕。夜，慕庭冒雨以《东溟疏【疏】草》相视，其尊人为台湾道时办夷匪所陈奏也。鹤生亦来谈。

初九日癸巳(12月10日)　午晴。过申甫、眉生、海航谈。寿民、廉卿、子白晚相过。闻三河初六日团民收复。黄庄斋至，又言有传巢县收复者。

初十日甲午(12月11日)　晴,晚阴,夜雨。眉生假《史记》四函去。闻传宁波不守,又有传杭州者。

十一日乙未(12月12日)　阴寒,时有微雨,夜大雨。食后携绳访羧父,为之处方。过少荃、尚斋、子白、廉卿谈。

十二日[丙申](12月13日)　阴,时有微雨。食后过眉、海谈,羧甫亦至,言有《辟邪录》极骂洋鬼之恶,意甚不平,殊不可解,大氏苏常人多此见也。闻浙宁波以前月尾陷。

十三日丁酉(12月14日)　阴寒,北风欲雪。羧甫将往上海提饷,以食后行,往看之。

十四日戊戌(12月15日)　阴寒,时有微淞。

十五日己亥(12月16日)　甚寒,晨似开霁,即阴,晚有雪点。闻廷寄言载垣等已于十月中正法,不得其缘起。谕旨以曾国藩兼督浙江军务,四省巡抚、提镇以下皆归节制,亦十月中廷寄。

十六日庚子(12月17日)　寒雨,午后尤甚,至竟夕。

《杂感》

韩欧不能文,程朱不知道。宗岳将匪长,韩范闻亦谀。一我天地间,古今足推倒。海夷非族类,猾夏恣狂狡。机变绝耻心,奇淫售穷巧。翠华巡不还,含生共悲愀。胡为见词辟,惊若詈祖考。哀哉吴越杰,此蔽良不少。圣道积榛芜,人纲弃虚渺。群怪窥我隙,万里血浩浩。矧以诐邪徒,推波为之导。几何潮汐污,不压嵩岱杪。定乱视人心,一正消百扰。奇邪归太朴,昏黑启清晓。宅揆如圣徒,第一诛正卯。

王鹤生招午饮,冒雨而往,识□东屏。

十七日辛丑(12月18日)　大雨,午后少止,寒益甚,夜雨雪杂下。刘日心献葵州同相访,阳湖人,在江西补羧甫弟子,行时属来问学。

十八日壬寅(12月19日)　大雨杂雪而下,午后止,且见晚阳,复阴,而寒益甚。鹤生过谈。访子白、莲卿,遇涤老,言丹初有信与申甫,抄上谕一纸,言辅政载垣、端华、肃顺并革职拏问,肃顺又查抄,余五人逐出军机,盖数人者要挟为辅政大臣,然则前所谓载垣等正法,即兼端华、肃顺可知,朝野称快。又奉谕周祖培奏"祺祥"国号,二字同义,当更酌拟,因改明年为同治元年。太后钮斩诸奸,不动声色,其明断神速,盖亘古所无也。又言将起寿阳、常熟两相国,惜二公老矣。

十九日癸卯(12月20日) 午晴。谒涤公,以慕庭所藏其尊人在扬州都转时所画《谈艺图》乞其题咏。过廉卿、子白谈,见案头陈△△《经说》,言《周官》《司马法》成通不协处能合而一之,甚了当。遂同过梅生。

廿日甲辰(12月21日) 阴寒,晚大雪,二更止。走冯莲溪许,看周世兄诚,娱陔之长子也。因晤朱惺园奎章大令之弟[云卿],言五月间始与惺园自遵城取酉阳道来江西,遵中犹似无事。

廿一日乙巳(12月22日) 冬至。霁,食后雪尽释。走幕府贺至,与廉、白纵谈。

廿二日丙午(12月23日) 霜晴。钦帅招饮,会者琴西、海航、子白、廉卿,廉卿言明日当归省。得少鹤先生九月十五书,言其入台以掣签未得。元恺佐理,人望不属,万口怨毒,不学非才,难胜巨任。幸元旋一策出自中决,介弟一往,重之敦促,不致任其迁延。董元醇请议垂帘之疏,所持正论痛加驳斥,撰拟大不称,强争得下,其中疹疠可知,金谓来复后必有更张也。此三逆未发时事。大帅又出湖北来信,则言案发后议三人凌刑,五人戍边。旨改为垣、华赐死,肃顺大辟,穆荫军台。景寿、杜翰、匡源、焦[祐瀛]仅革职。恭邸为辅政王,大臣周祖培、桂良、宝鋆、董元醇主枢务,又召曹[毓瑛]入军机。其捉凶谕旨,撰拟则出敦郡王也。又见汪梅岑所次胡宫保行状,精采不甚足。

廿三日丁未(12月24日) 晴。善征弟十九信至,言方泻利委顿,幸能饮食,当易差。过雨农。送廉卿于南门舟上。答看周世兄及乃叔,并致赙分六金。看朱云卿行,作家信托其由江西转寄,又作字致朱惺园。

廿四日戊申(12月25日) 晴。慕庭过谈。答看华若(洲)[汀],

不直,又答看刘日心。眉生过夜谈,极快。

廿五日己酉(12月26日)　午晴。作字寄善征。又答勉林。海航、眉生过饭。闻大帅奉先帝遗衣冠表。

廿六日庚戌(12月27日)　晨有微雪。刘石于过谈,以《庄子》去。视眉生,是日移入幕府,遂过子白、仲舫。

廿七日辛亥(12月28日)　阴,午暂晴。慕庭来谈,遂同过眉生。闻大帅片举常郡异才六人周腾虎、赵烈文……见小岑来信,言惠甫腊底可至。琴西见过,适已出。

廿八日壬子(12月29日)　晴。慕庭以龙友画夹相视。

《答方子白翊元大令》

春风楚泽散黄巾,千里惊帆战血新。相遇奔波剩诗卷,剧愁风雅坠烟尘。横江欲雪飘蓬合,猛士长驱奏凯频。对酒当歌堪破涕,昔游回首转伤神。

弦歌颇怪陶彭泽,官秩收无归兴新。强项几人工妩媚,折腰何术耐风尘。短檠帘幕光仍好,青麦陵陂慨已频。江上二桥余旧宅,寒花清酣且怡神。闻道二桥江上宅,寒花情月最丰神。①

子白相过。以致筱岑书及所乞写数纸托幕府寄。看丹臣、聚垣疾。筱岑信至,言功甫志当促芋仙速致星子石为之刻,即作答致去并作字寄芋仙。

廿九日癸丑(12月30日)　晴。

十二月初一日甲寅(12月31日)　晴。访琴西,已出。蔡朗轩见访。

初二日乙卯(1862年1月1日)　晴。寿民言奉廷寄酌剿抚,幕府议奏主剿。黄少昆以许富来访,富字桂仙,桐城旧家子,帖括骈体诗古文皆有规格,年廿四犹童子,以郡陷于贼,十年未试耳,此才在诸

---

① "江上二桥余旧宅,寒花清酣且怡神。闻道二桥江上宅,寒花情月最丰神。"此当系两联备选一,《日记》未作删定。

生中亦翘楚。少昆遂先去，将之芜湖招抚。湘林、介卿见过。晚过眉生，见程伯敷诗十余首，师陶而近白。

初三日丙辰(1月2日)　晴。晚过海航，遇丁雨生日昌，雨生己未四月选万安令，同引见，去年调庐陵，今年失守被议，方以解饷来也。言粤东居省城之鬼，秋间皆退出，以其兵在安南大败，往援。又科场人多颇为鬼畏。又晤朱介侯，自上海差回并饷七万至。雪琴中丞见访，谓明日即东行，属勿答，岁杪当复见。

初四日丁巳(1月3日)　晴。丁雨生相访，言其乡颇肃清，盐官尚可为，欲以小子例知事。过内银钱所与寿民、琴西同饭，寿民将有远行也。闻窜浙之贼回犯屯溪，去徽郡城四十余里，去休宁三十里耳。休有唐镇桂生，徽有张协凯昌，皖南姚观【观】察[体备]，请召朱镇品隆还保祁门。涤帅言有江艮庭《尚书集注》复本，当见与。

初五日戊午(1月4日)　晴。午携绳过雨生饭鱼粥，言曾八航海，历海外数国，颇获其文籍掌故，译而记之，其风俗、物产、兵制皆得大要，如△△国，额兵才数千而饷极厚，法极严，故能得其死力，其饷每月人可银十两。其书名《海外诸国实记》，在京师时许滇生先生、尹杏农皆亟赏之，促其付刻未果，今年三月吉安失守，毁于贼，较罢官尤可痛惜。

初六日己未(1月5日)　晴。视寿民行。闻屯溪篁墩报小捷。

初七日庚申(1月6日)　晴。莲溪来访，言昔陶文毅改江北票盐时，江南未改，江南盐课之溢足以济江北，至陆栗夫改尽江南为票盐，而盐政坏矣。议改时但云湖先生为运司，力持以为不可，谓更张之初，一二年间必犹有利无病，三年以后病乃立见。陆不信，但遂引疾，犹侨居扬州，曰吾当目见其弊也，已而果然。闻浙人来禀，乞师，言杭城危在旦夕。雨生相过，遂同过其寓，因谈及姚石甫先生在台湾被逮，是筹海失策第一关头。雨生谓曾见夷人记载，彼甚畏服石公而轻议和诸大老，其意犹幸石公当时所获诸鬼不尽杀，彼因得以行诪逞志也。鬼犯安南，安南死力拒杀，鬼至今不敢复往其国。何以中国国威乃不肯自伸如此邪。鬼最以不得通商为忧，而我事事纵之，引之以奸宄猾夏，今至不可收拾，可痛哭也。

初八日辛酉(1月7日)　晴，风寒。

初九日壬戌(1月8日)　晴。晚过梅生，因见涤帅。晤琴西，识万籚轩观察启琛、甘子大部郎晋。闻贼过徽城颇急。

初十日癸亥(1月9日)　晴。慕庭以中统本《史记索隐》及录震川评点《史记》相视，当审勘购之。晚过雨生，论今夏湖南所刻《辟邪宝录》，播鬼子之奸恶，开人心之蒙昧，有补不小。昔杨光先为《不得已》一书，一时从鬼教者多自拔，而书中鬼之忌，鬼即重价购而毁之，此书即附此二文，而引据尤博洽，虽不无一二不当语，而语意危悚，其足以散从鬼教之顽民，而复其气，则可尚也。曾遇苏常间人，独痛抵此书，以为污蔑洋鬼，必为天地所不容，诚不知其何心也。

十一日甲子(1月10日)　阴。过雨生朝食，遂同寻申甫、海航，晚饭乃还。鹤生，慕庭过谈。龙汉云大令倬相访。

十二日乙丑(1月11日)　晴，风寒。见周弢甫在上海致涤帅信，言浙江省以前月廿八失守，巡抚王有龄殉难。……候补道邓辅纶、道衔前御史朱琦皆死焉，城被围已两月，抚军及属官绅民皆登陴死守，而粮尽援绝，竟不能保，哀哉。闻歙县城已不守，县城即倚徽郡城为小城，则郡城危矣，数日无文报至。弢甫信又言，上海有兵四万，不惟无欠饷，且有预支，皆骄而无用。又倍饷养夷兵数千。官场奢侈挥霍无艺，今筹饷廿万，薛抚颇不肯即应。又以前解七万后即止，十三明春方得全至，若得彭中丞抚苏为之更张，使所入皆归实用，则裕济不少。又欲以万金买火轮船运饷及西洋军械。杭宁绍并失，湖州危急，与上海邻，上海亦可虞也。

十三日丙寅(1月12日)　晴。绳买得姚姬传先生书《论书六绝句》小横幅，甚佳。慕庭又以先生临米一册相视，并清空有味，观诗意以玄宰学右军而不似，拟震川学《史记》而不似，知先生亦遵思翁学右军，又不似思翁者也。皖人多耳食重邓完白书，至于一字一金，亦宋玉东邻之美耳，鄙意则谓惜抱过之矣。

十四日丁卯（1 月 13 日） 阴。

十五日戊辰（1 月 14 日） 雪竟日。有以中统二年段子成所刻《史记索隐》求售者，每半页十四行，行廿五字，注字双行亦廿五，刻甚工雅，唯注中多脱字挤补，亦有未及补者，差未善，又以粗竹纸印，不惬意耳。要是旧本，《本纪》首篇注中即有一二字胜今本处，慕庭为之议价，不甚昂，当收存一种。

十六日己巳（1 月 15 日） 晨雪止，午霁。闻徽城尚能支。丹臣言浙之将失，粮绝，米价至二两银一斤，买不入者常十而九也。上海现有苏常宁绍诸人避居，盖七八十万人，其食亦甚贵。

十七日庚午（1 月 16 日） 半阴晴。见范云吉来书言倭艮峰仁已召入，当在枢府，与宝鋆皆旗人之有品望者也。

十八日辛未（1 月 17 日） 晴。闻入歙之贼已攻退，徽州自初六被围，已催朱军往援，又调左军往，日来当可至也。

十九日壬申（1 月 18 日） 阴，风寒。雨生祀东坡生日，招晚饮。

廿日癸酉（1 月 19 日） 晴。李敏斋相访，敏斋方自寿州来，言药房中丞已脱身北行。

廿一日甲戌（1 月 20 日） 晴。涤帅言徽州昨日有十六报至，尚无事，计此时朱镇当已至。乌都有与使相书，自称章京，问涤公何解。云章京者，司官之清语，乌时为副都统，其简阅时正称曰梅勒章京，犹以司官自居，而推正都统单言官若他时，知为副堂官也。

廿二日乙亥（1 月 21 日） 晴。晨答看李敏斋志学，言苗练自去秋来，闻先帝北狩，即蓄长发，袁午帅误听其子小午之言，多失机优容，今则益无何矣。现在潘恺据光、固间，明与苗联，而苗亦不能制，李招受据滁，而苗据寿州，居其中，三河尖水利，则苗、潘所同欲专擅者也。又见长毛头与苗部下往来书，盖彼此联好而力尚不能相救应。敏斋又言，经庐郡境，闻城中多湖南人，皆无守志，运轻赍于外，待我兵一往，即解散还乡，惜尚无一旅及之耳。过雨生早饭，其生日也，遂同过海航。海航过余晚饭，言涤帅腹泻须厚朴，因捡出二块，同往候视。涤公言十七休宁有胜仗。又言有附鬼船来者，曾入江宁城，城中甚空虚，皆已专力赴浙，惜我未能即攻。闻石逆十月中据武冈州，过绥宁县，又分股窜会同，一屯会同之龙宝桥，毛中丞已遣赵副将由宝庆西北横出溆浦截击。石逆又至靖州出通道，其大股十六日向会同奔窜，有假道入蜀之意。江中丞行抵洪江，出队救援，颇有胜。又言绥宁、城步相继失守，又有窜黔阳，据辰溪、复攻黔阳，又欲由浦市下窜，辰郡戒严①，则常、辰一道亦久不通矣。

廿三日丙子(1月22日) 半晴阴。江宁人张伯衡以明万历间祝无功世禄书联相视，字颇岸异，未详其人。绳买得明詹东图景凤画竹并自题绝句寄见，如丈直幅，亦万历辛未作，东图休宁人，前人称其画竹清劲绝俗，观此幅，信然，书、诗亦妙品。丹初信至，并以《兵略》及《外科证治全生》来。

廿四日丁丑(1月23日) 雨。梅生来夜谈。有持孙宗宪式如行书售者，似董意。

廿五日戊寅(1月24日) 阴，风寒，时有雪点。晚过眉生，观周杏农寿昌赞善所藏赵承旨两册两横卷，皆乏精采，中《西溪图》一卷灯下观不确，然题字甚恶，亦既灌而往矣。

廿六日己卯(1月25日) 晴，风寒。市头有岳武穆将军印，圆径四寸，中方，六字，作三行。闻休宁至徽尚隔绝，左军退保婺源。又闻上海有警。见廷寄，言彭中丞已进六安，连破苗练二圩。李中丞已遣攻复庐州，按之并无此事，又催彭中丞绕道速清淮北，亦无路可行。又言胜保奏苗练并未受发伪职，其蓄发特为转圜计，待胜至即薙发归诚，而胜又须淮北肃清方出，尤可怪。

《舟抵安庆城下，与姚慕庭同寻余忠宣墓及大观亭址，几不可复

---

① 此处删去"江中丞已由沅州上攻"九字。

识矣》①

奏凯扬舲士气豪,落帆如梦忆亭皋。青衫诗酒流光迅,白骨荆榛倚郭高。大皖北驱淮甸塞,九华东指海风饕。忠宣总觉英灵在,开幕先偿将帅劳。

《九日送舍弟之祁门,方仲舫瀛孝廉置酒为别》

他乡把菊怀诸弟,寥落三年负好秋。一舫相将成累月,重阳清兴满汀州。储胥远引祁山月,归梦难忘酉水②舟。尊酒故人轰醉意,持螯相对独含愁。

今年不见亲朋字,两寄乡书得到无。③

廿七日庚辰(1月26日) 风寒,薄晚大雪。眉生冒雪相过。

廿八日辛巳(1月27日) 大风,雪不止,庭中深一尺余,而壁缝瓦缝横飘侧落不已,室楼深处亦积寸许。志甫自绩溪至,言徽州可危,其来也,不能循正道,绕山僻迂径以出。十七过祁门遇舍弟,以急筹转运,未作信。慕庭冒雪相过。

廿九日壬午(1月28日) 大雪深二尺矣。冒雪过眉生。

《戏柬眉生》

眉君好书如好色,异椠名钞尽倾国④。琉璃都肆百花丛,作态争妍浑不识。一朝卤莽任割弃,浪走鳏鳏大江侧。放牸嬉洲出媚妩,趵足似人能勿惑。邵亭所至书四壁,酱醋油盐伴栖息。几遭冷语诮登徒,即事相稽口应塞。此身已寄况身外,虚牝黄金念精力。鲁论半部足补衮,万卷待穿嗟老逼。君今竟解平等观,嫫母夷光见同德。东州薄酒取消寒,丑妇白头从所直。

三十日癸未(1月29日) 雪止,小霁,甚寒。慕庭相过。

---

① 眉批:"三诗九月作,补录。"
② 酉水:原作"巫峡",旁改为"酉水"。
③ 此诗仅两句,后留空待补。
④ 此句原作:"宋椠元钞奉将息。"

《雪中和答慕庭》

雪深一尺势不止，风气拂拂方助威。岁行赴壑剩蛇[尾]，欲挽短影于将离。冬暄闭冻乏缜密，严寒及腊【及腊】良所宜。横江万幕鼓角暗，养锐暂卷军锋旗。颇闻僵骨苦藉道，亦有涩翼愁栖枝。辰阳西谷三山高，褰裳欲往风退之。军中箸隐定有当，梦魂仆仆仍饥疲。喜君衣笠絮辉辉，晨夕起予劳不辞。我道自塞子何师，姜、石数公仕学规。遗书勤子足依归，冰融雪释爱春时。①

《和丁禹生日昌除夕用东坡〈除夜赠段屯田〉韵》

悠悠复悠悠②，百岁忽过半。将智甍已及，自昔余累叹。晨露引初曦，一瞬矜把玩。何者定主人，相于不分散。昆湖涵众绿，倾盖黪强伴。雷封尔西江，选部趋月旦。我承需令旨，同觐玉皇案。临分拂牛刀，誓理乱丝乱。春明袛尘颜，积厚不可盥。国病匪节枝，良医乏岐缓。飞蓬信流荡，觊宠自鱼贯。模棱甘老客，缩手齐劲懦。胡君三年别，素抱亦冰炭。皖口雪塞门，晨炊冷行馆。萧条岁除意，谁复相煦暖。寒花对新诗，薄袖念此粲。

礼教所不周，法律救其半。任法忘本原，恓懘袛增叹。府史足钩枢，析破恣欺玩。纸笼张变虎，纸裂即威散。盗贼亦我人，华夷岂同伴。负乘为招徕，驯至匪一旦。昔君频海槎，殊俗费稽案。君曾游海国者八，著书曰《海外诸国实记》。横流知早计，成竹有定乱。天地莽风尘，湖汉不供盥。十年几豪俊，整顿亦已缓。卑官忌奇佹，软媚逐旧贯。是非宁自由，得丧何勇懦。凄凄增履霜，焰焰矜炙炭。商歌自金石，硌硌铿野馆。期君济时手，际会作春暖。无为湖海气，苦絜黝与粲。

---

① 此诗上有眉批："改入馈岁。"

② 原作"望洋浩无津"，旁改为"悠悠复悠悠"。

同治元年（1862）

正月初一日甲申（1 月 30 日）　晓雾，霜，食后晴，雪微消，气甚寒。善征信至。禹生以和苏除夕诗索和。柯小泉之太翁华辅、方春伯觐宸相访。彭中丞见过。

初二日乙酉（1 月 31 日）　晓雾，霜晴。大帅邀朝食。过少荃，以《书谱》相赠。海航、禹生来，遂同过禹生，晚饭水引。

初三日丙戌（2 月 1 日）　晴寒。檐间积雪覆出如悬崖者，于雪中密垂冰箭，璀璨可爱。作字寄善征。

初四日丁亥（2 月 2 日）　晴寒。闻昨腊廿六，徽张军、祁朱军合攻开崖子街①阻运道之贼，徽休之道始通，徽城可以无事。晚见腊十七廷寄，催促淮扬水师速援镇江，谓镇江近数十里已有贼，盖犹未得浙陷之报也。

初五日戊子（2 月 3 日）　晴寒。绳买李申耆《历代地里志韵编今释》二十卷附《皇朝舆地韵编》二卷，读史最便检之书也，在京师遍搜不得，今乃得之，犹是道光中活字本。此书怀宁邓守之传密有翻刻本，其板有损失，属胡宫保资之修补，丁果臣董其事，今亦当印行矣。陈尚斋、柯小泉约明日往黄陂峡。

初六日己丑（2 月 4 日）　晴。立春。马雨农、姚慕庭招饮，皆辞之，与尚斋、小泉乘长龙至黄陂峡候彭中丞，中丞赠二联及墨二块。

---

①　崖子街：当为"岩寺街"，邵亭日记中多有闻音而记致讹误者，此即一例。

王鹤樵嵩亦赠二块。晚饭,以舢板送还,将二更始入城。闻左京堂在婺源亦以廿六胜仗。广信有告急者,乃以左移军为此言,非实也。

初七日庚寅(2月5日)　晴。访合肥孝廉徐懿甫子陵,十年前闻此邦有懿甫及戴存庄,庚辛间来,存庄已先殉难,犹及见其子,幸其著述尚无恙耳。今日始识懿甫,其郡经再陷,方以十口寄居庐江,见面即相与商论海内避乱处,几于无可着足,转致羡存庄之先得死所,文人不遇,又遭此纷纷,真无长策矣。然较五年奔走并断家人消息者,或差胜耳。

初八日辛卯(2月6日)　晴,稍暖。陈心泉招饮,识杨朴庵［摛藻］员外。吴赞先绍烈相访,赞先旧识于京师半壁街吕祖祠,庚申先后出都,八月下旬再晤于汤阴泥沟逆旅,今匝岁又半岁矣。

初九日壬辰(2月7日)　晴暖,雪溶过半矣。以少荃属为周荇农宝唐阁榜,付之。遇涤公招饮,朴庵、赞先遂拉共午饭,因示荇农所致李思训碑全本,殆仍未全,且翻刻也。刘子壹相访,不值,晚过其寓看之,言桐城境今岁能耕不过三之二耳。闻彭中丞听其辞安徽巡抚,以兵部侍郎候补,李中丞续宜仍巡抚安徽,严中丞树声巡抚湖北,郑方伯巡抚河南,左京堂宗棠巡抚浙江,兼前日所闻沈又丹△△①观察晋巡抚江西,相联之四省皆易新抚,诸公皆振作有为,又各就地形熟习,以为任使。朝廷用人此为宜当,实中兴气象也。

初十日癸巳(2月8日)　晴。午过眉生谈,因与涤帅议欧、赵、洪、卢以来金石书,即观吉字营龙灯。李芋仙至,以《韵微》《虞文靖集》相惠。黎寿民至,相过。雨生、眉生相过,饭。夜,答看刘子坦。

十一日甲午(2月9日)　晴。答看赞先、寿民。金月川鉴自英、霍粮台来,言柏容已量移沔阳△△州判。又言陈杰夫讼其仆甚无理实,大为同官所非,柏容为之调停未了也。

十二日乙未(2月10日)　晴。答月川。敏斋相过。过海航、眉生、子白、慕庭。

---

①　即沈葆桢,字幼丹。

十三日丙申（2月11日） 阴。李啸山、王与轩相过。啸山言有售书者言桐城藏家多佳本，可开单为求数种。胡湘林、余介卿、杨啸云、王鹤樵相过。徐椒存、姚湛士、张嘉甫、△△△、华若汀并过谈。李尚之知天元而不知四元，罗茗香以后知四元而犹不知代数，近徐君卿有壬诸君始讲求得代数之理，徐已殉封疆，唯海宁之李壬叔善兰独精之，著有《代微积拾级》十八卷，《代数学》十三卷，《数学启蒙》二卷，《几何原本》七卷至十五卷。壬叔有删英国伟力亚烈《谈天》十八卷，已印行。

十四日丁酉（2月12日） 晴。仲舫招午饮，芋仙亦在，识德安刘璧臣。椒存《善思斋诗文钞》各一册，并《月徘徊馆词》欲为题小引，以其尊人行状未至，未下笔，将归索还，且俟异日。啸山过谈，晚乃归，绳以十金托其为买《通鉴》。啸山言去年四五月多礼堂驻挂车河时，民有来报毛贼派其速搭浮桥以攻我者，请稍缓为之，礼堂曰：浮桥亦不可少，宜速，过某日不成，斩汝矣。桥成而贼未至，即先渡桥，设二伏，营中更为备，俟贼渡桥将毕，伏起掩其后，近营别有二伏，起夹攻之，歼杀贼及没水者无算。

十五日戊戌（2月13日） 晴。椒存来辞行，将归，即往送之。晚走幕府，观浏阳新至雅乐，申甫、海［航］亦到，与涤公同登楼听肆奏，观城中灯火，三更乃还。

十六日己亥（2月14日） 晴。芋仙相过，言即登舟还彭泽，属早晚过之。

《元夕皖江幕府观湘中新至雅乐，遂登西楼骋望，赋呈涤生节相兼柬李申夫观察》

十载祅荒①复汉官，皖江令节酒杯宽。轰传雅乐衡嶷至，便作春灯鼓吹看。阴谷早回温律衍，渔洋犹陋霸才瞒。湘乡取士皆儒术，胜

---

① 祅荒：原作"兵戈"，旁改为"祅荒"。

算雍容视羽干①。

飞楼十丈涌冰壶，火树千章结四隅。天际江光乘月转，城头人影抱星趋。一作"城头塔影聚星扶"。漏声乍紧愁催箭，瑟韵新调喜②贯珠。幕府今宵除犯夜，迟归不怕李金吾。申夫主营务。

十七日庚子(2月15日)　晴。辰刻廷寄至，以涤老协办大学士，以乃弟沅圃按察浙江，以蒋益澧为浙藩。因趋幕府贺涤老，索元夕诗，因归补作如上。李勉林相访，复答看之。杨朴庵员外［摛藻］相过。出城访丁禹生，饭水引，遂至延河，答看陈石洲朴生，不值。又答看曹雷夏炯△，其所携书粗备，史部为多，《三国志》《通典》及《两浙金石志》佳，惟经、子不足，文集亦不少，皆常见者。雷夏，彭泽人，故携之甚便也。闻潘铎简云贵总督。

十八日辛丑(2月16日)　阴，东北风。丹臣、聚垣、彤陔招早饭。复与勉林谈久之。赵惠甫至，自午谈至晚，言在湖北度岁，雪亦三尺。

十九日壬寅(2月17日)　晴。慕庭将之鄱阳归其先枢，来辞行，遂往看之，问所服，告以启枢即用古人"改葬缌"比，例服缌，既葬而除，慕庭终服已数年，缘贼据其县，不能归葬，今收皖桐，乃谋及耳。作字寄舍弟。

廿日癸卯(2月18日)　晴。视勉林行。答看惠甫。闻六合、天长收复。又闻和州、江浦亦复。恐未确。答看杨朴庵。

廿一日甲辰(2月19日)　阴，暖。许学博丙椿，字若秋。相访，乞篆书"蛟台渔隐"字，且用拙韵为诗相赠，其诗太易。刘大令奎光，字璧臣，德安人。相访，新自江西高安知县调来者，其言论甚开爽。晚，答看璧臣。闻新抚贵江忠义以兵急走贵州，湖抚毛奏调先剿辰沅，不应，遂奏劾其资浅望轻，不称任，请革职留营。忠义本田兴恕私请，甚

① 原作"岂是空文说羽干"，旁改为"胜算雍容视羽干"。
② 喜：原作"趁"，旁改为"喜"。

不屑人心，所劾甚当，未知廷议何如耳。

廿二日乙巳（**2月20日**） 晴，小热。魏召庭太守栋、高慧生郎中兆麟招早饭于延河粮台舟上，往还皆过雨生茶话。慧生能诗，清圆可喜。夜过眉生、海航谈，申甫、虎臣亦至，二更后乃归。午间朱△△来访。广信人，新押火轮船自上海来，惠甫旧识也。

廿三日丙午（**2月21日**） 晴。晚过忠义局，访至甫、西园、待园，识程可叟。闻孝感界有捻匪。

廿四日丁未（**2月22日**） 阴，晚小晴，夜风。李少泉移驻北门外淮阳幕，军已集营以待举。涤帅索文房诗，呈之。将过梅生许谈，见廷寄，怪其奏事太稀。谈及《稚存文集》，苦未见上成王得罪之书，程伯敷出其写本，他日当录一通，并求《征邪教疏》以补集阙。

廿五日戊申（**2月23日**） 阴，风寒。刘日新献葵执赘来执弟子礼，惠甫教之也。其太翁金匮，壬辰孝廉，少余一岁，今犹困于家，且有老母。献葵援例江西，需次经历，与羿甫同来，留调于此，颇好学。午过申甫、雨生。晚，刘咏如自大通至，言前所托少山购书单子十九皆有，即当筹项待之。作字寄少山。

廿六日己酉（**2月24日**） 阴，风寒甚。过惠甫、琴西。廖载卿相过。答看咏如、载卿。

廿七日庚戌（**2月25日**） 晴。携绳至厘局，丁禹生已出，其侄世兄留饭水引，乃还。述臣言有往重庆者，因作家书同寄。

廿八日辛亥（**2月26日**） 晴，风寒。过海航□其约，寻重庆寄书处，遂过李竹岩、阎雨林。

廿九日壬子（**2月27日**） 晓雨，阴，夜雨。观廖载卿所获《渊鉴》《古文》及《词谱》，皆大佳，乃得于大通者，颇欲附咏如、丹臣舟，明日一往。乐局贺△△宏勋、黎贡卿△△以编钟来纂书宫律。喻庆勋吉三总兵相访。

三十日癸丑（**2月28日**） 阴。见节相，言将附咏如舟往大通。为惠父作书，甚佳。

二月初一日甲寅(**3月1日**)　霁,时阴。以风仍未登舟。刘璧臣相过,闻即委宿松署令,荐奴子卢福与之。

初二日乙卯(**3月2日**)　晴,东北风。舟仍未能行。汤果卿成烈,号确园。同年相访,果卿,武进人,以直隶清苑藉举甲辰,大挑分发浙江,今候补同知,以浙省数郡连陷,间关来此,秋史其从弟也,著有诗文集。咏如曰果卿,雨生总兵贻汾之从子,雨生以诗酒风流被弹去官,毛贼起,上《金汤十二策》,总督陆建瀛不用,城陷,巷战死。视丁雨生恧。还,答看果卿。先访璧臣,不值,乃过之雨生所。

初三日丙辰(**3月3日**)　阴,风寒。出北门访少荃,不值。风不息,仍未登舟,惠父过夜谈。

初四日丁巳(**3月4日**)　晴。有持《董思翁书李文定金山诗》绢本来售者,绳以廉价收之。食后下行李,午后与咏如、丹臣同登舟。

初五日戊午(**3月5日**)　阴,北风,午晴。北风。晨,抢行十五里黄陂峡,候彭侍郎于舟中,留晚饭,遂泊不行。侍郎赠直幅一,为侍郎作篆联,识徐云衢先路,己酉舍弟同岁也,为之作篆联。

初六日己未(**3月6日**)　晴。行五十△里,过池州府在南岸。二十里、枞阳旧县二十里泊。

初七日庚申(**3月7日**)　晴。行七十里,至大通镇北之荷叶洲下泊。遂访少山,候咏如还,就少山差船宿。

初八日辛酉(**3月8日**)　晴暖。少山及王禹轩随子真同登荷叶洲,遂过大通镇还,而陈年丈希辕至。

初九日壬戌(**3月9日**)　晴暖。又同诸君登洲,遂访陈松如茂、刘洁斋履祥,洁斋留晚饭。

初十日癸亥(**3月10日**)　大风,寒雨,夜风益甚,天明不息,雨皆成雪。

十一日甲子(**3月11日**)　大风,甚寒,时有飞雪,午后雪已,晚,风乃少息。

十二日乙丑(**3月12日**)　霁。少山所购书至,分得《史记》《文选》《樊川集》《长吉诗》,《宋》《辽》二史,皆可。子真购《史姓韵编》以归我。

十三日丙寅(3月13日) 晴。登岸物色,得文待诏六小幅行书及改琦《麻姑》。禹轩【购】为丁禹生购《廿一史》《韵府》成,以其余者《三礼义疏》《绎史》《百三家集》等归我。夜,料理所得书,寄省,以明日丹臣当行,作字寄绳及禹生。

十四日丁卯(3月14日) 晴,食后北风。程丈、丹臣、子真开船西上,登洲得书数种还,下划未及少山舟,见洲上烟起蔽空,延烧不知若干蓬舍,遂就咏如舟晚饭,饭毕火乃止。此洲上皆宁泾逃出灾民,结草庐而居者数千户,自去秋至是,盖五火矣。

十五日戊辰(3月15日) 晴。登洲视火灾,实被焚者二千余蓬。

十六日己巳(3月16日) 晴。购得《五礼通考》《全唐诗》等十余种,以《杜诗》赠雨轩,以《李诗》赠咏如,以《赋钞》《纲鉴易知鉴》赠程月波。

十七日庚午(3月17日) 晴。登洲收得韩、柳两集,乃明南直巡按莫如士校刻于宁国者。

十八日辛未(3月18日) 阴。与少山、咏如同舟西上,遇顺风,尽一日还,泊安庆东门外。

十九日壬申(3月19日) 阴,北风。食后登岸,谒涤公,呈以武英殿本《水经注》,以黄本《水经注》赠眉生。过李申夫,晚食丁雨生为主人,识姚秋浦体备观察。

廿日癸酉(3月20日) 阴,风寒。

廿一日甲戌(3月21日) 晴。晨送少山、咏如于舟中。明子卿〔兆麟〕、陈竹生、昌言,武宁。钟亦皋、显谟,平江。罗寿嵩臣鹩,长沙。相访。访马雨农、陈心泉、李希帅,陈、李皆不值。徐椒存还,见过,以中统《史记》来。慕庭信来,言其早晚方渡江。汤退园见过,又还看之。

廿二日乙亥(3月22日) 晴。陈作梅、周寿山、吴桐云相过,眉生、海航亦至,陈心泉见访,周宅三亦至。眉生持《史记》一册去。

廿三日丙子(3 月 23 日) 雨。雨农相访,李中丞亦来。雨农谓丹臣且行,必相邀寓其署中,无词以却之,殆不可不往也,唯教读书记,皆非所能应,唯俟其开棚助衡文耳。作字寄九弟。

廿四日丁丑(3 月 24 日) 晴。晚过寿山、宅三、作梅、桐云。又过梅生,索《史记》,不得。得舍九弟信,言十四犯黔贼幸即击退。

廿五日戊寅(3 月 25 日) 雨。午过周世兄世澄,并视赵惠甫。晚,桐云至,拉走眉生谈。

廿六日己卯(3 月 26 日) 晴。祁门人将还。复作字寄九弟。丹臣携眷登舟,还巴陵省母,送之舟中,以《通鉴纲目》及《明史纪事本末》赠其行。晚,答看张栋渠凤喜观察,访曾璞山广翼、詹星垣启奎,唯遇星垣,遇方子白,同至寓谈。

廿七日庚辰(3 月 27 日) 阴,风寒。午走帅府,借《续通鉴》于梅生所,补缺页字。浙江蒋寅昉光煜,海宁。来谒大帅,言浙破前,邵蕙西方刻其《尚书说》,又新著有《礼说》,其《书说》则申西河冤词者,刻未成,亦佳。城破后不知定死未,弥之存否亦未知。同谒者复有杨利叔。象济,秀水。蒋氏藏书多宋元旧本,所持赠大帅之《名臣碑[传]琬琰集》,即宋本,最佳。

廿八日辛巳(3 月 28 日) 阴,仍风寒。晨,汤退园相过云:当与少荃以来月初二行。食后大廷相过。过椒存、赞先,出城视少荃、退园行,还过丁雨生,访马雨农。

廿九日壬午(3 月 29 日) 晴。闻苏人自上海雇七洋舶,迎少荃之师。

三月初一日癸未(3 月 30 日) 阴,午后微雨。午过雨生,晤钱主事鼎铭,调父,乃自上海来乞师者,其洋舶始至一只,七只费十八万两。

初二日甲申(3 月 31 日) 晴。食后过桐陔,聚垣、梅生、申父、篴轩、虎臣亦至,纵谈久之。闻皖南贼以两路窥景德镇、历口,文报已隔。又闻大通十里外有援青阳之贼。作字答啸山。

初三日乙酉(4月1日) 晴。售《守山阁丛书》十四函,尚阙六函。

初四日丙戌(4月2日) 晴。桐云、泽山及△△△新化。相过。晚过桐云。

初五日丁亥(4月3日) 晴。椒存相过,待园与方存之宗诚、苏子献其琛继至。存之与严中丞至湖北,因还省其家,言去保定时,黄子寿方主省城书院讲,其太翁琴鸥还山西,即告病。又言龙皞臣在晋颇有贤声。又言吾乡田钦差以孔叙五宪典上书责之一二十条,田亟招孔君,又面论其非,田倾听,为之下拜,许以昔之所误一一更张。今黔境渐清,凡军事必与韩廉访超商办,皆叙五一责之力也,果如此,田亦良可用也。杨利叔象济,秀水。孝廉相访,且以蒋寅昉所刻《诗集传音释》见惠,言蒋君已还湖北,利叔将与张仲远观察往上海,尚泊大南门外。

初六日戊子(4月4日) 晴热。食后访存之,过雨生,还,访张仲远、杨利叔。又晤汤确园,谈久之。遂过小泉、鹤生。又过雨农,雨农言贵州二月放两试差,已见报,甚奇事,可喜。正考官王发桂,副考官倪杰。

初七日己丑(4月5日) 晴热,午后飘风雨即止,夜大雨。方存之相过,同午饭于大帅许,在坐有汪晴溪。颢,武宁人。琴西、惠甫相过。存之言现闻遵义知府为樊鹤楼①[希棣],开知州为戴商山[鹿芝],威宁镇木有恒、镇远镇何洪富、昭通镇杨崖保,皆守刺镇将最有声者,所以渐就肃清。

初八日庚寅(4月6日) 大雨,已乃少止。阅杨利叔留示《代关相祭胡文忠文咏老》,颇健。又读其友陶模寄利叔两书并所为《陈子松寿熊行略》,知为有学有文之士,其书言嘉兴虽陷,虽为贼所隔,犹

---

① 据《续遵义府志》,樊鹤楼咸丰十一年六月到遵义知府任,十一月去任,继任者李德义,然邵亭未及知也。

必十数日一剃发。子松吴江人,籍震泽。乃其师,言学持汉宋之平,曾师姚春木椿,著有《周易集义》《易正义举正》《易本义笺读》《易学启蒙私记》《读易汉学私记》《考工记说》《诗说》《静远堂诗文词集》《参同契说》,其《集义》因虞氏卦变之说,反复求之十余年,乃悟,取象、系辞之指为说发明之,大旨以凡卦皆变,既济为主,句笺字释,悉引前人成说。咸丰十年吴江陷,子松被贼伤,不死,久之,乃绝粒死。夜有泾人售书者,得殿本史十七种,尚缺后汉、北魏、北史、两唐、宋明两史,据云共阙九册,当令全致之。

初九日辛卯(4月7日)　风寒,雨。存之、椒岑、彤陔相过谈。

初十日壬辰(4月8日)　寒雨。作字寄九弟,言故乡新闻及新收书。

十一日癸巳(4月9日)　阴。过雨生午饭。

十二日甲午(4月10日)　走李中丞所,观所收廿四史,初印甚佳。

十三日乙未(4月11日)　晴。中堂以《通鉴》赐绳,带往谢之。

十四日丙申(4月12日)　晴。晨走厘局送丁雨生行,食水引还。午同饭于银钱所。

十五日丁酉(4月13日)　晴,风寒。作字寄九弟。又作家书及寄柏容、子尹、筱庭诸字。

十六日戊戌(4月14日)　晴,余寒。遣胡三持家信往祁门。

十七日己亥(4月15日)　晴。晓过椒存。午过申夫。晚过懿甫,且乞其处方治感冒。夜,过桐云送行。午间有江西解饷姚桂森县丞相访,且持雨生信自黄石矶来,伴以箘二合。

十八日庚子(4月16日)　午晴阴,时有小雨,闷热。食后存之相过,以其从孙山余涛来,植之先生之孙也,年廿□,气宇颇轩豁。晚,又以苏强甫求庄来,厚子先生之子也,年四十二,气象亦卓厚。闻青阳以十六克复。

十九日辛丑(4月17日)　晴,晨大风。李少山信至,并以《毛诗稽古编》等书数种来。作字报少山。

廿日壬寅(**4 月 18 日**)　阴,食后大雨,寒。少山遣人请军械,又以《尚书后案》等四种来,言三通有残二册之本,在十千内,可买,复书属为致之。徐懿父相过,为处方,言风热未退,服后当禁风一二日。午过雨农饮,在坐者蔡芥舟□□观察、黄△△、薛慰农时雨,全椒人,行三,癸丑甲,嘉兴令。大令、张逊侯致高,癸丑甲,太和。同守。芥舟前年知九江府,处夷人建馆能得体,民颇颂之,遂晋九江道。闻石襄臣已自顺天尹署兵部侍郎。

廿一日癸卯(**4 月 19 日**)　大雨。晚薛慰农相过,言其乡吴山尊先生后人不振,书籍捡卖已尽,仅日记诸册为其兄所收,先生诗、古文、骈体诸稿皆在其中,因刻出编成诗十卷,文若干卷,携清本在京师。闻初十□,江西广丰之四十二都、玉山之八都有贼至,甚众,号二十万,自江山来,盖闽浙间窜入者。

廿二日甲辰(**4 月 20 日**)　霁。张逊侯相过,遂同访慰农,慰农以江右警,将还视其家。又闻十七报,广、玉贼已击退。晚过梅生、海航,值寿山亦在,遂同相过夜谈。绍庭、蕙生相过。

廿三日乙巳(**4 月 21 日**)　晴,食后阴,午大雨,至夕彻夜。过寿山晚饭。闻南岸青阳、石埭,北岸之巢、含山、和州等以次复。晓,存之相过,言其早晚将行。

廿四日丙午(**4 月 22 日**)　大雨。

廿五日丁未(**4 月 23 日**)　乍雨乍晴。晚过懿甫,属处方,遂同看存之,不直。

廿六日戊申(**4 月 24 日**)　晴,热甚。晓送存之行,至午仍相过谈,以晚方下船也。慕庭相过,言其太翁葬地已别定其期在七月。

廿七日己酉(**4 月 25 日**)　乍晴乍雨。待园、椒存、慕庭、[寿]山以甘愚亭相过。晚过懿父,懿父为看近两岁诗,较他人为差确。得彝儿去年九月廿三所寄字,言家中尚无他事,唯李舅以七月没;又言芷升以五月署安顺训导,已携其家往;又言十月初当县考。发贼唐天祐投诚,许收复都匀各郡。念簹所将书已到家,特时有遗落、水湿者耳。黎柏容信言今年三月敦亭人至，言去年腊月贼破绥阳县城，遂回扑乐安里、龙坑、沙滩一带，室屋皆毁。念筸信言其去年五月十一到铜仁，次日土匪即围城，六月尾方退，江口道阻，由蜀界绕合、绥阳，七月尾方到家。又得陈息凡六月、十一月所寄两信。闻西梁山已收。

廿八日庚戌（4月26日）　阴，雨时作时止，夜大雷雨。懿父、慕庭来久谈，且监制膏药服。晚，桐陔、子白、琴西相续来看病。琴西以《隶释校（刻）〔勘〕记》校本来，将《明一统志》《宋文鉴》去。以《读史兵略》赠慕庭。夜，作字述家中事寄善征。

廿九日辛亥（4月27日）　阴雨，午乃止。过海航、眉生晚饭。善征有信至，付前去回夫，并将一担书来，中有《魏书》《北史》二种，乃康熙时修明北监本，足配前收殿本未备之数。其《经典释文》《千家注杜诗》《柳待制集》，皆善本。啸山有信至，即作字复之。

三十日壬子（4月28日）　晴。善征信至，言廿六已遣胡三等行。夜，作字寄善征。

四月初一日癸丑（4月29日）　阴，晚霁。过海、眉谈。见少荃来信，言江南事极费整理。懿、椒诸君子以范〔次典〕庶常鸿谟见访。

初二日甲寅（4月30日）　乍晴乍阴乍微雨。马雨农见过，订以初八移居，言韩南溪超以臬司署贵州巡抚，则大称人意。午过幕府，伯敷以克巢、和、含山、繁昌、青阳、石埭、太平、泾八州县、铜城闸、雍家镇、裕溪口、西梁山四要隘，以诗呈节相，节相亦有四诗，命诸人属和。遂过桐陔、琴西、邓守之传密，乃归。

初三日乙卯（5月1日）　晴，骤热，单衣犹挥汗，夜殷殷闻雷。答雨农拜，且携绳往，贺其转庶子。过鹤生谈。眉生以祥弟字来，言当作字召其即来皖一行，自具亲供，由善后局转，当勘实入奏。夜，作字与舍弟，明晨遣人行。

初四日丙辰（5月2日）　阴，大风，晚寒。午过眉生，食豌豆羹，佳。又闻已复铜陵城及鲁港隘。

初五日丁巳（5月3日） 阴，小雨，甚寒。午过雨农、逊侯。晚过次典、懿甫，懿甫谓明当为易一方。是日收得明人手札诗片二册，最佳，文三桥一帖，黄石斋两帖，董玄宰十帖，文△△七帖。

初六日戊午（5月4日） 晴。过宅三，又过眉生、海航饭。懿甫、次典相过，海航先至。

初七日己未（5月5日） 晴暖。申凫相过，晚过申凫。

初八日庚申（5月6日） 雨。泾县运正史人至，雨少止，即起以来，凡四百数十册，殿本廿四史，贫士能读之，亦异数也。惜前后来者，《后汉》少一册，《魏书》少四册，《北史》少一册，《唐书》少二册，《旧唐》少三册，《宋史》少一册，《明史》少二册，《旧五代》少二册，共少十六册。

初九日辛酉（5月7日） 晴。有铜仁人喻竹君勋相访，以诸生从军江右得教职者。冯子明相过，言海宁孝廉方正陈仲鱼鳣先注《说文》，见若膺注，出毁其稿，更求于若膺所注之外，晚乃成书，未刻。其所著已刻者有《论语古训》《续唐书》。过海、眉谈，闻眉于申有"佛生嫁毛虫，嫁上蒲桃架"之谑。隋龙渊相过。

初十日壬戌（5月8日） 晴，午后热。晚过莲溪。

十一日癸亥（5月9日） 微雨。归泾县送正史来直。计收武英殿板《史记》廿六本，《汉书》三十本，《后汉》廿四本，少第廿一一本。《三国志》十四本，《晋书》三十二本，《宋书》二十四本，《齐书》八本，《梁书》八本，《陈书》六本，《魏书》三十二本，内少四本。《周书》八本，《北齐书》六本，《南史》二十本，《北史》三十二本，内少一本。《隋书》二十本，《唐书》五十二本，内少二本。《旧唐书》六十本，内少三本。《五代史》十本，《旧五代史》二十四本，内少二本。《宋史》一百二十本，内少一本。《辽史》十本，《金史》二十四本，《元史》四十八本，《明史》一百一十二本，内少二本。以上廿四史共七百五十本，又加外刻《明史稿》五十二本，共八百零二本。其八种中共少十六本。前后共兑银四十五两。外收《通鉴纲目》、八十本。《金石粹编》、八十本。《知不足斋丛书》、廿五函，缺五函。《戏鸿堂帖》、十五本，缺一本。《世德堂庄荀二子》、十二本。《六臣文选注》、二十本。《读书记数略》、十六本。《陆清献四书》，二十本。价在此内。①

十二日甲子(5月10日)　晴，晚有数点雨。巳初，九弟自祁门至。程敬生燠司马来访。

十三日乙丑(5月11日)　晴。申凫假观董玄宰、黄忠端札子，共以九页去。晚过申凫，见案头玄宰临米画卷，甚佳。

十四日丙寅(5月12日)　晴。得方存之湖北来信，言得黄子寿书，知其已全家入蜀，其太夫人柩亦启回，欲为由蜀还乡之计，缘骆制军、罗②方伯招之往，想大可展布其心所欲为也，致书即致霞仙方伯处可。又言倪豹岑犹相记，才学皆大可有成，冀相琢磨；又谓当为篆书家人、谦二卦，不必大。

十五日丁卯(5月13日)　阴，时有小雨。懿甫、待园相看。

十六日戊辰(5月14日)　晴。逊侯相过，次典、羧甫、至甫以次来。往抚署看宅三行。

十七日己巳(5月15日)　晴，夜大雨彻晓。陈翰园相过。马雨农过言庐州已于十四收复。邓弥之辅轮至，自午谈至晚。海航来，遂

---

①　此日上有眉批，注明所缺书之卷数云：阙卷：《后汉》一本，列传六十六之六十九循史至儒林下；《魏书》四本，目录，本纪(一、二)，[卷]廿八至卅八(列传十六至廿六)，[卷]四十四至四十七(列传三十二至三十五)；《[北]史》一本，[卷]四十四至四十六(列传三十二至三十四崔光至冯元兴)；《旧唐》三本，卷九十二至九十六(列传四二至四六魏元忠[至]宋璟)，百六十六至百七十二(列传百十六至百廿下元稹至李石)；《新唐》二本，目录，卷百十五至十九(列传四十至四十四狄人杰至白敏中)；《旧五代》二本，卷四十九至六十三(唐书二十五至三十九唐列传一后妃至朱友谦)；《宋史》一本，卷三百八十至八十三(列传百三十九至百四十二何铸至辛次膺)；《明史》二本，卷百廿二至百廿五(列传十至十三郭子兴至常遇春)，卷三百一十至十二(列传百九十八至二百湖广土司及四川土司一二)；《知不足斋丛书》缺一、二、八、九及二十共五套。

②　罗：疑为"刘"之误，同治元年四川总督为骆秉章、布政使为刘蓉。

同过眉生，言其去冬十一月廿八，杭城破后，身被十余创不死，乞食困顿村垆间，至今岁春尾夏初乃依商船达上海，坐鬼船以昨日至此，九死一生，相对如梦寐也。去冬十月曾寄之书，亦未达。

十八日庚午（5月16日） 大雨，食后止，午晴。庐州果以十五收复，昨夜报乃至。黄庄斋来视脉，言左独大，右肾当有病，数日来本右疝发也。晚看弥之，因识李壬叔善兰，壬叔精西人算法，海宁人，近刻《谈天》《代微积拾级》诸书，皆其所译也。即以《拾级》三册见赠。新著《火器说》九章，校《则克录》诸法精简十倍，方拟付雕。又识周缦云学浚侍御，乌程人。

十九日辛未（5月17日） 晴。周缦云、李壬叔相访，壬叔言在子弹局之徐雪村寿，无锡人，算学甚精。甘子大、△△△、高惠生、樊三桥相访。萧敬甫、穆秀才相访。

廿十日壬申（5月18日） 晴。陈△△守和以其犹子梦鹗及其子修伦来见，梦鹗，虚谷同年，守谦次子也。虚谷终芜湖校官，著有集六册，乱后其长子梦龙携至江西，咸丰辛酉冬客死。梦鹗检其箧，携此稿来乞为作序。过弥之。即答看缦云、壬叔、弢甫、惠甫，遂晚饭于眉生。懿甫相过，言欲拉作合肥，非懒人所宜也，力却之。

廿一日癸酉（5月19日） 晴。黄[华容]松年、向伯常师棣自淑浦来，以湘汀信至，言川楚之交，犹时时有梗，辰、沅往黔、常，须绕道。晚寻弥之，同过申甫谈。

廿二日甲戌（5月20日） 晴。

廿三日乙亥（5月21日） 晴。

廿四日丙子（5月22日） 晴。

廿五日丁丑（5月23日） 晴。祥弟往祁门，送之，出镇海门，还，过候雨农，订以五月朔移。辰闻已收金竹关、太平府，巳又闻收芜湖县。伯常相过。懿甫来为绳处方。

廿六日戊寅（5月24日） 晴。得彝儿二月十六所寄信，言其以科考县案首入学第三，其母觉有衰意，其妇宦又以其月二日夭故，次日即岁试遵童，故草率不能获隽，迟数日科试，乃得之也。作书时已复试，尚未发落。其六叔全家在安顺，闻已保云南州判，去年十月湄潭贼犯乐安里，半成灰烬。金粟、钮经之屋皆无存，至正月十一，慕耕之宅亦毁，经巢亦被焚。前寄存慕耕处典籍幸詹琼芸、王怀钰、白瑶圃为借项先移出，经巢所藏犹存三之一，金粟、钮经俱无存，真可惜也。筱亭则寄居青田舍。闻四眼狗已为苗练所禽。

廿七日己卯(5 月 25 日)　阴，食后小雨。慕庭早过。午食后雨止，出遇缦云、弥之、壬叔，遂同过云□。又同云老访海、眉二君。懿甫来为绳处方，次典同至，谈至二更乃去。

廿八日庚辰(5 月 26 日)　晴。酒食就缦、壬、弥、载①四君子，申公又移同善后局会饮至夜分。

廿九日辛巳(5 月 27 日)　晴。弥之来辞行，即往送之，赠以《史记广舆》。闻……

五月初一日壬午(5 月 28 日)　晴。弥之、壬叔来，拉过早饭，弥之即登舟行矣。雨农之戚赵据庵相访。晚过雨农。又过向伯常。遇赵唫椒△△太守，湖州人，曾署松江道衔。言上海方紧急，薛中丞之将李某在太仓大败故也。

初二日癸未(5 月 29 日)　晴。过海、眉午饭。

初三日甲申(5 月 30 日)　晴。懿甫来处绳方。海、眉诸君同过饭，闻吴桐云已来，遂同访之。

初四日乙酉(5 月 31 日)　晴。善征信还，言其廿八即至祁，才四日，寄来《欧集》《管子》《淮南》《武经直解》《墨子》等，其本皆善，而《欧集》为最。

初五日丙戌(6 月 1 日)　阴，微风，甚凉，午后晴。辰趋幕府，节相不见客，遂俱不贺节。刘石于、傅肯堂同过午饭。

---

①　缦、壬、弥、载:指周缦云、李壬叔、邓弥之、廖载卿。

初六日丁亥(6月2日)　晴。作字寄善征。

初七日戊子(6月3日)　晴。缦云、壬叔过午饭。吴桐云郎中去年夏晤于鄂城,以《匹马出关图》索题,今夏皖中再晤,始完斯负。

天入营平大海环,清时无外不须关。自从王气开元菟,常有卿云护白山。北狩忽惊弓剑在,中兴犹属斧斨还。去年读画愁何极,今日偿逋共解颜。

初八日己丑(6月4日)　晴。眉生招过寓晚饭。壬叔以鱼来,不能共食。杨利叔前月廿八信至,言邵蕙西已脱出在金华,其二子已至上海。即以其信呈节相,节相许致书少荃为之谋,即作字复利叔,托惠甫转寄。桐云来夜谈。

初九日庚寅(6月5日)　晴。移书廿二匣,过学院署,订以十五日移往。以唐荆川《诸儒语要》致缦云。缦云明日将往上海,来访、往看皆不直。壬叔、羖甫亦同缦老行,因看羖甫,晤吴竹庄修观察,臬衔。识杨咏春沂孙太守,道衔,乃兄似孙①。竹庄去岁曾相识,羖甫谓其藏书最富,多善本。咏春见实缺凤阳府。遂过壬叔,识容醇甫,光照,香山人。壬叔谓其曾历海外诸国,读书八年,能解各国语言,方为鬼办茶,将往祁门。蕙西二子已坐鬼船昨日至,节相令其仍往上海取其家来。利叔作书时盖未照会也。

初十日辛卯(6月6日)　晴。羖、惠相过,懿父过晚饭。

十一日壬辰(6月7日)　晴。见会试题名,贵州中式者四名:杨(霖)[先棻]、周培[锦]、顾衷、[谭钧培]②。作字寄九弟。

十二日癸巳(6月8日)　晴。偶出西门,见《毛诗疏》校本,最善,遣绳购之。闻湖州失守,未知确否。

十三日甲午(6月9日)　晴,热甚。节相命阅考试委员卷子,二更乃还,夜热甚,不能寐。

---

①　此误记,当为"乃弟泗孙",即杨沂孙之弟杨泗孙。
②　四人姓名据《清朝进士题名录》补正。

十四日乙未(**6 月 10 日**)　晴,热甚。晨趋幕府,毕昨日未完卷,午出遇懿甫,过谈少时。

十五日丙申(**6 月 11 日**)　晴。懿甫、慕庭来视行,食后移居学使行署。居停马雨公邀蔡△△、彭九峰、杨咏春同饭。

十六日丁酉(**6 月 12 日**)　晴,十日来大有旱意,城人祈雨。整理家具。鹤生、慕庭、澄士、惠甫来看。

十七日戊戌(**6 月 13 日**)　晴。懿甫来看。

十八日己亥(**6 月 14 日**)　晴,炎风可畏。喻庆勋总戎相过,其犹子△△参戎继来。桂履真中行县令见访,镇远人,先在翁中丞许效力,去年还家,寄于沅州,与周娱阶家寄寓同。今始来候补,言娱阶之次子及其侄同来。食后走幕府,谢节相惠书。遂午饭于海、眉所。傍晚过粮台,访龙渊谈,石于言其此番节相课委员有拟作,因询其作,意谓与所问不正对,不肯出。《汉书·相如传》抄《史记》而失者也,《子云传》又误仿之,《史》次相如于西南夷,与次卫、霍于匈奴同意,皆明著其开边衅、劳师旅之罪,其平生苟且无检亦相同。佞幸又兼及卫、霍,其意可知。盖著录相如之文,不仅非美词而已。孟坚漫因之而不思,尚得为知言哉。其论极通达。遂答看桂履真,不直。因晤周氏两世兄。杨咏春太守与之同寓,因就过谈,识江良臣△△军门、陈茹香泰来运司,茹香,仁和人,厚甫先生钟麟子也。

十九日庚子(**6 月 15 日**)　炎甚,午有北风,黑云,向晚乃得快雨。周箴六、谦,行二。述文诰,行三。相谒。谦,娱阶仲子;诰,怡芳长子;谦兄诚号帅明,行三。去年奉娱阶丧归,尚未葬;诰弟谟号尔嘉,行五。去曾见于望江,已先归。惠甫赠黄刻严州本《仪礼郑注》,尚有单疏,当别求。

二十日辛丑(**6 月 16 日**)　晨雨,旋止。刘彤陔来辞行,明日将登舟赴芜湖署令。晚,视彤陔行。

廿一日壬寅(**6 月 17 日**)　晴,时有雨色,夜半雨彻晓。晡时过马云客,还过普钦堂。

廿二日癸卯（**6 月 18 日**） 大雨,夜雨。

廿三日甲辰（**6 月 19 日**） 晓,雨止,食后霁。晚出过海航,倦即还。

廿四日乙巳（**6 月 20 日**） 晴。咏春相访,言茹香将之休宁。茹香相访。晚,答看喻易斋,遂访茹香,咏春、冯子明亦至,纵谈久之。

廿五日丙午（**6 月 21 日**） 晴。晚,过海、眉谭。虚斋、聚垣、伯常相过。又过之。

廿六日丁未（**6 月 22 日**） 晴。桐云过谭。

廿七日戊申（**6 月 23 日**） 晴。懿甫、慕庭来过。

廿八日己酉（**6 月 24 日**） 晴。

廿九日庚戌（**6 月 25 日**） 晴。章秋渔大令见访,绩溪人,名遇鸿,举人,由教习期满选江西［德清］知县,其县方失守,以到任迟延革职,胡竹村先生弟子也,年六十六矣。桐云来访,适已出。

三十日辛亥（**6 月 26 日**） 昨夜小雨,晨起未干,日间半阴晴。食后过桐云谈。过银钱所晤黎寿民。晚过眉生家晚饭。

六月初一日壬子（**6 月 27 日**） 晨起小雨止,未干,日间半阴晴。寿民、桐云相过。

初二日癸丑（**6 月 28 日**） 小雨时作时止。

初三日甲寅（**6 月 29 日**）

初四日乙卯（**6 月 30 日**） 雨。

初五日丙辰（**7 月 1 日**） 夜雨至晓暂止。

初六日丁巳（**7 月 2 日**） 大雨,夜,雷雨彻晓。辰,慕庭来,以前课文相质。午,都城宝名肆汪锦堂来,言京中唯钱米常阙。

初七日戊午（**7 月 3 日**） 食后霁。雨公来谈,且以诗见惠。

初八日己未（**7 月 4 日**） 晴。食后访杨咏春、桂履贞、冯莲溪、（张）［章］秋渔、周至甫、江待园、程十洲、徐懿甫。懿甫已移家,适他出,遂过姚湛士,坐少时,见慕庭新归寄出书,有陈氏《礼书》、黎崌《安南志》、《秦边纪略》、陈逢衡《逸周书补注》,又有《传家集》甚旧。又访刘述臣，晤其族叔夏之言，曾得二月十八信，言遵义南乡之西平、团溪皆有贼，一苗匪一川匪绕窜入者，今不知云何。访喻庆勋，方束装，将以明日往运漕查办北岸粮台被游勇劫去千金事。中饭于眉、海所。节相言方咨会杨军门、彭侍郎分拨水师，肃清江面。见邸抄，言五月初二以欧阳保极、孙恩寿为贵州考官，其留馆识者祁世长，而严辰改部，何亮清改知县。殿试一甲徐郙、江苏嘉定。何金寿、江夏。温忠翰；山西太谷。二甲陈彝、仪征。许庚身。仁和。节相言前月课卷，有言多将军当驻河南，可救陕顾京，兼顾皖鄂，极有见，当施行。晚见市中一旧铜器似是錞于，军中以节鼓者，欲市之，以稍大不便携而止。又见一铙，亦古人止鼓之物。

初九日庚申(7月5日)　晨，雨过即晴，大南风，水盛涨。作字寄善征。

初十日辛酉(7月6日)　晴。晚过惠甫、懿甫。倪秋水人在同年相访。

十一日壬戌(7月7日)　晴。晨，节相过观所收书，持《稼轩集》去。午后懿甫相过，同观前顺天尹蒋琦龄《应诏陈言十二策》曰：……盖亦留心治道而未能亲历之事，言之究多惝恍，然校之毛举枝梧诸言路，亦可谓略见大体者矣。张劲筠盛凯大令相访，懿甫曾言其熟于民情，理繁有才，今之好州县才，庐江人，虽不读书，而校拘牵伊吾者为有用。

十二日癸亥(7月8日)　晴。晚，出城见《续通志》三匣，惜不全。还过魏邵庭，兼晤啸云、蕙生，见邵庭新收《总目提要》，聚善。答看倪秋水。

十三日甲子(7月9日)　晴。

十四日乙丑(7月10日)　晴。申甫过谈。王朗生彬相访，鹤生之兄也，自湖南运米至营还。答看朗生。遂过海、眉谈。节相索假案头词本。善征信至，夜，即作字寄之。

十五日丙寅(7月11日)　晴。

十六日丁卯（7月12日） 晴。

十七日戊辰（7月13日） 晴。过海、眉午饭。遂以墓表抄稿呈节相乞书，并以词本四册及少游、白石两家去。

十八日己巳（7月14日） 晴。

十九日庚午（7月15日） 晴。上五日热甚，十八、九夜至不得卧。

廿日辛未（7月16日） 时阴时晴。热甚，而有微风，夜稍凉。

廿一日壬申（7月17日） 阴。昨日杨见山岘来访，言其庚申八月别后随剑泉，至去腊底不欢而散，遂由陕入京赴今年礼试挑选，皆无所遇。五月初出京，至是乃闻其里湖州陷，其家三十口在城中，未知存几，情甚惋怆，欲搭火轮船至上海一访之。今日食后答拜之，言其昔著之《公羊、礼、春秋中朔考》《贾服春秋疏》《仓颉篇孙集本补正》，皆未携出门，尤可惜。过申甫谈，借其《史》本六册。闻宁国郡城已报克复。午食后往幕府送黎寿民行。遂过海航、尚斋谈。见节相，道贺收宁郡。

廿二日癸酉（7月18日） 阴晴半，入夜大风雷雨。合肥诸生徐元伯字恒甫。来请受业，懿甫之令子也，以继其兄，气宇颇开朗。方子听浚益，定远人。相访，言闻芋仙诸君见及也，谈金石甚有见，皖中无人言此，大奇也。子听，筠仙弟子，才自广东其兄△△所来，道湘阴，曾见筠仙，谓七八月当来赴苏松常镇道任也。陈松韵锡书，黟县。相访，致少荼伯敷堂弟也。墨，索书，言其家藏书二十万卷，与谈古籍，皆能识径途。李眉生相过，手假黄诗、苏文去。

廿三甲戌（7月19日） 雨，旋止。寿民来辞行，将以明日之宁国署守。晚过聚垣、桐云。

廿四日乙亥（7月20日） 晴。绳购得龚半千论画册子，凡画八页，书十六页，并佳。子听来访。

廿五日丙子（7月21日） 晴。见山晓过，言《凡将》有七条，又言随巢子、胡非子皆墨子弟子，《意林》所录外尚各有十余条，见《文选注》等引。

廿六日丁丑(7 月 22 日)　晴,夜凉,有小雨。聚垣、慕庭、伯常来,以《柳集》、《隶辨》赠伯常,以篆联赠聚垣,以武曹《四书》①赠慕庭。

廿七日戊寅(7 月 23 日)　阴,时有风雨,夜凉。食后过子听,见案头有《说文校识》,严可均。刻本甚佳,寻当借观。遂过鹤生,鹤生方病疟初愈。聚垣来,遂同往内银钱所观吴赞仙所寄书,累累塞屋,而琴西所收明本《广韵略》本矫然出群。遂过眉、海谈,且晚饭。出遇澄士携《史记索隐》,假还观之。又见有《王忠文集》,未读过,当寻求。懿甫晚相过。

廿八日己卯(7 月 24 日)　晴。

廿九日庚辰(7 月 25 日)　晴,仍热。恒甫、慕庭来,周至甫、汪晴溪、吴赞先过谈。

三十日辛巳(7 月 26 日)　晴。晨过懿甫,至晚乃归,识曹耕之孝廉,翰田,铜陵人。谈诗文颇有见。张劲筠言苗练已于镇阳关大为我备。

七月初一日壬午(7 月 27 日)　晴。懿父来商处方,谓药物不可缓也。

初二日癸未(7 月 28 日)　晴。看赞仙、琴西病,午饭于眉、海所。

初三日甲申(7 月 29 日)　阴晴半,大风,时闷热,夜雨。过桐云午饭,见山言其为陈[硕甫]奂之弟子,其乡严铁桥手校书存有数种,今不知存否。问至甫徽郡有朱潓其人否,云歙之老生,今已逝。

初四日乙酉(7 月 30 日)　阴雨,夜雨彻晓。二日见飞蝗自东而西。晨入幕府,阅前月课委员卷,首篇问目为:"《康诰》《酒诰》□'王若曰'及《梓材》三'惟曰'"经义。至甫主康成说,反复申明,证据精确,群议宜先之,果不谬。朝食于洪向许,午食于节相,又观徐[雪

---

①　此当指汪武曹《增订四书人物聚考》。

村]、华若汀所制火轮缩器,乃还。

初五日丙戌(7月31日) 雨,凉。取毛氏《史记索隐》单本,以中统本校之,单本为备,而中统本亦多长处。

初六日丁亥(8月1日) 雨,益凉。方子听来,剧谈,以魏孝昌三年《石窟记》相示,署云袁翻文、王实隶,绝似初唐人书,魏书之精好者也,惜剥落太甚,只数块有字耳。又《魏根法师碑》字近张猛龙,皆昔未见者。慕庭来言,其将以三五日出查各厘局,欲携案头《史记》过录震川评点,亦借用功,即不带他书。

初七日戊子(8月2日) 雨,午少止。毕小司马《史记》,粗粗而已,他日当细校过。慕庭视"王雄"朱文印。考晋王戎之祖名雄,幽州刺史;北周有王雄,封庸国公;曾为泾州刺史。《明史·胡爟传》附有永清人王雄,当是明物耳。

初八日己丑(8月3日)

初九日庚寅(8月4日) 雨。徐懿甫来。闻李中丞遭内艰。

初十日辛卯(8月5日) 晓阴,食后晴。闻眉生、桐云病,看之。遂过见山,见山言严铁桥先生《四录堂类集》,已刻者《唐石经校文》《孝经郑注》《说文校议》《说文声类》《商子》《抱朴子》《铁桥漫稿》,又校《唐类要》,未卒业,仅刻十余叶,此外似皆未刻,其著书目录载致陈硕士侍郎书中,其行箧有龚定庵、恽子居两家集,借来观。

十一日壬辰(8月6日) 晴。

十二日癸巳(8月7日) 晴。闻甘子大收宋本《干禄字》,假观之,盖扬州马氏翻刻本也,讹谬不少,亦可校雠一二。又有延祐本《通鉴纪事本末》,甚佳。又有《曹景完碑》旧拓,皆佳。遂看眉生,已愈。又看桐云,则方疟不见客也。还遇杨咏春,谈少时,月上乃归。

十三日甲午(8月8日) 阴,午后雨。寅正二刻立秋。懿甫、李幼荃昭庆来谈,遂同过雨公晚饭。绳偶收得郑汝器分书,直幅,甚好。又有以郑履祥书《黄庭经》求售者,履祥明末知庐州府,崇祯十五年张献忠破庐州,《明史·流贼传》谓履祥死,而《忠义·赵兴基传》谓履祥与合

肥知县[潘登]贵同缒城遁,事后畏议,扬言归罪于通判赵兴基,总督史可
法核实,其乃请恤赵而罪守令,然则《流贼传》之书死,盖史驳文也。

十四日乙未(8月9日) 阴雨,大北风。

十五日丙申(8月10日) 晴,夜半雨到晓。晚出看眉生,遂与
海航同过申甫,相将坐屋后怪石丰草间,萧然有野意,月上乃还。

十六日丁酉(8月11日) 霁。午看桐云,方截疟避人,遂还。
虎臣至,纵谈久之。

十七日戊戌(8月12日) 晴。李小荃瀚章观察见访,言自江西
来,将往广东办厘金,待洋泊走上海,取海道甚便。琴西、伯常来谈,
拉同饭于银钱所,见琴西案头昭文张[月霄]金吾《爱日精庐藏书志》
三十六卷,《续志》四卷,凡八册,言其家藏书八万卷,选宋元旧本及明
精本,国朝老辈新著未传之本,合万余卷,而为此目。言收藏校雠所
资甚大,遇当购之。遂过眉生谈,还,走求阙斋谒节相谈,其南楼已拆
去。晚过看桐云。

十八日己亥(8月13日) 晴。

十九日庚子(8月14日) 晴。晓答小荃拜,不直。晤幼荃,小
坐,遂过冯濂溪,还看桐云。见山来谈。子听来谈最久,相与认袁翻
所撰石窟碑文,得十余字。

廿日辛丑(8月15日) 晴,闷热甚,傍晚大雨。饶云舫[家]琦来
访。舍弟己酉同年也,以检发来此,十许年矣。福中丞、翁中丞并办
文案,善小楷书。杨咏春过谈,言早晚当东下。朱仲武言(黟)[黟]县
有汪兰士文台,诸生。学博而极精,不好词章,卒才四十余,所著多未
成书,唯《英吉利考略》一种已刻。其同县著《癸巳类稿》之俞[正燮]
博与之敌,精不及也。

廿一日壬寅(8月16日) 晴,闷热,晚西南云起,稍解。隋龙渊
来,谈及金石,谓其乡有北朝碑数种,道通当可致,偶及《魏根法师

碑》①,云即数种之一,在山东乐安县大王桥村庙中。曹耕之翰田、懿甫同相过,纵谈久之。晚过海航,闻其将委署无为州。还,同琴西谒节相,乞白术。

廿二日癸卯(8月17日) 晴热。懿甫来谈,遂晚饭,琴西、伯常相过,一更后乃去。懿甫索《埤雅》,以蔡元度《毛诗名物解》予之。元度盖全窃农师书,一字不易,前人皆未之觉也。

廿三[日]甲辰(8月18日) 晴热。伯常过谈,午后乃行,咸言其县之圣人山顶有方石,石有篆字,相传盖禹迹也。

廿四日乙巳(8月19日) 雨。彭侍郎相看,遂同饭于雨公许。

廿五日丙午(8月20日) 阴凉。祁门人持善征信至,言其病脚肿,得浏阳医者宋君治之,渐愈矣,以烟叶一包来。易昀美润坛信至,致旧墨一大块,且为朱云岩军门索篆联。

廿六日丁未(8月21日) 半阴晴。晚出,与眉、海同看桐云。子听过谈。

廿七日戊申(8月22日) 阴,晚雨数点。程松云来言,朱丰芑骏声昔官其县教谕,故后人遂家黟,惜乱来其藏书多散失。松云家移避数处,幸皆存,其最善者则宋本《太平御览》《册府元龟》也。作字答勉林、昀美。又作字寄善征。为云岩作榜联,句云:"始知将略关天授,不泥兵家契古人。"晚过海航、幼荃、钦堂相看。

廿八日己酉(8月23日) 半阴晴。晚过子听。夜见有彗星,闻已数夕矣,未细审。

廿九日[庚戌](8月24日) 半阴晴。看程松云、李幼荃。又过见山,不直。晚过幕府,得壬秋来信,言其将往秦晋,兵阻,还滞鄂中,中有柏容夹片,言遵城被围,其家皆避之城中,不言何时,似有六月字,不与上下贯注,何率略也。得碧湄信并追咏庐山诗二,殊长进。

---

① 此指北魏《马鸣寺根法师碑》。

八月初一日辛亥(**8 月 25 日**)　雨,凉。懿甫来作竟日谈。晚,至甫来言,彗以上月十五始见,廿八在天床,廿九在左右枢间稍进,其光不甚耀,数日移出垣,当无妨也。作字寄禹生,俟以陈《鉴》,托小荃观察致之。

初二日壬子(**8 月 26 日**)　雨。见邸抄,言六月二十至廿三四日始引见新进士。

初三日癸丑(**8 月 27 日**)　阴,时时小雨,夜半大雨彻晓。晚过周宅三,以世德堂《庄子》赠之。又过陈作梅。李中丞至,不见客,属员、营官送其太夫人祭品,皆却退。

初四日甲寅(**8 月 28 日**)　晓大雨,及朝食乃止,巳后晴。晚走幕府,节相以前月课卷,令持归校阅。子听相过。闻张仲远、周羧甫皆亡于常州。

初五日乙卯(**8 月 29 日**)　晴。阅定课卷拟批,晚缴去,冠首者程伯敷,嫌太长,得用其意,拟《雕龙》文体一篇,尤善也。闻廷议不许李希老奔丧。夕看桐云,已愈。识叶介堂观察。

初六日丙辰(**8 月 30 日**)　晴。琴西来观中统本《史记》,伯常来借《戚伯著碑》。遂同过柯小泉家,候其尊人,复憩军械所谈。

初七日丁巳(**8 月 31 日**)　晴,夜大风。

初八日戊午(**9 月 1 日**)　晴,夜大风。

初九[日]己未(**9 月 2 日**)　晴,夜有小雨。

初十日庚申(**9 月 3 日**)　晴。蔡朗轩来访,方仲舫、聂云珊以罗伯宜萱来访,萱湘潭人,言其太翁与筱岑同年,深于小学,北宜亦有家法。赵惠甫相过。言明日当往江西视羧甫之家。得舍弟祁门信,晚作字寄之。

十一日辛酉(**9 月 4 日**)　晴。过普钦堂、张练渠,遂送赵惠甫行。又过曹耕之。出城散步,见有竹垞分书,尚可,乃为宋牧仲临《曹全碑》。晚,柯年丈华辅相过。

十二日壬戌(**9 月 5 日**)　晴。柯小泉来谈,遂同过雨公饭。晚走幕府。夜,答看罗伯宜。

十三日癸亥(**9 月 6 日**)　乍阴晴。

十四日甲子(**9 月 7 日**)　晴，午后热。待园、澄士、椒岑及马△甫△△相过。椒岑为左中丞所调，其太夫人尚在汉中未还，尚未能往。伯宜来谈，且以近游诗卷相示，甚开拓有才。晚走幕府，郭筠仙观察适至，留谈久之，二更乃还。

十五日乙丑(**9 月 8 日**)　辰初白露。晴热。琴西来谈久之。晚，子听来。

十六日丙寅(**9 月 9 日**)　晴热。晨过忠义局访晴溪、至甫，遂同至甫过善后局早饭。郭筠仙相访，以黄鹤亭[芳]观察同至。

十七日丁卯(**9 月 10 日**)　晴。

十八日戊辰(**9 月 11 日**)　晴。过懿甫作竟日谈，识金梅生安清廉访，甚有干事才，方为袁午帅所参听勘。

十九日己巳(**9 月 12 日**)　晴，晚雨。懿甫来谈至晚，以将归葬母，有一月之别也。

二十日庚午(**9 月 13 日**)　晴。过子听、伯宜，遂与伯宜同候筠仙，同晚饭于方仲舫。识李竹吾[如昆]学博于眉生所，竹吾，龙山人，有文行。

二十一日辛未(**9 月 14 日**)　晴，数日皆甚热，如三伏，傍晚乃凉风殷雷，有数点雨。过粮台候龙渊病，方转疟。与子珍、少崖、石于谈少时，又过莲溪言，闻毛贼三月至遵义，攻退，湄、瓮贼还据桐梓。眉生索余本《史记》甚殷，赠之。

二十二日壬申(**9 月 15 日**)　阴，时有凉风，午后雨。金梅生相访。向晚，筠仙、眉生并吴(桢△)[子登嘉善]自雨公所来谈，眉生攫《陆宣公集》以去。

廿三日癸酉(**9 月 16 日**)　寒雨，可衣棉。晚答看吴子登嘉善编修于内军械所华若汀许，子登明算。

廿四日甲戌(**9 月 17 日**)　寒阴。答看金眉生，眉生言花旗国有华盛顿者，本事英吉利为将，放归久之，其国苦英人之诛求无艺，竞拥盛顿为主以攻之，八年百战，屡败而气不挫。邻海国皆以兵来助，乃大胜英师，划疆不相役属。自分其国为九部，部有管领，管领询部中人自推，人书意所服者以进，取推服最多者充。四年一易，又询部民更推他人。其政绩昭著，人人心服，愿请留者则更留四年，一留以后更不许再留。其管领已退者，即侪平人，胜顿功成部署管领以后，亦自退于平民。其国日以富饶强胜而大治，今七十六年矣。遂过徐沂甫谈半时，又过魏邵亭，更看高蕙生。

廿五日乙亥(9月18日)　寒阴。张观察庆安相访，方自祁门来，兼惠石涛《将进酒图》及墨二匣。琴西、伯常过谈。

廿六日丙子(9月19日)　寒阴。沂甫过晚饭，言尚有数日留，可图再晤。袁辅卿藻相访，且以舍弟信来。

廿七日丁丑(9月20日)　寒阴。答看仙舫、辅卿，皆不遇。晚过眉生、海航，晤涤老，举运气恩怨之说，以概古今，殆亦有然也。

廿八日戊寅(9月21日)　乍阴乍晴，乍寒乍热。罗伯宜以游草见示，甚有才情，且以其尊人汝怀，字念生。所选《七律诗流别集》叙例目录来校勘，其命意不取于田师愚之漏全元，又不取覃溪之不录明代，持论甚平允。唯宋元所录太不备，为略书所见而归之。李企甫复来辞，将归，赠之四经。

廿九日己卯(9月22日)　乍阴乍明，时有小雨。金眉生示近著《淮南善后议》，言今河已北徙，水患可免，宜究心耕垦、商税两大宗，以抒民是要务，殊有见。税又以盐及杂物分两宗。谓昔有河患时，春夏之交，其民率渡江求乞，秋后始归。幸无旱涝，侥幸一获，故习而为盗比比皆是，其殷实户亦豢多人保家，久之习以格斗为长技，其风气与粤闽任气者不同，皆富教无术致然。今所患既无，可以急讲，而当事者了不议及。八年，西人通商，曾代草《十大害疏》，末云西人长袖善舞，若据江汉四达之区，以千百万巨资，因时垄断，买贱卖贵，坐收中国之利权，不张一弓，不折一矢，而海内膏血皆为彼有，从此民穷财尽，不可救药。自古和议割地为极，与以百里则百里之利害勿问矣,与以千里则千里之利害勿问矣,从无以长江数千里之地,利则归外夷,害则归中国,虽以帝王之尊,施之编氓犹且不受,况冠履之倒置乎。又曾议兵事,云皖北地大物博,为自古战争之所,猝有雄桀之徒假窃名号,徘徊两利,则其害有大甚逆匪者。今皆然,可长叹也。

宗源瀚,江宁人,有文有干略,下笔顷刻千言,今年甫二十八。眉君被勘查抄时,理□诸悍役,且能手籍其经帐原委。《旱望雨歌》谓:责山灵诚公不职,山龙答以昔者绸缪周密,特以千万中之一二未被泽者诋言,逆天门致雷霆焚击之怒,今老于事,肺腑(胰)[铁]石肠冰澌矣,书生见小,何一水一旱,要怜疮痏耶。

三十日庚辰(9月23日) 沉阴,晚雨。过子听、敬生、仙舫,仙舫示近人吴昕青绿山水长卷,甚工致。识彭恬舫[定澜],乐平人,善堪舆,曾视万年吉地,醇谨有学,年六十八矣。邸抄贵州进士杨先荣、谭均培并二甲,用庶常。顾衮、周培锦安顺。并三甲,用知县。所识攸县龙湛霖、定兴鹿传霖并用庶常,洪洞王轩用知县,庶常何亮清散馆,改选云南定远知县。六月廿二奉旨:韩超奏四川粤匪窜入贵州正安等州县滋扰,经派兵练击败,匪众麇聚鸭溪,总兵吴安康与知县罗灿奎带练会剿。四月二十八夜,罗灿奎选勇暗入鸭溪攻溃麇贼,多所斩获,余匪窜黔西,灿奎着免本班,以知府不论双单月先选。

闰八月初一日辛巳(9月24日) 午后晴。作字寄善征,托辅卿带往。闻姚秋浦观察以前月廿六逝,大是可惜人。闻广德非降人变,乃伪忠王以贼党来也。

初二日壬午(9月25日) 晴。作字寄柏容及壬秋。

初三日癸未(9月26日) 晴。伯常过谈,谓太平有贼至,告急。

初四日甲申(9月27日) 晴。邸抄七月初四日,谕官军攻剿石逆,解綦江围,围攻长宁。知府唐炯率黔勇【率黔勇】,由石佛冈进攻,焚毁贼垒,复分队由下游截击,城中练勇奋力杀出,立解城围。进攻长宁。知县柳宗芳免补本班,以同知用;县丞杨承瑞赏戴蓝翎。

初五日乙酉(9月28日)　晴。

初六日丙戌(9月29日)　阴,时有小雨。

初七日丁亥(9月30日)　晴。筠仙来辞行,将乘轮舶之苏松常镇粮道任。懿甫又订以明日暂归合肥,金眉生招同午饮,李眉生亦至。晚过幕府,闻鲍军门病疟,甚委顿。宋、冯两将病疫,昏不知人,大可虑。得许仙屏信,言其已至家,邀今冬复北上,廖再卿将以来。

初八日戊子(10月1日)　晴。懿甫未行,夜复往送,明发必行矣,当有匝月隔也。张仙舫来谈至晚,同就雨公饭。

初九日己丑(10月2日)　晴。送筠仙行,同晚饭于幕府,出城视其登舟,月上乃还。江军门长贵相访。

初十日庚寅(10月3日)　晴。饶云舫委泾,蔡朗轩委凤台,并来相访。陈书斋亦见过,适已出。刘海臣大令廷佼,石阡人,己酉选。相访。闻沈朗亭抚军在碾伯道中为水飘没。闻广东飓风致坏省城民舍甚众,其风势至清远乃止,清远以下坏舟数千,水陆伤人迨数万。

十一日辛卯(10月4日)　晴。金眉生来谈,向晚乃去。子听亦相过。眉生观石涛画,甚赏激,赋诗走笔,□佳。

十二日壬辰(10月5日)　晴。节相有皖南营员多病上疏。

十三日癸巳(10月6日)　晴,午后小热。出访云舫、朗轩、眉生、海臣、庆勋、蕙生诸君于蕙生所,见知不足斋残帙,乞其三函以补家本之阙。

十四日甲午(10月7日)　阴,晚雨。

十五日乙未(10月8日)　晨小雨,午后霁。过海航早饭,遂过金眉生。

十六日丙申(10月9日)　晴。送海航于南门外登舟。有持梅道人画,上有钱惟善律诗,诗字皆可,又有周墨农又新藏印。

十七日丁酉(10月10日)　晴。晓起日已出,西方犹见淡圆月,颇忆昌黎《昼月》诗也。午过眉生,遇黄梅帅生兰九,言湖北乡试点名,首场一日夜,至初九天明乃毕,以雨拥挤,不知更有他故否。人人极口骂监、临，二场点入甚速，施南一府，人未至遂封门，两事皆办之不善。严中丞抑何孟浪尔尔。施南士人不得入场，鼓噪关节相，以资斧遣之，不可，乃三场时补其二场。十七试驻防日补其三场，又蛇足矣。

十八日戊戌（10月11日）　晴。与竹浯同出西门，谒余宣公墓，忆去年八月尾泊墓下，颓垣蔓草，不可复识，今年五月彭雪琴侍郎修治立碑，乃渐通游屐。

十九日己亥（10月12日）　晴。金梅生来谈，观仲圭画且有诗。

廿日庚子（10月13日）　晴。

廿一日辛丑（10月14日）　晴。作诗赠眉生。书其临淮诗文后。

大河患徙洪湖通，长淮夺还毛盗丛。非常之源在屯转，天以此幸开人蒙。称心得子五便议，坐想岁月观成功①。机艒狎波疾于风，中原大利江流东。授人以柄岂不足，苦用文法增髯茸。庚申旧事只长恸，肯信吁谟成数穷。病犹未瘳作本计，子言得暨能中充。眼前扰扰枝节耳，一砭一炙皆良工。旱蝗蓦天搅客悰，责山橄水陶忧忡。山如有语龙匪聋，但习雌守忘其雄。顿令磊块插天柱，酒浇不下崔嵬胸。看君经画琦晏同，岂直老景庐安丰。天生长才待盘错，一蹶一起资磨礲。中朝老事亦偶尔，会有推毂来大农。何妨志业扶尧手，暂拟沧浪学钓翁②。

廿二日壬寅（10月15日）　晴，北风，微寒。触浯、伯常来长谈。吴宣斋来辞行，言即登舟矣。

廿三日癸卯（10月16日）　晴，微寒。

廿四日甲辰（10月17日）　阴。

《湘乡节相寄苏、辛"大江东去""千古江山"长短句为惠，赋谢昔以纨扇乞书，亦今并至，故有结句》

---

①　地脚处将此句改作"事迹旦夕谁□功"。

②　后三句原为"会有感激元辅公。何应十日临淮道，跌顿由拳救世翁"，后涂改之。

摧敌浑如翰墨场，伏波横海见湘乡。笑谈早已收庐皖，草窃宁容老建康。古调铜琶飞激越，高秋盾墨恣轩昂。野人心迹同捐扇，东下犹堪一奉扬。

《湘乡公惠撰先君子墓表，更许为稿书先刻木，敬以册子奉乞，附呈律句》

翼之教法今谁记，一表何山万古称。先子延江流朴学，倚公雄笔是庐陵。丰珉刻划归须就，西道兵戈阻未能。更许稿书传枣木，竞看磨盾纵秋鹰。

廿五日乙巳（10月18日）　晴。午过眉、竹饭，见湖南文书，言八月楚兵攻复贵州之天柱，又攻破岩门贼，斩馘甚众。又言石逆在仁怀乃八月中下旬事。谒谢节相，呈二诗，因怂恿刻其昔抄文目，不应，且属他日不得听故旧门生刻其集，谓集如《研经室》，亦止盛年专力考证者，可存不过十之二三，余皆决其不传，持论足砭近人颠顸大集之太不自量，非通人不能见及此也。又请传刻古书，许《史记》震泽本及《通鉴目录》及《韩文》及《庄子》。因与琴西言庇材。见其京师友人来信，言七月十五之夕，都城见流星如织，二更后又有大星如月，后随小星无数，自东北度西南而灭，光焰甚大，仿佛有声。还为绳述之，绳言其夕流星如织，皖城亦多有见者，余未留意也。

廿六日丙午（10月19日）　晴。闻雨花台有贼来攻，甚急。闻湖南毛中丞被召，以试官绵宜巡抚湖南，大可怪。彭九峰相过。

廿七日丁未（10月20日）　晴暖。赵惠甫自江西还，往看之。还就眉生少谈。子听相过，言当往黄州买布，索作字与芋仙，并寄石涛册子。

廿八日戊申（10月21日）　晴暖。仙舫相过。闻雨花台颇能立得住，无他虑。

廿九日己酉（10月22日）　晴。吊弢甫，为之挽联。晚饭于惠甫所，识左孟莘。枢，湘乡人。

九月初一日庚戌（10 月 23 日）　晴。惠甫、孟莘、敬生相访，适已出。访竹浯、眉生谈。见涤老甚忧灼，见廷寄至，答其前月十二疏请别简大臣助理军事者，不允，责成使相，语甚肫肫。闻将以申甫开一军，统五千人。与竹、眉饭于善后局，见仙舫，赠之大涤画一幅，画凤皇台太白五言诗，境亦雄伟。晨闻朱惺原奎章自江西解饷至，来访，丙辰岁相别，今七年矣。

初二日辛亥（10 月 24 日）　晴。惺原相过，约以初四会谈于莲溪所。金眉生来示寄严仙舫书，谓现在若以奇兵出嘉湖，可捣贼之虚，又当调苗练为东征一路，皆止可作纸上谈，其谓饷源在盐、茶、荒田三大宗，则皆切实之论。惜无人肩之耳。

初三日壬子（10 月 25 日）　晴。姨侄贺绪蕃来访，绪蕃字幼村，由黄平廪生援例山西候补经历，先从翁中丞效力于寿州，中丞去，还湖南。今年来湖北，为唐方伯所留，方伯署皖抚，随以来，言镇黄有事时，其两兄皆被难，绪蕃避之长沙。忆乃翁辛卯岁同乡试后，即未曾一面，尔时绪蕃始生也。乃翁名廷璋。

初四日癸丑（10 月 26 日）　阴，北风，寒。过琴西，遂过莲溪晚饭，复视饶云舫行，还莲溪所，与惺原话旧。

初五日甲寅（10 月 27 日）　晴，北风。惺原来辞行。得柏容、壬秋信，柏容言其弟兆祺总东乡团练，颇有起色。作字寄善征。

初六日乙卯（10 月 28 日）　阴，北风。出吊倪大令人涵，遂过竹浯谈。闻上游有贼，方为之备。

初七日丙辰（10 月 29 日）　阴，北风，晚晴。金眉生来话。惠父言旬内将往上海。

初八日丁巳（10 月 30 日）　晴，北风。访惠甫，视其行，遇之中道，遂同过其家吃常州饼，晚同谒节相。节相托其九江下时带一钓钩船运军械往江宁。沅帅有四日信，唇角小伤，然尚支得起。上游关相信，令准备楚北，不能兼顾。以单托惠甫至上海求书，借付十金。

初九[日]戊午(10月31日)　晴。眉生、惠甫、孟莘相过,约登城东浮图,适眉生有阻兴事,遂散。仙舫来谈。幼村来,晚饭乃去。

初十日己未(11月1日)　晴。惠甫登舟行。孟莘来同补登浮图,才一级而止,孟莘独至绝顶,忆去年同登者周至甫、姚慕庭,今至甫已古人,慕庭远差未归,老夫腰脚固已不如去年,而存没之怀,倍益愁思。仙舫来,同过雨公饭。慕庭差还,乘月相看,遂别已三月矣。闻有初五信,雨花台大获胜。

十一日庚申(11月2日)　晴。金眉生以所收《三朝北盟会编》相视,是未见者,当拚一月功了之,略与《史鉴》相校。

十二日辛酉(11月3日)　晴。出看慕庭,不直,遂过忠义局看至甫孤子,还过眉生晚饭。

十三日壬戌(11月4日)　晴。

十四日癸亥(11月5日)　晴。

十五日甲子(11月6日)　晴。

十六日乙丑(11月7日)　晴。

十七日丙寅(11月8日)　晴。芋仙信至,托绳为求画卷。

十八日丁卯(11月9日)　晴。

十九日戊辰(11月10日)　晴。作字答芋仙。刘云乔孝廉冀迁相访。李幼荃相访,方自上海来。

二十日己巳(11月11日)　晴。答看刘云乔。过张仙舫谭。访周缦云,缦云与幼荃同舟,以眷属至。

廿一日庚午(11月12日)　晴。眉生过谈。缦云相过,以《仪礼》单疏见惠,又携杨利叔信,言郙位西已有消息。

廿二日辛未(11月13日)　阴风,雾,薄寒,夜风雨。答李幼荃。高碧湄来,夜往其寓看之。《顺天乡试题名录》至,贵州中式者三人:李端芬、贵筑,十二。刘琪枝、贵筑,百一。魏永春;贵定,二百五十三。副榜一人:景其沅。兴义。

廿三日壬申(11月14日)　阴雨。金眉生招饮,倦出。仙舫来谈至晚,遂同就雨公饭。

廿四日癸酉(11 月 15 日) 阴,夜雨。碧湄来访,攫袖珍《庄子》去。

廿五日甲戌(11 月 16 日) 小霁复阴,夜又雨。过竹浯。访钱子密,出,至眉生家,同过申甫,碧湄亦来,谈至晚乃归。

廿六日乙亥(11 月 17 日) 阴寒,北风欲雪。张练渠招饮,饮罢过金眉生。

《练渠太守招集杨朴庵郎中、柯竹泉明经、陈虎臣大令》

旧雨荒江欣雅集,满堂爱客胜南州。渐知酒味能余暖,可奈风光欲送秋。画里菊松看总好,琴边沙水听还愁。主宾忽漫当筵舞,三捷轰传自石头。观南田松菊图,听鼓《平沙落雁》一曲。江宁捷报亦至。

廿七日丙子(11 月 18 日) 阴,晚雨,甚寒。碧湄相过纵谈。聚垣、伯常见过。蔡世兄来访。

廿八日丁丑(11 月 19 日) 阴,午飞雪片,夜小雨。晚过申甫,会碧湄、眉生谈。

廿九日戊寅(11 月 20 日) 晴。午走幕府,闻江宁廿一、廿五屡有捷信,金竹关亦大捷。

三十日己卯(11 月 21 日) 晴。碧湄相过,言其明日将行,遂为作印,文曰:"荒率天真。"梦莘亦来,遂同午饭。陈虎臣过谭,言石埭诸生苏佩,字珩斋,号梅仙,诗品清绝,好游、好洁、好梅,著《修梅阁诗集》。每日五更起读《易》,梅时起即看梅,年四十即不应举,将卒之岁,其庭中红梅忽枯,自知将死,已而果以探梅中寒不起,年七十一。卒后其家绿萼亦自萎槁,常自谓红妻绿妾也。家本素封,以游而贫,意所欲往,虽在千里,明发命驾,海内佳山水,集中得十之四五焉。石埭又有贡生徐调庵,名作梅,能文率真。

十月初一日庚辰①(11 月 22 日) 晴。送碧湄,已行。送仙舫。晚饮于柯竹泉丈所。

---

① 眉批:"小雪。"此谓节气。

初二日辛巳(11月23日)　晴。午饮金眉生所,乃为仙舫饯,同至者彭恬舫。

初三日壬午(11月24日)　寒甚,微雪。幼村来辞行,将以明日往临淮。

初四日癸未(11月25日)　晴。申皃来谈。梁玉农武进士。游击来访,言方公干至祁门,九月半间晤善征弟,无恙,以转运急,亲督往休宁、徽州、旌德,近当还矣,携得其所寄信来。彭雪琴司马九月廿九信至,并寄一扇与绳。

初五日甲申(11月26日)　晴。过向伯常晚饭。

初六日乙酉(11月27日)　阴,夜雨。彝儿信至,言七月廿二即奉其母及姊及弟妹出门东来,取綦江道至重庆登舟,阻风阻水,直至九月十六方抵汉镇,已行八十五日矣。其出空舲以后,经东湖县之红石子,舟断为二,幸遇救皆得生全,衣物大半失去,现犹在谋舟赀,早晚可至。数月以来欲谋归料理,恐道路阻滞,甚切焦忧,既来亦暂慰耳。室屋之费,朝夕之资,又增愁累。伯常、庆勋见过。洪莲舫钧相访。

初七日丙戌(11月28日)　雨。走幕府谒节相,言家人避兵出,已至武昌,乞假受廛之资。节相谓方为祥芝谋开复知县加直隶州衔,荐章十二当发,奉旨后即遣还湖南,君可相将而去,此即为君谋也。因辞以太骤,宜更磨厉使去狂奴故态。且即奉准开复,亦宜使效力麾下数年,奉教令以成其材。便使去,则政学未闻矣。且渠往需次,亦安能望其即能养兄耶。节相笑颔之。琴西言万寿宫西间壁之洪家大屋可住,当为谋偰。

初八日丁亥(11月29日)　阴。

《和答金眉生》

峡山千叠梦猿啼,江水年年不向西。下里欲歌惭白雪,小炉无恙且红泥。秋华黯黯怀人远,故垒萧萧落日低。稍喜眼中安节老,肯持尊酒慰羁栖。

初九日戊子(11月30日)　小晴,复阴。出贺慕庭将嫁侄女,还过琴西、觐勋、练渠、莲舫,夜过桐云视行,将以十一从唐中丞往临淮。

初十日己丑(12月1日)　寒雨。

十一日庚寅(12月2日)　阴。节相寿日,不见客,率儿走幕府,挂号而还。

十二日辛卯(12月3日)　阴。

十三日壬辰(12月4日)　阴。走幕府看竹吾,适眉生为之饯,遂留晚饮,竹吾将西还也。

十四日癸巳(12月5日)　阴。送竹吾行,又送桐云。桐云往临淮依唐中丞。李芋仙自彭泽来相过,且以刘梦得、李义山、刘文泉①三家文见与。张福自祁门以九弟十一日信至。

《送李竹浯教谕还湖南》

客绪秋难理,君来得素心。斯文方叔老,古味仲车深。丧乱归难计,飘零别不任。戈船看西溯,梦绕三山岑。

我师石牛洞,乃祖龙眠山。胜迹似里闬,崇朝能往还。结邻有成诺,诛茅待春闲。莫漫黔黄兴,临江生后艰。君约秋深同为黄海之游,订以明岁重来,结邻于桐潜佳处。

十五日甲午(12月6日)　晴。芋仙仲子菊存文琛,其兄松存名文忠。来候,年十四,能画山水,有致。晚访芋仙,已出。九弟初五字至,并烟叶、韩文。

十六日乙未(12月7日)　阴。

十七日丙申(12月8日)　阴。高惠生相访。柳麓渔熙春庶常相访,新自京师来,言辛酉夏在保安寺王壬秋许曾相见,未及往还,而余出都,此来不过三日留,当索一篆榜相赠。芋仙、眉生晚过,芋仙苦索石涛所画《将进酒》画卷,余不肯应,强攫以去。

十八日丁酉(12月9日)　阴。彝儿辈舟至,彝登岸来见余,绳即登舟视其母、婶、弟、妹,五年阻绝,历百险来,无恙,喜可知也。

---

①　刘文泉:疑为"刘文房"之误。

十九日戊戌（12月10日） 晴。以下数日皆暖。答麓渔、慧生拜，且看罗伯宜，又过金眉生。绳将家中老小登岸，暂寓于三步两道桥之德发店。

二十日己亥（12月11日） 大雨竟日，且有雷电。方子听招同芋仙早饭，遂同过谢云卿希迁太守，观其所藏书。

廿一日庚子（12月12日） 阴。谢云卿相看，言与祥弟旧交也。

廿二日辛丑（12月13日） 阴。云卿遣送《滇系》至，以致马雨翁。送芋仙行，答云卿拜。

廿三日壬寅（12月14日） 晴，夜雨。遣张福往祁门，方渡江而九弟遣人适至，言皖南虽紧，休、祁一带部署已周密。金眉公过访。聚垣、伯常相看，遂同过幕府。见廿一日廷寄：十月初八日奉上谕：前因贵州贡生黎庶昌条陈时务，由都察院衙门代奏，当经谕令该衙门转饬该贡生，将应呈事件详细具呈。兹据都察院具呈代奏，详加披阅，其中虽有改更旧章，事多窒碍之处，间亦有可采择。业经另行降旨施行，并交该衙门分别核议外，黎庶昌以边省诸生，摅悃陈言，于时务尚见留心。方今延揽人才，如恐不及，黎庶昌着加恩以知县用，发交曾国藩军营差遣委用，以资造就该员，其勉图实践，用副殊恩。钦此。

黎纯斋妹倩自去年五月半鄂渚相别，赴顺天乡试，留京匝一岁，有半岁竟盼一字不得，忽以上书蒙破格之恩，且发往曾节帅营资其造就，计冬末春初当至，妇儿已来，亲戚又聚，皆意外天幸也。

廿四日癸卯（12月15日） 大雨竟日，大雨彻夜。食后雨小止，率彝儿见节相及幕中年世诸好，节相谓当即遣祥弟往湖南。适弟书来，言湖南虽乐土美仕，决不肯舍此去，必乞更效力二三年，以资陶成历练。遂以意达节相，节相额而许之。闻九洑洲贼且上窜，北岸戒严增防。金眉生信来，言懿甫已至，但病，三日不食。

廿五日甲辰（12月16日） 晴，午后阴，大风渐寒。出看懿甫，已能晨食，特疥疴为患，不便行坐。闻椒存将还，看之，遇诸途。慧侄女感冒出痘，绳请庄斋看之，云顺症，可无忧也。

廿六日乙巳(**12 月 17 日**)　阴,北风,晚尤甚,严寒欲雪。作字寄九弟,其来卒持去。出送吴赞仙行,叶介堂招之往祁门。

廿七日丙午(**12 月 18 日**)　阴,北风。

廿八日丁未(**12 月 19 日**)　阴,北风,时有雨点,乃酿雪未成也。

廿九日戊申(**12 月 20 日**)　阴。琴西过谈,晚乃去。见繁昌有禀,言吴廷华等所带练索夫骚甚,在廿四日。计廷华等廿五方至彼。

十一月初一日己酉(**12 月 21 日**)　阴,午后风甚寒,夜有霰雪。过幕府,寻眉生。

初二日庚戌(**12 月 22 日**)　巳,冬至。雪,午后尤大。张福还,得九弟信,言事理甚惬当。

初三日辛亥(**12 月 23 日**)　雪霁,午后阴。过雨公,与小泉饭,金眉公馈家人食物。午后侄女惠以痘殇于旅店,惠失母者七年所,今随其继母来,历重峡舟坏不死,而死于此,尚不得见其父一面,伤哉。

初四日壬子(**12 月 24 日**)　阴。葬惠于北门外二里。

初五日癸丑(**12 月 25 日**)　阴。

初六日甲寅(**12 月 26 日**)　晴。

初七日乙卯(**12 月 27 日**)　晴。过幕府,闻皖南贼陷太平县。过金眉生,已他出。遂过练渠。

初八日丙辰(**12 月 28 日**)　晴。芊仙信至,必欲买谢氏书,以价来属为周旋。周缦云相过。谢云卿来议芊仙事,与缦同过金梅生晚饭,钱子密已先至。闻贼自太平趋鱼亭,仅隔祁门三十里。作字寄善征,遣张福明日行。妻孥移寓钱家牌楼。寄字柏容及刘品三。

初九日丁巳(**12 月 29 日**)　晴,午后阴。作字与善征。

初十日戊午(**12 月 30 日**)　晨不能霜,而微雨,即晴。金眉生相过。谢云卿过,言芊仙昔日口角,犹不能释然,力为慰解,许作答致之矣。

十一日己未(**12 月 31 日**)　晴。闻祁门初七日失守,皖南道叶介唐诸人逃之倒湖。

十二日庚申(1863年1月1日)　晴。

十三日辛酉(1月2日)　晴。走幕府,闻初七之夕王都司兵至祁。初八唐镇等营亦陆续至,节相甚叹息痛恨。叶道始而轻催出队,继而轻走,若能更半日坚守,即可转危为安。过金眉生、徐沂甫。

十四日壬戌(1月3日)　阴。

十五日癸亥(1月4日)　阴,大北风。善征十一日信自景德镇至,言初七渠方出支应军粮,午后还城中,官皆已尽逃,居民纷纷奔窜,驻观久之,尚无贼踪,粮台夫役俱已逃尽,薄晚亦寻一竹筏顺流下,明日乃寻及皖道诸人于倒湖,同走景镇,幸其所管饷项先运在船,得不失,制钱军械约弃十万金物,衣装书卷皆无一存。

食后闻祁门即以初十收复,可见无甚剧贼,当事之轻弃之罪不可逭矣。刘咏如信至,托寄其兄解如信于遵义。作字与善征。又作字答咏如,属其明春来时携《说文系传》与绳看。

十六日甲子(1月5日)　晴。汪星阶观察见访。名曜奎,昆山人,庚子举人,历河南祥符令,从胜宫保军,洊升浙江候补道。金都转借画,以梅花道人《风竹》去。

十七日乙丑(1月6日)　晴。过子听。又过申甫,识李雨亭[宗羲]太守,开县人。

十八日丙寅(1月7日)　晴。闻善征已还祁门。

十九日丁卯(1月8日)　晴。遣胡三往祁门。

廿日戊辰(1月9日)　晴。

廿一日己巳(1月10日)　晴。

廿二日庚午(1月11日)　晴。闻曾事恒太守病卒于雨花台营,走幕府,见涤公唁慰,公友于痛切,已发令调舟师,即往视。皖南未靖,皖北空虚,毛贼纷纷窃窥。方宜静镇以待新募,恐节相一动而奸贼有以窥我,因以义私可行力谏,蒙首肯矣。

廿三日辛未(1月12日)　晴。杨见山、李壬叔、喻庆勋相次见访。过金梅生、徐懿甫、左梦星、汪星阶于梦星许,识刘△△。徐[雪村]寿见访,不直。

廿四日壬申(1月13日) 晴。

廿五日癸酉(1月14日) 晴,夜小雨。作字唁曾沅圃方伯。

廿六日甲戌(1月15日) 晨小雨,午后晴。

廿七日乙亥(1月16日) 晴暖。子听相过。作联挽曾事恒太守,懿甫、椒岑相过,遂同懿甫晚饭于雨公。

廿八日丙子(1月17日) 晴,午阴热,夜大雨风。过幕府,闻倪豹岑文蔚至,且行,走访之于申甫所,豹岑亦相访,不直,待其还,同饭。

廿九日丁丑(1月18日) 阴,时小雨大风。过金眉生晚饭,懿甫亦来,二君皆以今日生日,欢饮方始,壬叔、梦星亦至,纵谈杂起,二更乃还。眉生拟月半前行,属接住其屋度岁。善征遣人自祁门至,言渠十四日已至祁,粮台公私物,贼去未大损坏,唯军械空耳。钱物则老湘官练祛之,唯书十失四五耳,惜存者多污弃不堪。

十二月初一日戊寅(1月19日) 大风,午后雪,薄晚积二寸余。慕庭来言,当请假葬其尊人,遣彝往看之。普钦堂将往临淮,来辞行。

初二日己卯(1月20日) 霁,薄晚雪消十之六七。作字寄善征。

初三日庚辰(1月21日) 大雪。以字付张福、王苗往祁门。

初四日辛巳(1月22日) 阴。金都转相过看雪。

初五日壬午(1月23日) 霁。答看徐△△,并过壬叔、若汀,还至金都转谈。

初六日癸未(1月24日) 晴。过幕府贺眉生、筱泉、伯常,与眉生、子密同过金眉生晚饭,缦云亦来。邓伯昭瑶过访,李壬叔、左梦莘亦来,适已出。闻宁国前月廿七八获胜。

初七日甲申(1月25日) 晴。过鹤生,遂过柯竹泉丈,竹泉新有姬晚云,呼出见客,足娱老矣。薄晚答伯昭拜,略谈交游,颇及时事,盖敦厚有为之君子也。以懿甫致江大川方伯论保甲书见示,拟施行。

初八日乙酉（1月26日）　晴。懿甫相过纵谈，为绳处方，晚饭乃去。

初九日丙戌（1月27日）　曾太守枢至，与懿父同往吊，还，金眉生来同饭。

初十日丁亥（1月28日）

十一日戊子（1月29日）

十二日己丑（1月30日）

十三日庚寅（1月31日）　贺程尚斋。

十四日辛卯（2月1日）

十五日壬辰（2月2日）　雨。曾沅圃方伯信至，属为其弟太守为哀词。

十六日癸巳（2月3日）　大雨。

十七日甲午（2月4日）　立春。晴。

十八日乙未（2月5日）　晴。

十九日丙申（2月6日）　晴。缦云、壬叔招午饭。彝、绳各补为曾太守挽诗，晚携往吊。

廿日丁酉（2月7日）　阴。送曾太守枢出西门，还过懿父晚饭。

廿一日戊戌（2月8日）　晴。

廿二日己亥（2月9日）　阴。眉生将还泰州，视其行。复与懿甫、鹤生、梦星就之夜谈。

廿三日庚子（2月10日）　阴。眉生登舟以待洋舶，送之出城。

廿四日辛丑（2月11日）　半阴晴，夜雨。先是眉生行时属接住其所租屋，已定矣，而意嫌其湫。姚慕庭来言其所住屋方空出，外虽狭而内宽，且爽垲，遂使彝、绳同往视定，以廿六移家居之。左梦星、刘开生翰清、方元征骏谟相过，适已出。走幕府谒节相，索观其所为事恒墓志，谓迟日方见示。谈及严铁桥《说文》，谓未之见，即索取观。过方仲舫谈。过邓伯昭，闻苏州、太仓、昆山诸城已收复，未知果否。得王少鹤先生十月二十信，由郭筠仙观察自上海寄来，言其诗十二卷已刊成,文犹慎重未刊。马雨公为旧刻邰亭作跋,嫌奖诩稍过耳。

廿五日壬寅(2月12日)　阴,微雨。

廿六日癸卯(2月13日)　大雨。家人乘午雨少止,移寓李八街。李勉林至,得九弟信,言俟勉林开正初间还祁门,乃来贺岁,新获一明翻宋本《史记》,录有归方评点,字近惜抱翁,当携以来。

廿七日甲辰(2月14日)　阴。过幕府,欲访勉林,遇之于银钱所,约以随意往还,不必相礼谒。节相示事恒墓志,因据为之哀词呈之。

廿八日乙巳(2月15日)　阴。作字寄沅圃方伯,并寄事恒哀词稿。

廿九日丙午(2月16日)　阴雨。李勉林相过。作新寓门联,集杜句云:"春来准拟开怀久,直道无忧行路难。"

三十日丁未(2月17日)　微雨。过新寓,与家属晚饭,还宿于学院行馆。

同治三年（1864）

九月，将自安庆往江宁，待舍弟自祁门来同行，及七日有信，言当迟十许日，遂先发。[①]

初八日丙午（10月8日） 晴。遍辞交好，及酉初乃登舟。马雨农学士、杨绍棠孝廉先至舟相送，合肥徐懿甫亦买舟还家，同自小南门外开行，至枞阳门东浮图下泊。巳初三刻二分寒露。

初九日丁未（10月9日） 晴，北风。船不敢开，携儿彝孙登东城高台，午后风益长，移上泊盐河港中。

《甲子九日已登舟，将之江宁，阻风，携彝儿登城上高台》

风色禁江棹不开，骄儿引兴复登台。水乡新垒还秔稻，山国惊烽自草莱。老客最难今日意，明年何处菊花杯。将雏又作新巢计，极目天涯首重回。

初十日戊申（10月10日） 晴。顺风行百廿里，过池州府六十里，至大通司南荷叶洲泊。洲上壬戌春来时，除数官局外，瓦屋不及十家，今乃一二千家。洲当上下水冲，宜为市集，故生聚之易如此。

---

① 同治四年闰五月十六日后附有同治三年八月廿六日药方，今据日期附注于此："熟地八钱；巴戟三钱；苁蓉三钱；□黄酒洗□；鹿胶三钱，黄酒蒸渗；附片五钱；厚桂五分；吴于三分，盐水炒；固纸二钱，盐水炒；智仁三钱；淮夕钱半；乌药钱半；仙茅三钱，漂净。荔枝核五个煨打碎，胡桃肉三个去壳碎，同煎。甲子八月廿六日拟，可常服。如有小感冒，加细辛三五分。若为丸，或十倍之、廿倍之蜜丸。"

与懿甫联舟夜谈连三夕,同客三岁中,所未及言者殆无不言,入皖以来无此乐也。明日懿甫将分道入巢湖,故今夕谈至逾鸡鸣。

十一日己酉(10月11日) 晴。懿甫舟先开,我舟料理钱米迟二时许,北风起,至晚不息,仍泊洲尾。

十二日庚戌(10月12日) 晴。行百三十里三山峡泊。

十三[日]辛亥(10月13日) 晴。行六十里,过芜湖县四十里东梁山泊。

十四日壬子(10月14日) 晴。行百四十里至大胜下关泊。张仙舫总稽淮盐,新自上关移驻此,访之,适已入城。晤李少白、汤问斋,谈至二更,乃还舟,皆滇中同乡也。盐政初行,固不宜稍宽假,而溢秤之计,差觉未允,提私之外,复责以厘课,尤觉不情,皆非久计也。下关石垒乃贼所为护其舟师者,我师清江面时未能克之,直至破城乃溃,其金玉子女皆为鬼船诱刮以去。

十五日癸丑(10月15日) 晴。溯秦淮西南行廿许里,至江南省城水西门外泊。食后入城谒贺湘乡爵相,遂寻潘聚垣问黎莼斋,知其寓李眉生所,莼斋为寻屋子乃在南门大街。涂朗轩来,已邀之先住,遂寻眉生、莼斋于绫庄巷。晤李芋仙,谈久之,与莼斋过南街看屋子,遂与朗轩同宿。张仙访来相看。

十六日甲寅(10月16日) 晴。食后谒贺曾沅圃中丞爵帅。适与芋仙、眉生、曾劼刚、程伯敷、方元征诸君子为胡蝶之会,遂留同饮,饮罢与芋仙过袁儒生,儒生为芋仙寻南街宅,芋仙已定居不肯移,遂言之莼斋,留鄙人住,因谢之。又过芋仙,少谈乃归。

《投贺曾沅圃爵帅》四首

吉军风利下三山,吞贼如凭尊俎间。钟阜本来虚王气,石城犹自恃重关。迟回未肯降幡出,僭窃终销烈炬殷。开皖声威应天象,那知才是管中斑。

江南文物委蒿莱,十二年淹剧可哀。百道梯冲天上落,三军鼓角地中来①。坚瑕不泥孙吴法，精一能令金石开。便好莘莘秋贡士，铭勋长记雨花台。

乾清一夜捷书通，冲圣欢颜寿两宫。半壁东南还旧服，频年将帅尽肤功②。头衔炯说双青眼，爵等端殊一赤衷。试问几人无愧色，湘乡昆弟始难同。

书生若个把封圭，三尺吴钩擎③紫霄。拂袖径循天道退，处功真与古人齐。龙荒万里延回纥，鸟道千峰漫白氐。即恐湖山间不稳，朝廷早晚起征西④。

十七日乙卯(10月17日)　晴，燥热，薄暮雨不湿地。方子听及孙海岑云锦、吴海清永济、张绍京开祁来访，是日腹痛不能出门。

十八日丙辰(10月18日)　晴。课家仆扫除室中，午后腹痛乃止，遂过善后局访庞省三际云、黄少昆润昌、黄冠伯家驹、王子蕃鸿训诸君子，子蕃为处一方，遂还。过眉生晚饭。

十九日丁巳(10月19日)　晴。廖养泉纶来相看。

二十日戊午(10月20日)　晴。召木匠补缀寓中门壁。曾沅公遣赠一桌十六几。是日朗轩、莼斋委帮办善后局。

二十一日己未(10月21日)　阴，午后时有小雨，郁热，夜亦时时小雨。

二十二日庚申(10月22日)　晴。眉生小病，往看之，遂晚饭。与子听过勒少仲谈，子听言当移来同寓，以大厅楼三间待之，后已别移，竟不至。

二十三日辛酉(10月23日)　晴。

---

① 原作"百道雷霆从地奋，三军鼓角自天来"。

② 原作"中兴将帅策肤功"。

③ 擎：原作"动"，旁又列"掣""断""扫"等字供选择。

④ 原作"千峰鸟道仍荆棘，万里龙荒溢鼓鼙。即恐营平间不得，朝廷早晚起征西"。

二十四日壬戌(10月24日) 晴。

二十五日癸亥(10月25日) 阴,午后小雨。沅公与欧阳小岑招饮,饮半而马雨农学士自安庆至,付彝信及所寄药,夜,作书寄家。

二十六日甲子(10月26日) 雨。雨农相过,约明日同访曾劼刚。

二十七日乙丑(10月27日) 晴。与雨农同访劼刚及幕府诸君子,并作贺何小宋廉访书并家书,托劼刚发驿去。出答访计芾村棠,芾村,郧阳人。

二十八日丙寅(10月28日) 晴。雨农约同登钟山,以无舆马不能谐。午过赵伯蓉廷铭太守饮,自丁未京华别,十八年矣。周子瑜观察亦在坐,二君并前日见访,适已出。

二十九日丁卯(10月29日) 晴。欲看雨农,腹痛未果。朗轩移居保甲总局。朱仲武孔杨来同寓。

十月初一日戊辰(10月30日) 晴。闻雨农已与沅圃破晓登舟,送之不及。皖骨董陈甲索家信,为作数字促儿辈。待舍弟至,即同早来。过保甲局看朗轩。

初二日己巳(10月31日) 晴。潘聚垣、方子听、钱子右相过。芋仙相过。

初三日庚午(11月1日) 晴。

初四日辛未(11月2日) 晴。周缦云、李壬叔、张啸山相过。金梅生自扬至,亦见访,共谈,薄晚乃散。

初五日壬申(11月3日) 晴。过筱岑饮,同者梅生、缦云诸君也,纵谈叔世人才,不知何以皆不及于古,其致治刊乱固由朝廷造就而然,即潢池诸人,其为乱之魁,必有美材雄略,今则皆失传矣。

初六日癸酉(11月4日) 晴。过李眉生寓,归前纯斋代携书十二匣。

初七日甲戌(11月5日) 晴。乞筱岑分小儿廿二个。黎平王德舆思敬同知见访,谓久相师,即致北面之礼,不可却也,腼颜受之。

德舆与胡子何长新教授同学，中己酉乡解，以乡里团练军功晋阶，将赴明年春官，道遇沅帅，投谒，留之金陵善后局。且言子何仍家居，缘其孺人畏出门，补官七八年，尚未到铜仁也。八月道洪江，闻贵州省城甚危，以红边门为战场，遵义、思南一带，绕楚之道又不通。

初八日乙亥（11月6日）　晴。筱岑、芋仙相过谈。午后看王德舆。眉生相访。且同过芋仙饭，适未还，携架上《水经注》一册去。

初九日丙子（11月7日）　晴。张仙舫相过，言杨辅廷有宅一所，在评事街，甚完整，欲拉移住，恐狭隘耳，暇当往看。王德舆来晚饭，约三日后移来同寓。

初十日丁丑（11月8日）　晴。午谒湘乡公呈次韵诗，索明日饮，笑不肯许，谓当寻公子劫刚索，必不能不听客之所为，公笑而不答，盖微示颔意也。因言遥领山长奉老已不足以资朝夕，当有实授，且乞资结草堂于钟阜，皆蒙许可。遂过缦云、劫刚、伯敷、聚垣，即答看王鹤生，还过眉生，留饮，携所持去《水经注》，踏月而归。次曾湘公赠弟十三首原韵为寿诗，裁出另褾。

十一日戊寅（11月9日）　晴。晨走寿相公，都不见客，寻劫刚索早面，午饮乃归。

十二日己卯（11月10日）　晴暖。王子蕃遣瓦匠来作灶。

十三日庚辰（11月11日）　晴暖。午访赵伯蓉，遂过芋仙午饭。李勉林祁门遣人来，有寄舍弟书，谓其当已抵金陵，知舍弟九月尾出祁门，已在道矣。灯下作字寄勉林。

十四日辛巳（11月12日）　晴，夜雨，有檐溜，半夜即止。过筱岑，分桌机。闻湘乡公奉廷寄，遣往皖鄂之界督师，剿下窜毛捻，且令交总督印于苏抚，苏抚将以监临至也。督师以会僧、官二帅兜剿，宜也；而必交卸总督印，谁其饷之。湘乡公欲退久矣，此其时乎。此等固前代处大功之常，然行之太早，得毋以今冬即补行江南乡试，即谓已安已治，有觊而欲代以行苞苴者从臾为之耶。涤老于京师要人都无周旋，固所宜然，然豪杰许驰驱者，恐不能固结矣。

十五日壬午(11 月 13 日)　阴,渐寒。德舆移来同寓。

十六日癸未(11 月 14 日)　晴。

十七日甲申(11 月 15 日)　晴。午走幕府,于钱子密所见湘乡奏稿,引病请解兵柄。今日苏抚李公至,十八日即交卸。从军诸人及门下单寒,其不快尤甚于相公。晤蒋淳卿,托其为舍弟咨查事具复,此部咨自四月已至,相公以军务倥偬,未之及也。过养泉、伯敷、劼刚谈。

十八日乙酉(11 月 16 日)　晴。王壬秋自湖南来,相过谈,朝食乃去。晚,眉生拉过芋仙同饭。

十九日丙戌(11 月 17 日)　晴。邓世兄羲相过,食后谒相公,言且当往安庆督剿毛捻窜余,乃徐求退,恐下打胎药太骤而胎不能下也。遂过劼刚午饭。周子愉相寻,不直。

二十日丁亥(11 月 18 日)　晴。答看壬秋于筱岑许,遂同走文德桥看贡院,还出武定桥,憩莼斋保甲局,遂饭。看子听于大夫第,少昆邀同壬秋晚饭,倦未能往。夜半雨有声,寻止,雨前后有风声。

二十一日戊子(11 月 19 日)　晴,风寒。杨见山来相看,食后答看子愉于庞省三许。过蒋淳卿问舍弟咨复事,云前日已画稿矣。以字寄喻觐勋于安庆,托其向儿辈言,且勿以家来。

廿二日己丑(11 月 20 日)　晴。铜陵毕竹坡子卿来同寓,己酉遴选也。

廿三日庚寅(11 月 21 日)　晴。同壬秋诸君晚饭眉生所。

廿四日辛卯(11 月 22 日)　晴。筱岑杀羊饯壬秋,往同食。访汪梅岑士铎于戚家湾。夜暖而雨。

廿五日壬辰(11 月 23 日)　寒甚,北风,虽有霁,日无暖气。加上下小棉衣,易毡帽,晚看壬秋,坐不胜寒而还。

廿六日癸巳(11 月 24 日)　晴,晓甚寒,有冰。壬秋以《影山草堂铭》来。食后过劼刚,遇罗△△生日,遂留午饭。

廿七日甲午(11 月 25 日)　晴,晓寒。黄少昆相访,纵谈二时许,乃去。杨石卿铎相访,河南商城人,讲金石,亦明小学。晚谒李少荃爵中丞,留同黄昌祺军门饮。谓去冬奉旨检发差遣十四员,今阅岁尚一人不至,且当有以磨事也。赠李少荃宫保诗裁出另褾。

廿八日乙未(11 月 26 日)　晴。

廿九日丙申(11 月 27 日)　晴。子愉相过。

三十日丁酉(11 月 28 日)　晴。舍弟已至,泊汉西门,明日方能入城,两家眷犹在安庆未来。

十一月初一日戊戌(11 月 29 日)　晴。舍弟入城来同寓,即奉中堂札委办城中东北保甲,以先办者谭君失察甲长分门牌索五钱,遂降帮办故也。东北地辽阔及于钟山,兼有明故宫,履查一周甚不易。过小岑索处方。

初二日己亥(11 月 30 日)　晴。

初三日庚子(12 月 1 日)　晴寒。中堂以总督印交李宫保护理。向眉生索得生附子配丸药。

初四日辛丑(12 月 2 日)　半阴晴,寒,始裘,夜雨。

初五日壬寅(12 月 3 日)　阴寒,夜有雨。

初六日癸卯(12 月 4 日)　阴寒欲雪。闻中堂请行之奏奉批不必往,仍受两江总督印。舍弟食后移入吉祥街保甲局。勒少仲以明日行,索书勒氏家庙榜,呵冻应之,盖自出安庆城不作擘窠书两月矣。

初七日甲辰(12 月 5 日)　阴寒,夜有霰雪。食后谒中堂,言前夹片药胎仍不能少动,此番受制府印,概免言贺。

初八日乙巳(12 月 6 日)　雨雪几竟日,但未积耳。是日补乡试,点名至三更乃毕,诸生雪立,殊劳顿。

初九日丙午(12 月 7 日)　阴,夜半后雨。

初十日丁未(12 月 8 日)　雨。

十一日戊申(12 月 9 日)　雪,屋上积寸许。

十二日己酉(12 月 10 日)　雪较昨日差密,薄晚止,夜有月,良佳,但寒甚耳。

十三日庚戌(**12 月 11 日**)　晴,夜月尤佳。

十四日辛亥(**12 月 12 日**)　阴。往东北吉祥街保甲局视舍弟,局中有渑池郭义方甚诚笃,为之料内务极当。

十五日壬子(**12 月 13 日**)　阴。芋仙拉犯汴往袁如生早面,遂与廖养泉同访赵惠甫,不值,又同访陈虎臣,虎臣言有苏州名士冯敬亭桂芬同寓,明算、长小学,留意时务,因便访之。敬亭言有得小徐《说文韵谱》旧本者,都无现行酿入鼎臣新附字,其韵次与《干禄字书》同。马君曾刻之广东,今其板失十余页,徐当整补,必求本相寄。又言常熟徐氏有北宋本《史记》,校明震泽王氏本《正义》多数条,曾为湘乡公言之,请其买致付刻。又言近著作家唯沈小宛钦韩最博最富,已成之书几万卷,但嫌说长而烦,又好嫚骂。即如《汉书补注》,即数百卷,侈口即骂小颜,惜无有为之删裁简要以传者。其引据皆极确,记诵甚易,遇一书必能熟倍乃已。其自以为佳者,尤在《王荆公年谱》一种,谓能尽数十年更张致乱之故,了如指掌,非尊荆公也。惜其明日即当东归,不能更与纵谈,志此俟至苏时更访之。

十六日癸丑(**12 月 14 日**)　阴,夜半大雨。

十七日甲寅(**12 月 15 日**)　时有飞雪。周子愉来辞行。

十八日乙卯(**12 月 16 日**)　阴。犯汴送子愉行,夜雨。

十九日丙辰(**12 月 17 日**)　午小霁,晚有飞雪。

二十日丁巳(**12 月 18 日**)　霁,寒汴。方存之相访,出示其场屋文,甚佳,是由中出,非外录者。

二十一日戊午(**12 月 19 日**)　晴,寒。毕竹坡行,留炭相赠,为写"求放心斋"榜子报之。市中获《齐朱岱林墓志》,是仅见者。

二十二日己未(**12 月 20 日**)　晴,寒。

二十三日庚申(**12 月 21 日**)　晴,霜。

二十四日辛酉(**12 月 22 日**)　晴。过眉生,以雨亭将往泰州,留同饭。

二十五日壬戌(**12 月 23 日**)　晴。

二十六日癸亥(12月24日)　晴。谒湘乡公,晤李申甫都转,自桐城至,遂同过眉生谈,炳烛乃归。

二十七日甲子(12月25日)　晴。出,至莼斋公局,不直。

二十八日乙丑(12月26日)　晴。与德舆同过舍弟东北保甲局,遂晚饭乃还。

廿九日丙寅(12月27日)　晴。爵相招午饮,在坐者何子贞、李申甫、刘开生、赵惠甫、魏磐仲也。子贞年已六十六,犹矍铄如己未京华往还时,游兴甚健,不似邵亭颓唐也。

三十日丁卯(12月28日)　晴。午后谒李少荃中丞,以其病初愈,且贺其廿六生子,兼送其行,中丞不待莅榜,即还苏也。答看朱佐君元辅附贡,佐君,亮甫太守长嗣,携家避乱出,年来客湖南北研食,谓亮翁著作成而未刻者《服氏春秋解诂疏证》及《汉书地理志疏证》,犹稿本未失,可喜也。

[同治三年]甲子十一月金陵乡试市中收书目①:

《急就篇》一,五分;《晋略》十本,一两;《小学类编》,五钱;《舆地广记》四,八钱;《任氏五种》八,三钱六分;《声类》,一钱五分;《元和郡县志》六,四钱;《艺文类聚》廿,二两三钱;《世本》,三钱;《水道提纲》八,八钱;《带经堂诗话》八,七钱;《埤雅》,一钱五分;《五代史补》一,七分;《孤臣泣血录》,一钱四分;《算学启蒙》,三钱;《命度盘说表》,二钱;《蔡中郎集》四,三钱;《温病条辨》,三钱一分;《经义述闻》,二两;《平苗纪略》,残,廿五,二钱。《刑案汇览》,十二两,九弟买;《诗本义》、《圭斋集》,共八钱;《毛诗后笺》,一两二钱;《周礼注》,三钱;《六艺纲目》,二钱;《山带阁楚词》一钱八分;《说文疑疑》,二钱;《瀛奎律髓》录二冯评,八钱;《律表》八钱;《青丘诗注》文瑞堂元本初印,一两二钱;《联邦志》,三钱;汪本《隶释刊误》,二钱;陈子经《续鉴》,四两;《唐文粹补》,三钱;《山谷集》,二两四分;《种人图》,一钱□□;《椒邱

---

①　此书单原附于同治四年闰五月十六日后,今据内容移此。

集》，八钱；《清秘阁集》，二钱；《南丰文粹》，二钱；《唐诗金粉》，一钱二分；《朱岱林墓志》，二钱；《怡亭铭》，二钱；《阮刻西岳碑》《隋诏立僧尼二寺记》《隋袁子才造象记》《唐白鹿祠碑》《唐狄梁公祠堂记》《唐开业寺碑》《唐崔夫人孙氏志》《唐磁州天宫造象记》《唐天佑题名》《后唐长兴造象碑》《大和五年△△铭》十八纸，共一两六钱。

十二月初一日戊辰（12 月 29 日）　晴。见山相过。

初二日己巳（12 月 30 日）　晴。过啸山、壬叔，晤张鲁生，方至。又过汪芸石。

初三日庚午（12 月 31 日）　阴，北风。

初四日辛未（1865 年 1 月 1 日）　晴。

初五日壬申（1 月 2 日）　晴。合丸药，用綦云樵所处方以服之，良效也。

初六日癸酉（1 月 3 日）　晴。过季苕村，遂同过王子蕃西南新局。黄菊泉相访，汤衣谷同至。向伯常新自溆浦来，薄晚与潘聚垣同见访。

初七日甲戌（1 月 4 日）　晴。贺涂朗轩委署江宁府，又贺眉生纳吴姬，晚饮乃归。

初八日乙亥（1 月 5 日）　晴，向湘汀相访，自鄂中别四年所矣。

初九日丙子（1 月 6 日）　晴。仙舫相过，以彝儿前月十六信来。伯常相过，言眉生欲邀其乔梓移寓其家，晚饭后同往看屋。

初十日丁丑（1 月 7 日）　晴。绳儿自江西来，言自上月初三南昌下船，率其妇缪，同张仙舫眷属行，月尾抵安庆，以妇见其母。泊一日。为雇定□□船，即先以妇东下，昨夜乃至下关，今晨留其妇仙舫许，而先自入城。

十一日戊寅（1 月 8 日）　晴。携绳儿谒相公销假，还过邵子林兄弟。又看张鲁生于周缦云家。又答看向伯常及其乃翁湘汀楚仙，湘汀少余一岁，其精力之强胜我十倍，亦境使然也。

十二日己卯（1月9日）　阴。子贞见访，索看唐写本《说文》，借携《唐白鹿祠》及《狄梁公祠记》二碑去。

十三日庚辰（1月10日）　阴。

十四日辛巳（1月11日）　晴。辰访黄少昆，托其为问一枝园杨君开岁当行，其宅子完善，可借居否？又访汪梅村，不直，还而汪君适相过，遂同早饭。又同访何子贞，不直。还过筱岑、啸山、见山、壬叔。薄晚杨少棠光远、黄晓田治、王丽泉枨相访。夕看少棠、晓田于仙舫城中评事街北木料厂之寓。

十五日壬午（1月12日）　晴。仙舫相过，并以其子琦来见，琦年十一，背《四书注》及《四经》颇熟。

十六日癸未（1月13日）　晴。绳出城迎其母兄。何子贞辞行，以二碑本还。言将往苏州，访吴平斋云。

十七日甲申（1月14日）　晴。送子贞行，食后雨，吊洪琴西。

十八日乙酉（1月15日）　阴。午后彝儿至，言其母婶两舟以初六自安庆开行，昨日乃至大胜关，今日略开行，犹阻风不能下也。张子午仁谷自遵义来，亦与彝同自白河口登陆入城，子午言遵义四乡团堡俱不能支，唯东北未至十分坏，乡中人皆趋城入保，或流散死亡不可计，斗米至银一两以外，桐梓新失守，自三月绕绥阳、正安、彭水，五十余日，乃达重庆。

十九日丙戌（1月16日）　午霁。彝出城还舟，遣人来言仍泊昨处。

廿日丁亥（1月17日）　晴。食后访主考刘蕴斋昆太仆、平景孙步青。家属午后皆至，绳即携其妇从母来见，婉顺可喜，是宜家相也。彝出六弟所寄信言……

廿一日戊子（1月18日）　晴。

廿二日己丑（1月19日）　晴。

廿三日庚寅（1月20日）　晴。眉生、芋仙并来相贺。

廿四日辛卯（1月21日）　雨。

廿五日壬辰（**1 月 22 日**）　雨。王德舆将走皖访李树皆文森观察，作字寄之，树阶方以庐凤道署臬司也。又作字寄答马雨农。

廿六日癸巳（**1 月 23 日**）　晴。王德舆行。

廿七日甲午（**1 月 24 日**）　晴。得金眉生信，言开春当携《西岳庙碑》旧拓来看。

廿八日乙未（**1 月 25 日**）　晴。仙舫遣人馈岁，买《唐人写摩诃僧祇律第二十九》一卷裱册本，其签题以为钟绍京书，则非也，以纸墨字法定是唐人真迹无疑。庞省三相看。

廿九日丙申（**1 月 26 日**）　晴。伯蓉、仙舫相过。

同治四年（1865）

岁次乙丑正月

初一日丁酉（1月27日） 阴，食后雨。晨谒贺使相湘乡公，就肩舆欲遍城中官曹、相识，未及半，道滑而还。憩刘咏如曾撰观察许，见其圃墙嵌小石刻曰："小飞云跋云避地于此。"系年崇祯△△，乃贵阳徐侍御卿伯万历四十一年癸丑进士。书，则是屋徐公旧宅也。当明之季，杨龙友、谢文若诸君皆避安氏乱，居金陵，徐公当亦以此至。国初开礼闱，顺治六年有徐氏必远，盖其子弟自江南往，其时贵州犹未定也。

初二日戊戌（1月28日） 食时见日，复雨。陈虎臣相访。

初三日己亥（1月29日） 阴。

初四日庚子（1月30日） 阴。

初五日辛丑（1月31日） 晴。虎臣言有屋在贡院之东，去城不远，南向面大池，可租住。携彝儿散步往看，遂走东南保甲局，小憩而还。纯斋家有人至，得十一月初五家信，言遵城四面皆贼，出城十里往往不通，百物腾贵，较常十倍。又大疫，七弟及侄祐孙、八弟妇、容侄女皆病殆，幸皆起矣。黎筱亭信言渠在城中书院，无修不能居，乃还禹门砦。其柏容兄以八月二十，郑子尹以九月△△先后溘逝，平生执友唯两君，遽尔凋谢，伤如之何。又言张半塘鉴亦以饿死，播州非人所居，殆又然矣。筱亭当谋东出，盖舍此更无法耳。

初六日壬寅（2月1日） 晴。彭侍郎玉麟、湘乡公先后枉顾。何镜海（傅）［应］祺观察相访，谈久之，论当世人物，极有见。

初七日癸卯(2月2日)　昨半夜大风雨,至今午少止。答拜彭雪公、何镜公,经周缦云、弓筱香寓所,各坐谈少时。

初八日甲辰(2月3日)　风寒,晨有一二点雪飞。桂实之正华、成振云天祺相过。

初九日乙巳(2月4日)　立春。晨起,瓦上有寸雪,旋释。晚,眉生招饮。

初十日[丙午](2月5日)　晴。遣绳挈其妇走下关,挈见其妇之母及仙舫。

十一日[丁未](2月6日)　晴暖,地润,夜雨闻雷。

十二日[戊申](2月7日)　暖。潘伊卿鸿焘相访。

十三日[己酉](2月8日)　晴热。明子卿兆麒相访。夜大风雨,闻雷。

十四日庚戌(2月9日)　风渐寒,飞雪。程亮斋祖寅相访,亮斋,贵定辛亥举人,以乡守功选溧水知县,已于去年八月到任,其地新收复,残破之甚,亮斋耐苦,意勤恳,必有济也,与余同辛未生,而精力较健。薄晚雪积二寸许,方未已。

十五日辛亥(2月10日)　风雪不已。黄昌祺翼升军门相访,食后伯常、莼斋、舍弟同来,围炉纵谈,至炳烛乃冒雪去。

十六日壬子(2月11日)　风雪。答看明子卿、程亮斋,遇金逸亭国琛方伯,谈久之,金君已简巩秦阶兵备道,当西北行。亮斋言在京周榉园常见,忆其家方寄居独山。午后谒湘乡相公,谓当为谋泰兴讲席,辞不就。

十七日癸丑(2月12日)　仍雪。过筱岑、壬叔、啸山、见山谈,遇陈卓人。卓人,句容人,选云南曲靖知府,道梗不能往而还,现委办江宁一郡劝耕给牛种事,长于三礼。

十八日甲寅(2月13日)　雪霁,寒尤甚。炙研作书寄筱亭,怂其东游。莼斋家来人将以廿日行,已筹款作迎春计也。舍弟奉留江苏知县补缺,后以直隶州升用行知,莼斋亦俟知县补缺,后以直隶州升用，先换顶戴。

十九日乙卯(**2 月 14 日**)　晴，寒。作字寄舍弟庭芝，李勉林自祁门至，留之寓，同来者哈石泉柱臣。

二十日丙辰(**2 月 15 日**)　暂晴。金逸亭相过。勉林言祁门数年来岁常办数月振，饥民万许，率数十人为一馆，人给一牌，散振日董事者往各馆按牌给米。或一给三日，或一给五日。既无漏无冒，又不拥挤，可以为法。

廿一日丁巳(**2 月 16 日**)　阴。奉使相札，命往扬州、镇江一带搜求乾隆间颁存文汇、文宗两阁《四库全书》散失零星之本，恭藏以待补缮。闻镇江之阁在金山者悉为灰烬，唯扬州一阁经乱分散于民间市肆，或犹有一二可寻也。赵惠甫、涂朗轩相过。

廿二日戊午(**2 月 17 日**)　晴，雪消将尽，满街泥泞。谒使相，谢札委。过蒋莼卿、钱子密及劼刚公子谈。何丹臣自湖口来，留与勉林同榻。在劼刚许见有海宁许叔夏椿所刻《夏承碑》双钩本，云出自元和顾湘洲家未剪之本，其本又出自孙渊如氏，校梁阶平所刻丰道生本尤胜，他日至苏当访之。蒋莼卿言有王景亭学茂，上江人，现在苏州，苏州书籍尽归此君之手，且属为访其家谱。曰《娄关蒋氏本支录》，凡六大本。

廿三日己未(**2 月 18 日**)　晴。朱云崖品隆、梅掬海锦源自青阳来，舍弟留之同勉寓，不肯留，朝食乃去。

廿四日庚申(**2 月 19 日**)　晴。答看云崖、掬海。遂过涂朗轩，招早饭，朗轩言四局有妙相庵之会，承兴作不速客以应佳日何如，欣然同往。庵中池上梅数十株，才有数朵开者，自金陵陷十二年，游观之所皆废坏无存，唯此庵花木差完耳。

廿五日辛酉(**2 月 20 日**)　晴。

廿六日壬戌(**2 月 21 日**)　晴。为勉林、逸亭诸君作联榜书，是开岁试笔也。

廿七日癸亥(**2 月 22 日**)　晴。王子蕃相过，言舍弟当移西南保甲局，待商一切。弓筱香相过。

廿八日甲子（2月23日）　晴暖。与勉林、莼斋走太平门而东，看龙膊子缺口，缺口者去年六月十六曾沅帅以地道克城轰踊处也，已补完，正值明故宫之北。涤生相公铭之曰："穷天下力，复此金汤，苦哉将士，来者勿忘。"自书刊石，嵌所补垣间。遂登龙广山望钟阜，瞻孝陵、瞰元武湖，极望城中，尽颓垣荒草，其屋舍存者计未及百一也。还登台城，遂至东北保甲局晚饭。

廿九日乙丑（2月24日）　阴，小雨。向湘汀昨相过，不直，乘轿往西北保甲局看之，示自家携来三卷。一虞永兴书《破邪论序》，乃临本，差弱；一赵子昂书《洛神赋》，较可；一王士熙书所撰《韩干画马赋》，大佳，惜绢质太败，唯子昂卷纸本，坚洁无损。遂与湘汀同往仓巷邵子龄晚饮。得邓伯昭去年十月二日信，怪我一年来无寄音，前者托曾君及邮寄之缄均未至也。又得黄子寿二书，蹇征士书，并蜀中唐次巍将来者。子寿寄《贤母录》一册，言其去岁游秦，中道返蜀，《献征录》诸底本昔寄秦中，见在借书编纂，尚未就。其太翁琴鸥六十七，犹健，日读书著书，手钞常二千字，已卜宅湘江之北，但未能即行。且言见徐毅甫诗文，属为乞题《贤母录》。又言唐鄂生在绥定、蹇子和在茂州，皆有声，鄂生举动尤协于道，故威望重于岩郡。征士言其太翁仪轩尚健，所极念者邵亭、子尹、吉堂三人，吉堂言子尹有口病，甚殆，子寿犹谓有余之症不足虑。宁知二君寄书之月，子尹遂果不起耶。征士又寄乃兄一士《秦晋游草》一册，乃一士未带练时属为点定者，后其家文籍亡，一士殉难，此卷以在吾家得存，乃以归之，今已刊成也。朱云崖还青阳，属其为买四尺料半宣纸一千张。

三十日丙寅（2月25日）　阴，微雨。李勉林还祁门，许寄所买《古香斋类函》为游览之助，拟拘大本佳者易之。

二月初一日丁卯（2月26日）　阴，骤寒，薄晚骤风雨，夜又骤雨，闻雷。仙访、刘咏如先后相过。

初二日戊辰（2月27日）　阴寒，微雨，或成雪点。周霁楼际霖相访，是同年芝田丈之弟，新撤卸如皋来也。郑棣选兴仪自湖州来相过。咏如邀过晚饭。

初三日己巳(**2月28日**)　晨起雪积二寸许,已分乃止。陈虎臣来,畅谈至薄晚。

初四日庚午(**3月1日**)　阴。

初五日辛未(**3月2日**)　霁。李树阶文森自安庆来,留之寓斋,偶谈及乡献著作,谓曾购得谢君采先生诗集写本,可百余翻,当问其仲兄不知燹后存否。入夜大雷雨彻晓。

初六日壬申(**3月3日**)　午暂霁,入夜雨彻晓。

初七日癸酉(**3月4日**)　大雨竟日夜。万簏轩方伯招饮,在坐有闽人叶虚谷,少年貌伟异,俟徐访之。遂过眉生家,值其招客,识何莲舫、晤吴竹庄、潘伊卿、李芋仙。

初八日甲戌(**3月5日**)　晓起,雨中有霰,寒。朗轩过早饭,订明日过之。

初九日乙亥(**3月6日**)　晨雪。过朗轩早饭。遂谒相公,过劼刚谈。

初十日丙子(**3月7日**)　阴。过小岑。遂看刘伯山,伯山自扬来,以江都李宾嵋祖望、沈君檠为唐本《说文》跋尾相示,并可存。又示其《催妆三十首》与陈卓人同观。闻昨日相公命捉其子倩袁公子所狎妓及其从者二人,痛鞭之,袁公子遂吞鸦片,垂毙,救且活矣。晚过赵伯蓉饭。

十一日[丁丑](**3月8日**)　阴。与恕皆过妙相庵访梅,亦有数朵开者,似为雨雪僵坏多矣。遂同过莼斋晚饭。

十二日戊寅(**3月9日**)　阴,晚微雨。恕皆还皖,留家状一册,属为整理,且索为其封翁撰墓表,期之秋间并书,又属至扬、苏为购子史要本。金眉生信来,言访书之役,文选楼可为居停,邗上有三老,范雨村长于诗,吴让之长于书,金雪舫长于记问,皆其三十年旧交,可往还也,即作答。

十三日己卯(**3月10日**)　阴。

十四日庚辰(3月11日)　小霁,仍阴。

十五日辛巳(3月12日)　午日暂见,仍阴。萧廉泉[焕泉]相访,庐陵己酉选拔,去年以知县留江苏。

十六日壬午(3月13日)　风,阴寒。张溥斋守恩户部相访,乃辛卯北榜同岁邦佺之子,其太翁癸巳庶常,改外,先卒。溥斋自己未出都奉母,居泰州,曾在沅帅营,荐以补阙,后以知府用。言其旧识有刘殿勋传△文章学问方日进未已,共惜佳人之不永年也。又言其家乱后藏书散亡,今犹存其先世所刊《周礼郑注》《尔雅郭注附释文》者,二书版在泰州,欲求售。万方伯送朱笺来,乃自泰州为恕皆买者,即付裱去。

十七日癸未(3月14日)　雪。

十八日甲申(3月15日)　霁,午后阴。眉生感冒未出,往看之。遂答看萧廉泉、张溥斋,还访魏刚纪耆及其从弟盘仲铭,刚纪言金山官书当未火时,寺僧△颇有与藏经同移出避于五峰山之下院者,山在丹徒两县间,扬州大观堂官书昔司之者,吴让之其一也,问之当能知其散落有存否。

十九日乙酉(3月16日)　晴。偶过市,得《录异记》,盖明胡震亨等所秘册汇函之一,汇函中有《周易集解》《齐民要术》等要书十许种,遇宜收一部。晚送丹臣及程月波行。遂过芋仙。还过筱岑,遇刘卉生、魏刚己,谈半时许。

廿日丙戌(3月17日)　晴。闻有折差将行,作书寄少鹤先生。

廿一日丁亥(3月18日)　晴。看眉生病目,遂过子密、伯敷、元征,还,晚饭于西南保甲局。何丹臣未发,复入城谈许时,方传尹自桐城至,言其舅氏马星甫奉浙抚调,起办盐,浙省太使员甚缺。

廿二日戊子(3月19日)　芾村相过,且催为作书。

廿三日己丑(3月20日)　魏刚己相过。得穆海航无为来书。又得恕皆书,言十六已至安庆,更缮其太翁状来,俟匡培生为造佳纸来,即允为撰书墓表。培生已委署泾县,署泾县之饶云舫已之滁州任矣。又寄昔同游妙相庵五言长篇甚健,当和之。

廿四日庚寅(3月21日) 晴。闻莼斋病,看之。

廿五日辛卯(3月22日) 晴热。王少崖延长相访。

廿六日壬辰(3月23日) 晴热。集《禅国山碑》为楹联,寿湘乡公夫人欧阳夫人廿九五旬大庆,联文云:"丞相盖世成功著于星日月,夫人大年协德纪以百万千。"得朱云崖信,言其前岁应得封典时,未及请,此时已过期,例不能补,欲为湘乡言,若于其请开缺奏中一及之,或邀准也。丁世兄引看甘露屋事,其园池大佳,惜太破坏难整。

廿七日癸巳(3月24日) 雨,晚风。作字寄马雨农、李恕皆,欲托王少崖还安庆便致之。

廿八日甲午(3月25日) 北风,阴寒,晓有微霰。苇村招游妙相庵,冒风拉向湘汀同往,百株梅蕊未僵落者始尽开,桃花数株乃亦全放,生小叶矣,池中细萍如米,殆不必是杨花生也。苇村不至,遂还就湘汀晚饭,饭后过仙舫寓看之,闻其病未甚全也。彝往看莼斋,言亦未差。

廿九日乙未(3月26日) 晴,风寒。晓走幕府介寿,早面后看莼斋。劼刚面订还午饭,饭后答看王少崖,托其带致雨农、恕皆信。又过赵伯庸,见其子△△所收《隋龙山公墓志》,是咸丰△△夔州修城新出,可录备一种。有周溶相访。

二月初一日丙申(3月27日) 晴,风犹薄寒。看莼斋,犹未差,还值啸山、壬叔同过程明道祠,祠忽连下江考棚,棚舍亦邻屋,悉爨毁,唯祠屋及前厅事岿然,虽小破损,修且完矣。其奉祠后人即居祠旁小舍,贼入城时,合家男妇△口同殉节。祠成,为记,当得附书。李勉林书来,且寄《古香斋》《渊鉴函》至,又为高筠圃寄致北宋小字本于欧阳小岑,小岑以湘乡公欲刊此书,走简索之也。其本悉与平津馆刊本同,而有数十页中缝无刻人名,盖板有漫损,抽去刻补者,当是南宋时印,墨色佳,绵纸绝厚而天地长,弄家亦善藏者,标目首页有印曰"吴越王孙",又二小印曰"毛扆之印",曰"斧季",又一印曰"慧海楼藏书印"。与衣谷从叟筱岑乞沅帅资刻之,衣谷谓仿宋影写有元和诸生管洵美庆祺,一号心梅。最善,属余至苏可问马芝生铭,当知其踪迹,招致以来。

初二日丁酉(3月28日) 晴。作字寄李勉林。又寄刘鲁汀端。苇村邀过妙相庵,因看仙舫。

初三日戊戌(3月29日) 晴。与伯常访孝陵,因出灵谷寺,旧闻萧景神道在朝阳门外,遍询不可得。伯常过晚饭,遂旧影本并《国山》《嵩山》《三阙》拓本同展玩。朱仲武信来,言少荃宫保收得段氏《说文》注板之半,将为补刊,亦盛事也。

初四日己亥(3月30日) 晴暖。谒湘乡公,问访两阁书,有残不成部者收否。公谓不必收,然大部之存过半者当酌。又谓所好《史》、《汉》、《韩文》、本朝诸老经说,遇精本当为购以来,士礼居、抱经堂所刊书及秦敦父刊《法言》等亦然。遂以朱云崖托求请封书呈阅,又为恕皆以纸求榜联。遂过劼刚,乞借老翁新纂《江忠烈神道碑》《季仙九志铭》二篇付莼斋钞。又过子密、莼颀、眉生、省三、伯庸。晚过伊卿、梅岑,梅岑言萧景神道在太平门外蒋庙东之皇城巷,相近又有△△△碑,廿年前上元县官遣吏往拓,骚扰田氓,氓愤仆之田中,字在下,而△△△碑竟为所碎,此外唯栖霞山有唐初明真君碑。梅岑又言有《金陵琐事》一书,周[晖]著,凡四编,其初编最佳。

初五日庚子(3月31日) 晴,晚风,夜月有晕。为伊卿、春圃各书一谦卦。晚看莼斋,夜,作字复穆海航、朱云崖。

初六日辛丑(4月1日) 晴。为李季荃书易卦,又杂书旧索联榜。廖养泉相过,索为程明道祠撰联。李眉生、庞省三来送,以将有扬、镇之行。

初七日壬寅(4月2日) 晴暖。拟明道祠联云:"溯洛学初基当领簿试官已通圣域;仰建康遗庙纵漫天劫火未损春风。"用北朝字体书之。

初八日癸卯(4月3日) 晴热。篆书书朱子《明道先生像赞》于祠榜,大小若少温《般若台碑》。向湘汀、李芋仙并来观,遂留晚饭,夜,伯常、筱存来送行,二君各有托购书件。

初九日甲辰(**4月4日**)　晴热。食后看莼斋,其病已减六七分。遂便辞诸同好。过舍弟少谈,付家事。禀辞中堂,出水西门登舟往扬镇,中堂属更为寻《五礼通考》初印精本。舟行至下关泊,过验盐属,辞仙舫,仙舫亦以单托购要书。大风,约明【明】日若风不息,当留畅谈。

初十日乙巳(**4月5日**)　晓晴,热,发舟,有雷雨。行十里泊观音门外燕子矶下。

十一日丙午(**4月6日**)　晴热。薄晓逆风拉行三十里,合子口小泊,午后风转,行三十里,东沟镇泊,并依北岸。夜,大雷雨。

十二日丁未(**4月7日**)　昨夜大雷雨,辄止,晓晴即阴,大西南风不可行,泊一日,江中盐艘覆其二。

十三日戊申(**4月8日**)　半阴晴。行三十里四眼沟,三十里黄龙港泊。

十四日己酉(**4月9日**)　半晴阴。行二十里,至金山下泊,山自道光末西南长洲接于岸,前代以走马上金山为乱兆。咸丰初三年,果有长毛据金陵之事。此山殿宇、行宫、书阁、经藏被焚一空,先是寺僧△华恐寺不可保,捆载藏经避之五峰山中,而书阁四库书旧管于运司,僧不与闻,竟未有谋及移避者,今佛藏存而四库尽毁,甚可惜。魏刚纪所谓僧并移四库之一二存五峰者,未确也。僧言鬼夷向官买地,官斥卖新长洲与之,指画界畔,侵及郭公墓以内,将来此山殆不可居矣。

十五日庚戌(**4月10日**)　晴。放舟十五里至焦山,山当毛贼至时,有黠僧能迎顺其意,得不毁。山中老树离奇,观山临水,以千百计,丛筱漫山映谷,并足幽意。数年来经大江南北名胜众矣,皆经燹童兀,鲜生意,其能独完者惟此山,黠僧之功殊不可没,岂焦先阴护之欤?携彝儿访《瘗鹤》旧石,致二拓本,并吴平斋所留《兰亭》二拓,摩抄南仲鼎及铜鼓、《道德》残幢、咸通时李君志石,幢石亦平斋所留。

遂遍历山前山后,其濒水登降之径,松石参差夹之,绝似吾乡禹门、龙尾幽胜,神怡者久之。读米元章、陆放翁两题名,放翁题以隆兴甲申明年二月,记其雪中携友寻《瘗鹤铭》,尽醉,有军垒战舰之慨。时方[隆兴甲申闰月二十九日]也。寺中得智海者,年六十六,焚香默坐,经卷堆案不整,尚可谈。问以阮文达公畴昔所置藏书之阁,谓常镇道设关于此,据其屋以居,滨江佛屋悉占于僚从,阁中书大半为鬼子所取,又散落于游人,今存者不及十一矣。午后溯流泊金山下,携彝寻郭景纯墓,碑碣皆断失。

《舟发江宁出下关遇大风雨,遂泊燕子矶》

石城郁郁不耐住,发兴朱方扬子间。风势隔江摇早旭,雷声催雨下三山。荡胸苦忆沧波阔,辍棹偏依别渚环。燕子留人从小泊,独寻荒草问孱颜。

《金山》

金山胡为黯兀兀,瓦砾漫空压山骨。景纯水垒陆且沈,妙高浮图鞾犹革。残僧三两避乱返,无力诛茅栖石窟。客来攒眉遍指点,破础何宫殿何碣。自从山下长新洲,走马登山杀机发。老僧护法本平等,三藏连樯走岩樾。文宗《四库》隔典守,一炬琳宫共灰烬。此山南巡屡驻跸,天笔圣文昭日月。庄严自敕断醵募,烟燧未空无宝筏。精蓝欲复知几时,黠鬼乘虚肆侵越。眼看卧榻鼾异类,主卖自官吁可咄。头陀深虑无乃过,肉食良谋岂荒忽。安心参透空色禅,满地荆榛总瑶阙。

十六日辛亥(4月11日)　晴。渡江十五里至瓜洲,溯邗沟上四十五里至扬州府钞关门外泊,城外市廛犹未有十一,城中室屋不过完十之二耳。

《焦山》

往年毛盗横江东,长林天屋[①]摧薪同。焦先一山独见赦,支离偃

---

①　原作"所至乔木"。

塞障海风。隐君开山本灵怪,野火不死雪没胸。岂知群木复百世,尚与不坏传芳踪。我来适逢三月半,僧坛揭起闹鼓钟。呗声时间莺语滑,梵队甫出花枝红。《鹤铭》可语叹残涧,恨我已后米陆翁。元章、放翁有题名。循崖附葛绕绝顶,怀贤极望徒忧忡①。长江万里此关钥,百护千回洲渚重。定知天意厌边市,百产荆、扬何不充。美言柔远侈无外,渐乃斡腹成隐痛。给园夺民坐食耳,此辈流毒将安穷。西回一径得幽憩,绿筱萦纤引别峰。庵名。垂崖杂树枕流水,万里牢江如可逢②。频年浪迹断归路,径想此地巢云松。眼中杰阁忆文达,税榜严关压短篷。牙签散落粉黛涸,趁潮趣棹愁匆匆。呜呼群盗乃不尔,长怀郁郁吾安从。

十七日壬子(4月12日) 晴。登岸自钞关门入,至左卫街五城巷访李雨亭都转,都转留住,遂命彝儿以行箧来。识杨节之、萧金甫、李笃生、李义门,并开人;雨公之戚及诸侄,其仲子仲壶本方亦相见,又识王太素、魏平泉大均、谈厚甫德培、丁少莱俊、孙缦生、方达夫诸幕客。达夫,存之之侄;缦生,金眉生之甥;太素,己酉乡解,当于舍弟为同岁生。遂出访金眉公,不直。薄晚,眉公遣人寻行舟,招过寓其家,雨公不许。

十八日癸丑(4月13日) 眉生来相看,问赵惠甫,方以十一行,遇未。盖上下舟,相左不知也。得仙舫初十寄信,并属致李霭堂军门一信,即作字复仙舫,又作家信寄舍弟。陈松儒相过。

十九日甲寅(4月14日) 访陶鹤汀宝森,方仲舫适同居捐局中,将有安庆之行,与仲舫别一年余,乃不期而会此濒行时,亦奇缘也。访陈松儒谈,又访扬守孙韵[武]恩寿,以芋仙旧好耳。略寻城中书肆,约五六家,竟不见一完善本。

二十日乙卯(4月15日) 晴。携彝儿走旧城,入大东门而还,

---

① 徒忧忡:原作"心忡忡"。
② 逢:原作"通"。

经大酉肆中,见《续通鉴长编》及姬传全集,当收之。

廿一日丙辰(4月16日)　与太素、松儒访琼花观,其下居难民,梯楼皆已拆,不可登。遂过万佛楼,其邻万寿寺,多好树,亦随意小憩,还入旧城小东门,过松儒所寓之文楼△△寺,其后祀昭明,榜以文选楼,煮茶食馎饦,乃归。

廿二日丁巳(4月17日)　晴暖。晨访眉生纵谈,食后携彝儿入东门,出北门寻平山堂,小秦淮两岸皆瓦砾,水亦塞,不通舟,抵蜀冈,凭吊堂址,唯六一像一碑虽损两端,像尚完也,三诵东坡"欲吊文章太守,仍歌杨柳春[风],谁言万事转头空,未转头时皆梦"之阕,怆然久之。忆道光癸巳人日来此,方承平盛时,极游览笙歌诗酒之盛,岂意有今日耶。焦山僧枕云者结屋五楹于堂之左,颇为小诗,中有《瘗鼍》一篇,其事甚怪,已许为作铭刊,媲《瘗鹤》矣。还访天宁寺,问行宫及大观堂遗址,出梅花岭,谒史忠正公墓,东取便益门道以归。

廿三日戊午(4月18日)　眉生招早饭,在坐者吴介臣台寿、魏平泉,约饭毕复游康山,以雨不果。夜雨彻晓。

廿四日己未(4月19日)　霁。陶鹤汀相访。

廿五日庚申(4月20日)　晴。眉生约过介臣,观其所藏米南宫手札三绝句一册子及张即之书《左柏行》、王烟客画溪山△△两长卷。烟客卷是八十一岁作,最佳,末有竹垞跋、羡门跋并诗,皆有味。介臣又出其珍藏岳忠武端砚,纵八寸、广五寸、厚二寸许,背铭"[持坚守白、不磷不淄]",无款,上有谢文节题字,定是忠武书,旁有文信国题,谓是[君直]赠之者,旁有元鲍[仲孚]恂题字,明于忠肃、王文成皆有题,后归董香光,陈眉公题及之。本朝归宋牧仲,有竹垞题,后有王虚舟题。一石之微,何传付皆名流如此。

廿六日辛酉(4月21日)　晴。闻湘乡相公将来焦山游览,雨亭约同往候。食后肩舆渡邗沟,行四十里至七濠口,其先遣将治具之船,属泊待于此,风阻未至,遂同宿船捐局,以局员卢华昆少尉为主人。是日四十里道麦浪不断,间以菜花村落,较扬城之瓦砾满目者,稍快人意。濠口昔仅空洲,今乃有鬼楼。

廿七日壬戌(**4月22日**) 半晴阴,薄晚雨,夜亦有急雨。晨起,船已于半夜至,遂与雨亭乘之渡江,至焦山下泊,与雨亭入定慧寺访诸古迹。京口副都统富(贵)[升]先在,其方丈芥航留同斋供。芥航,才僧,能诗。遂访吴平斋云许缘仲道身所,观其所藏朱子《系辞本义》残稿,抹改处亦多与今本不同,后有李文正跋,颇校析之,然李跋纸新,恐伪,而稿则真也。平斋言其收汉人官私印至八百方,已检出官印文不同者八十方,为《考证》二卷,可印行,私印约六百,亦有印本,他日并当持赠。更索观其收藏书画。雨亭促游山,遂行,平斋亦之京口,余乃循山西麓观树石,摩挲前代题名。芥航至,指元章题名上端宋人摹刻《瘗鹤铭》一段,仰观之,似犹略存规格,惜石剥落,不具首尾,当谋拓一纸以补元石之一二。

廿八日癸亥(**4月23日**) 晴。湘乡相公昨晚泊瓜洲,晨乘炮船至山下泊,彭雪琴漕督、黄昌祺军门、钟山山长李小湖[联琇]及幕中陈小圃、方元征、邓守之同来,诸公会观山中弆藏,遂过许缘仲午饭。余已饭,不往,遂独游山中。前日未到已到皆遍,憩别峰寺,隐几卧,将二时许醒,寻后径下山,东绕山足而还。诸公方索余不得,比还,诸公亦还,同晚饭于芥公方丈,雨亭为主人,闻吴漕督告邳州捻警,促防射阳湖。

廿九日甲子(**4月24日**) 晴。早饭后开船,乘顺风至七濠口,雨亭停待湘乡视镇江城,历北顾、金山,来同看新开改场盐口岸。在瓜洲下,七濠口上。余换小舟,溯瓜洲入邗江先还,以未正抵钞关门,薄晚湘乡公至,泊城外,不入。

四月初一日乙丑(**4月25日**) 晴。晨湘乡公、彭、黄诸公入城,馆于花园巷,将视五台山驻营,仍宿舟中。雨亭拉馆中陪中饭,诸公皆明早行,湘乡还金陵,雪琴还裕溪,昌祺上清江浦。吴让之相访,适已出。

初二日丙寅(**4月26日**) 晴暖。访吴让之,不直。过陶鹤汀畅谈。遂入城寻阮氏文选楼,闻太傅孙兰江已还,访之,又不直。还寻金眉生，吴介臣先在，眉生即遣寻让之来，年六十七矣，聪健不衰。以唐写《说文》残帙同观，与论书，甚相契，偶及《瘗鹤铭》，让之谓有手拓本，当见与。问大观堂书有流转在泰州者否，谓当访金雪舫，当有所知也。夜，小雨。

初三日丁卯（4月27日） 晴。晨出晤周子愉，自泰州来。阮兰江恩海相访，约以明日登其文选楼。作篆，自巳及酉。

初四日戊辰（4月28日） 阴。钱辛伯相访桂森，谓方自泰州来，将往金陵。刘鲁崖相访。金眉生相过，约再游焦山就鲜鲥，以将往泰州，不能从也。食后看子愉于三祝庵，入旧城答阮兰江，同谒太傅（词）［祠］，历览东西塾，登文选楼，皆无一间完屋，旧藏秘书鼎彝皆散尽，唯百一以携出而存，壁间古砖唯存其六、齐造象记一及一钟一鼎耳。书板亦仅半在。

初五日己巳（4月29日） 晴。雇船往泰、如，约明日行。

初六日庚午（4月30日） 晴。未正束装始毕，辞雨公及其署中诸好，以衣书一竹箱留托李笃生便寄金陵，遂登舟，溯行三十里陈家庄泊。

初七日辛未（5月1日） 溯上水行十里，过六闸子分，下水行二十里仙女庙镇泊。食后访王太素于入捐总局，留晚饭乃还舟，局前中洲火焚数十户，及于南滩，此间旧无民居，以避乱来结屋者多，遂成市聚，惜多草舍，去年曾四火，今年至今日又四火矣。

初八日壬申（5月2日） 晴。下水舟行九十里，泰州北门外玉浦泊。午，雨数点。

初九日癸酉（5月3日） 晴。小感冒，泊，食后访周子瑜，见其次孙资模、四孙资桧，外孙梁资辅。欲访金雪舫长福，而雪舫至，问以文汇阁遗书，谓咸丰三年毛贼陷扬时，贼酋欲睹行宫，索宫中及大观堂弆藏于天宁寺僧△云，僧坚不应，遂火寺，及堂阁，僧亦被火，数日夜不熄，后有检灰烬得担许残纸，皆烂不可理矣。唯闻尔时经管阁书为谢梦渔增，今用山东简缺道，其家住扬州城康山旁，尚有借钞未还者数种。贼未至时，董事者请运司以二三千金移阁中御赐及《全书》避之他所，坚不肯应，运库寻为贼有，时盐运使刘良驹也。

初十日甲戌(5月4日)　晴。泊，访刘鲁岩燧基、陈守吾宝晋，皆不直，直金雪访。

十一日乙亥(5月5日)　戌，立夏。子瑜招游岳王墩，饮其下，墩在泰城中，可四望，居人仅少半，城桑槐桃李随处成阴，颇有野意，不似城南北之市喧也。同往者白退庵让卿观察、北通州，小山先生子。严子秋县令、镇江，问樵之弟。陈季珂鸣玉孝廉甲辰。及金雪舫学博。退庵善俊谈，子秋吏才安详，雪舫善词赋，多记掌故。鲁岩相访，订明日过饭，力辞之，即往谈少时，晚饭乃还舟。在北门外博古斋，见元兴文馆所刻《通鉴》明印本，曹秋岳、赵味辛经藏过，前有王磐序，卷中皆有评点，惜不工致，又遇冗注抹去，切音亦抹去，殊不可解。

十二日丙子(5月6日)　晴。移船至东门外换载如皋三仓子，行八十里马沟泊，夜，小雨。

十三日丁丑(5月7日)　晨，小雨至午前。行八十五里如皋县东门外大马头泊。

十四日戊寅(5月8日)　晴。食后入城访周霁楼，尚在通州未还，晤其世兄子迪惠、西席翟宝臣、官亲颜子辰、子泽兄弟。又访署典史张子纲，子纲留明日住，辞之，而受其咸腏酥饼之赠。子迪招子纲来同晚饮，乘月而归。市中有宋本《通鉴》，每页廿二行，每行二十一字。惜亦有批点，不洁净。又有《旧唐书》闻人诠刻本，惜少四分之一。

十五日己卯(5月9日)　晴热。子冈、子迪来相送。黄桐轩继宪，贵筑。县丞相访，方卸署掘港主簿，言通州各盐场私垦为稻田者甚多，掘港尤甚，此亦场灶凋敝之一原也。通、如交界东社一带为洋盗逋逃薮，上游未尝议及，殆无有以告之者耳。桐轩颇有意为文，特少师友。午后上水行六十里丁堰泊。

十六日庚辰(5月10日)　晴。食后雨，午后益大，薄晚大风。上水行三十里白蒲镇，冒雨行三十里，三十里[铺]泊。

十七日辛巳(5 月 11 日) 晴。行三十里至通州西门外泊,热甚。食后入城访周霁楼际霖丈,其去年如皋撤任案已审定,可改详矣。访署通州牧黄印山金韶,托其遣役为封渡船,待过江。还经凌汇兴书坊,略搜求,尚有三数十种可采者,雨至,遂还舟。印山相访,适大雨,坐久之,乃去,广西融县人,有吏才。

十八日壬午(5 月 12 日) 雨,泊。印山惠食物,又致水脚程仪,却还其程仪。霁楼相访。

十九日癸未(5 月 13 日) 雨,泊。作字寄李雨亭。

《寄雨亭廉访扬州二首,雨亭奉命署两淮盐运使,欲辞去不得,寻奉安徽按察之命,亦欲求退,故结句云尔》

盐笑糊涂在昔传,燹余成法况萧然。谁能利病条无隐,不许公私美自专。使者来携春在手,下河看取玉为田。皖中陈臬寻常事,欲乞淮纲更岁年。

眼中无奈宦场何,光怪离奇费捉摩。坦荡独逢开县老,勤强未觉古循过。东南乱定非无事,君相需才苦不多。信有平生轻去就,亟看整顿激颓波。

《如皋舟中雨行十三日作》

郁蒸催立夏,风雨称人心。试问前溪水,应添一尺深。青帝从半湿,绿筱送①浓阴。舟子忙于客,贪程不可禁。

廿日甲申(5 月 14 日) 大雨竟日,泊。

廿一日乙酉(5 月 15 日) 阴,时有数点雨。拟登陆出任家港,手车者不肯行,更泊一日。

廿二日丙戌(5 月 16 日) 晴。登岸由通州西门外东南陆行十八里,至任家港,登州中所封渡江渔船中宿,以待明日晨潮。

《通州陆行至任家港》

东洲曙色岛门烟,十日初辞掘港船。麦陇青黄迎海日,竹舆浩荡

---

① 送:原作"护"。

拓江天。独逃兵革风尘际，未觉诛求里下偏。鸡犬千村民气乐，桃源何处更神仙。

廿三日丁亥(5月17日)　晴。晨乘卯潮退东南行，得西风，十刻许行一百里，至福山镇，常熟县境。易常熟快船，停待酉潮，上行里河三十六里，常熟县南门外泊。

《乘卯潮落渡江至福山镇示彝儿》

发棹军山指福山，趁潮百里一时间。遂教渤海乘风去，亦要长鲸作脍还。平地波涛愁世路，半生哀乐感朱颜。眼中怀抱少年事，济巨看人只等闲。

《狼山下有怀故乡不狼》

我从鳖水头，来泛扬子尾。首尾有狼山，阻绝一万里，鳖山俯众岫，连波荡佹诡。兹山压涛澜，隐若重冈比。信宜对雄长，循名良有以。何曾巴陵山，不揽具区美。军兴逾十年，流血遍南纪。兹山为北障，毛盗遏狂视。纵横里下河，生遂到螻蚁。只今除巨憝，余孽未全弭。重镇本不轻，成功慎骄弛。鳖山西南维，挫贼不知几。颇闻坚城坚，百捣势益峜。又闻耕凿辈，科急半死徙。渐虚储胥助，有险亦何恃。长江亘天堑，人力特其犄。愁思绕万山，安能挽江水。

一勺狼山水，相随万里行。直趋扬子口，复讶此山横。烟雨连乡梦，风波揽客情。茫茫江路尽，何事更东征。

廿四日戊子(5月18日)　晴，午后阴。行二十里新庄泊。夜雨。

廿五日己丑(5月19日)　风雨。行七十里至苏州府阊门外泊。

廿六日庚寅(5月20日)　阴，午后大雨彻夜。食后入城访翟让溪铼观，谒李宫保，宫保留晚饭，遂纵观所收书帖。恐雨甚不能出城，遣移舟入西水门，泊抚署照墙外。晚饭在坐者李学士承霖、王△△、郭△△、刘△△，唯陈作梅箫是旧相识。

廿七日辛卯(5月21日)　雾。易军船局船出城，泊娄门外。

廿八日壬辰(5月22日)　晴。行八十里，过昆山县四十里三江口泊。

《舟中望昆山》

安舟凭午睡，睡起见昆山。婉娈如相识，扳跻苦未闲。故家余瓦砾，高冢漫榛菅。何似亭林叟，遒然天地间。

廿九日癸巳（5月23日） 半晴阴，午热，欲雨不雨。行六十里黄浦镇分港，行六十里龙王庙泊。潮上至黄浦镇而止。

《吴淞舟行五首》

三江不似长江险，百丈随心上下行。天际数峰平地起，船头趺坐看云生。

茅葳毵毵覆横洲，筱篠层层不碍舟。随例莼鲈浑忘却，黄花鱼上早菰秋。

江流曲曲深村深，狎沤丈人无世心。东去归来倘逃暑，借尔疏疏斑竹林。

顽云郁蒸塞半空，雨龙隐隐云缝中。前舟理篷后理杙，岂料快乘西北风。

黄浦分流水骤浑，菰蒲并岸有潮痕。舟人满贮吴茶在，好恣蒙芽解眊昏①。

三十日甲午（5月24日） 晴。行三十里至上海县东门外泊，午登岸，入城访丁雨生日昌观察，观察留道署小住，遣促彝儿起载来。晚饭在坐，识蒯蔗农德标、贾芸樵谦益两观察、蒋文学敦复。上海当东南乱后，以外夷十八国通商辐辏之地，虽曾暂陷，未久而鬼徒强占城中庙宇、民居，强买城外官私地以建鬼楼市肆，盖十年矣。李宫保驻此时颇加裁抑，然以用兵，养洋枪队数千，后虽渐减去，而鬼徒住城者多。城门出入，反为彼所稽制，而官如客然，仰其眉睫不能展一筹。禹生至，乃并裁洋枪队，鬼徒之占我城居，一一以理法遣之，一年余，此城乃复见汉官威仪，城民乃免鬼物之扰。禹生曾航海历八国，熟于夷情，至任又力却彼馈遗，凡前任陋规，历来以为应得者，一切革之，

---

① 原作"舟人早作煎茶计，满瓮淞波更瓦盆"。

故鬼物亦服而畏之。

五月初一日乙未（**5月25日**） 阴，巳午间小雨。阅禹生所收诸文籍，识秦澹如缃业观察、沈……

初二日丙申（**5月26日**） 晴。出访澹如、蔗农、芸樵及李霭堂恒嵩军门、郁泰丰松年廉访，与剑人谈，示其所著《英略》及万言书，皆佳，啸山、壬叔之旧好也。

初三日丁酉（**5月27日**） 晴。

初四日戊戌（**5月28日**） 晴。

初五日己亥（**5月29日**） 晴热。闻廷寄，命曾相国移驻淮北剿余捻，命李宫保驻金陵署总督印。禹公薄午即坐小轮船往送宫保，约四五日乃得还。

初六日庚子（**5月30日**） 晴热。传闻禹公当署苏臬印，殆未然。食后出观醉六堂及墨海堂两家书籍。

初七日辛丑（**5月31日**） 晴热。

初八日壬寅（**6月1日**） 阴，时有小雨。

初九日癸卯（**6月2日**） 阴。出访沈雏宜宝禾，遂过贾芸樵，同往四牌楼阅书肆。夜，雨。

初十日甲辰（**6月3日**） 阴。居停雨公还，言李宫保望前后乃行，作字寄贺。

十一日乙巳（**6月4日**） 阴，午霁。前以仙舫信致李霭堂，且往候之，今十日未见答，闻已还苏……矣。

十二日丙午（**6月5日**） 晴。

十三日丁未（**6月6日**） 晴。

十四日戊申（**6月7日**） 晴。作字上曾相国。

十五日己酉（**6月8日**） 晴。冯竹儒（光焌）［焌光］孝廉自京师来，言在京师与张香涛同寓，即相知，夜谈良久。又言三月朝廷之去恭邸差遣，寔允当之至，后之申论者皆私心也。竹儒，南海人，李宫保高弟，曾在湘乡幕下，以其尊人冤系遣戍，遂辞往省视，先后三往返，其后往，尊人已物故已久，欲归骨，道不通，乃绕宣府而西，仍不得，走而还，便就今年礼部试，性笃挚，耐艰苦，明算有干才。

十六日庚戌(6月9日) 晴。闻曾相国兼督河南、山东、直隶。

十七日辛亥(6月10日) 晴。

十八日壬子(6月11日) 晴。

十九日癸丑(6月12日) 晴。郁泰峰以宜稼堂书相赠。

二十日甲寅(6月13日) 晴。泰峰又赠陈石甫《诗疏》，以篆联答之。

廿一日乙卯(6月14日) 晴。泰峰相过。

廿二日丙辰(6月15日) 晴热甚。晨访泰峰，观其所藏宋元旧本书，合百数十部。东南文籍燹后，散失殆尽，而郁氏独存，亦不易也。访郑玉轩藻如，同观城隍庙佳石。

廿三日丁巳(6月16日) 晓阴，徐徐而雨。

廿四日戊午(6月17日)

廿五日己未(6月18日) 郑玉轩孝廉相访。

廿六日庚申(6月19日) 晴。玉轩、竹儒相访。

廿七日辛酉(6月20日) 午后雨。

廿八日壬戌(6月21日) 大雨竟日夜。

廿九日癸亥(6月22日) 阴，时有小雨。竹儒来邀同往外虹口铁厂观西洋制造局诸机器，局中以一大屋分置诸器，截者、磨者、钻者、开槽者、截圆者、镂空者、刻螺旋者并施之，铜铁大小各数事，每事以轮运之，或一或二或左右诸轮皆皮环系于上衡，于旁屋置火水，复有轮运之，其气行于上衡以运诸轮。一室之中，百轮俱转，众工齐作，亦奇观也。

闰五月初一日甲子(6月23日) 晴。

初二日乙丑(6月24日)

初三日丙寅(6月25日) 晴。贺禹公晋三品阶、三代封。

初四日丁卯(6月26日) 晴。

初五日戊辰(**6 月 27 日**)　晴。禹公已售定外虹口铁厂诸机器,即于其地开局先制洋枪炮,以供京营省营,即募巧手制轮船以强中国,盖蓄之十年而得为之,自今日始。主局者禀定韩赓扬殿甲总兵、冯竹儒焌光同知、王小云德钧知州。禹公欲令彝儿识其大略,且藉悉夷情语言文字,储以待用,使司局中出纳,其造就厚意不可却也,即遣从诸君往。

初六日己巳(**6 月 28 日**)　热,午后大风雨。

初七日庚午(**6 月 29 日**)　阴,午雨。

初八日辛未(**6 月 30 日**)　阴,午小霁。

初九日壬申(**7 月 1 日**)　晓阴,小雨即止。食后观荷于也是园,园左上海人为李宫保建生祠已成。过郁泰峰,别出外虹口,别冯竹儒、韩赓扬、王小云,以彝儿不更事,托其检饬之。韩、王已入城相看,与竹儒谈二时许,其意专算学、制器及地理,又谓不可以纷,其先专力于算造,而缓地理。属凡有算家未见书必示之,当纂专考若竹垞《经义》也。又言其师邹伯奇字特夫,南海泌涌人,当世算学之最精,与李壬叔分席而不骄吝。晚寄……

初十[癸酉](**7 月 2 日**)　大雨。竹儒冒雨来相送,本拟食后登海生明月小轮船还金陵,竟不能下载而止。吴次园台朗见访。

十一日[甲戌](**7 月 3 日**)　晓阴,小雨。食后辞丁观察行,观察属见李宫保时为言病状,且言不许夹板船载油豆饼,惟许沙船载,将为海运京米计者,宫保恐做不到,三日来,幸已做到矣,唯为此呕数升血矣。全免沙船税,亦已行。簿午,登海生明月船,带船者马汉卿声巡检,能外国语,识夷情,亦有用之才,年才廿二。彝儿送于舟上,遂还新铁厂。开舟行十八里,下海坡泊。

十二日乙亥(**7 月 4 日**)　阴,小雨,大风。试开舟行八里,不可行,遂泊吴淞口。

十三日丙子(**7 月 5 日**)　阴,大风。试开十许里宝山县侧,浪大,不可行,还泊吴淞口。

十四日丁丑(7月6日) 晴。出吴淞口,过流河东行二百△十里,经狼山,下溯行二百△十里,入江阴县境之△△尚未至江阴三十里。泊。

十五日戊寅(7月7日) 行二百△十里,镇江北岸七濠口泊。

十六日己卯(7月8日) 晴。行百八十里,至下关泊。即乘小艇访张仙舫于盐关,留晚饭。仙舫命以其差船起载,即宿船中,乘月至水西门外泊,以待天明入城。

同治四年闰五月十七日庚辰之辰(7月9日) 自上海乘海生明月船至金陵城外下关,起载入城,还三山街寓,家中大小无恙,距三月九日出门历江北扬州府、通州,渡江历苏、松、镇三府凡百有七日,孙女庆已解嬉笑,学语成音矣。是日阴,晚雨。曾相国以上月廿五登舟,廿八开行,溯扬淮,将于徐州开幕府,从行者钱子密、(陈)[程]伯敷、屠晋卿寥寥数人,而先分保甲局之黎莼斋、向伯常、谭春浦、计茆村并辞局偕往。舍弟祥芝又先以四月廿一署六合县事,城中旧好无几。

十八日辛巳(7月10日) 阴,小雨。谒李少荃宫保于三条营公馆,因访陈作梅萧。宫保以上月廿二抵金陵署总督篆,作梅偕自苏来,前在苏匆匆一晤,未及访之也。还访涂朗轩、廖养泉、洪琴西,琴西自皖还,即接替莼斋东南保甲局事。夜,作字寄谢丁禹生。又作字寄舍弟六合。

十九日壬午(7月11日) 晴。访李眉生、庞省三、曾劼刚、欧阳筱岑、李壬叔、张啸山、刘伯山、汪梅岑诸君子。在劼刚所晤李芋仙,劼刚言相公当驻临淮,以山东、河南贼皆窜皖北也。在筱岑所闻杨见山将明日登舟就湖南李中丞幕,送之,不值。朗轩招晚饭,晤应敏斋宝时太守、方存之、倪豹岑三君。

二十日癸未(7月12日) 阴雨。杨见山来话别即行,赠以"磨去楞角"一语,见山有学而甘贫守介,已留江苏知县而不愿出,东南人之矫矫者。赵伯蓉相过，言传闻遵义有二月廿七失守之说，而其从叔及弟辈方有数人二月自贵阳绕道至，又谓尔时当无此事，然不堪设想矣。夜，作字寄彝儿。又作寄冯竹儒、蒋剑人、戴礼庭字。

二十一日甲申(7月13日)　大雨。李雨亭相访。

二十二日乙酉(7月14日)　阴。眉生署十府粮道印，贺之。答看雨亭，适及送其将发舟还维扬。张仙舫相看，晚看王子蕃，子蕃以忧卸江宁县，将还蜀。

二十三日[丙戌](7月15日)　晴热。出看邵子林、子进兄弟，因过周缦云、张鲁生、富会亭、曾劼刚。还访潘伊卿、赵惠甫、陈虎臣、李芋仙、赵伯蓉。伯蓉已出，晤其族叔族弟，问乡里景况，真十分不堪，其家芝园及子执庵并已先后逝，唯执庵从弟价城廷莹、二山廷珏皆就馆省城。晚过子蕃话别。夜，大雨。

二十四日丁亥(7月16日)

二十五日戊子(7月17日)　晴热。芋仙相过叙别，为只鸡之局，招筱岑不至。王鹤生、张鲁生先后相看，遂留同饮。夜，大雨，作字寄邓伯昭、蹇仪轩于成都，以托子蕃，子蕃明晨登舟也。夜半大雨彻晓。

廿六日己丑(7月18日)　大雨竟日夜。晨起雨止时送子蕃，已登舟矣。

廿七日庚寅(7月19日)　大雨竟日夜。作字寄姚慕廷于江西，并隶书汉乐歌四纸，以托芋仙将往。

廿八日辛卯(7月20日)　晓霁，时有微雨，夜始见星。

廿九日壬辰(7月21日)　阴。应敏斋宝时观察、赵惠甫相访。夜雨达晓。

三十日癸巳(7月22日)　晓大雨，食后乃止，地润，闷热。答看应敏斋、王叶唐锡桐州守。叶唐，丽江人，丁酉乡解。敏斋言有犯法鬼官拘解来，至兰溪，已水死，虽不免口舌，差易办。敏斋能熟海夷性情，前在上海道任，善用柔，有条理。送徐季蘅树钊行。遂过雷石卿，托其为留季蘅所居屋子,乃前欲移往而彼至暂借住者也。过芋仙谈,为作册页,甚倔恣。遇樊叔和毓桂同知,叔和乃仁和同年、子安员外之第三子,子安去年没,尚留滞于此,还遂见访。张集甫肆孟州牧、姚允伯广元州牧并见访。

六月初一日甲午(7月23日)　小晴,闷热,夜大雨。饶云舫自皖南泾县来,将往滁州新任,约明日来宿。

初二日乙未(7月24日)　晓雨,食后乃止,出贺勒少仲方锜护江藩,因过方元征谈,元征须七月尾方往临淮,约尔时同行。还送徐季蘅行,且托西南局雷石卿为料理季蘅所住屋子,拟将移往。

初三日丙申(7月25日)　晴热。云舫过早饭,丁雨生观察至,言其病未减,李宫保已许其暂卸三月调理,委应敏斋署理矣。以彝儿字及湘乡公前月十二在途复信来,方作书寄湘乡公,更增作一纸。夜,作书寄黎莼斋。夜,雷雨,将晓犹甚。

初四日丁酉(7月26日)　大雨,过午乃止。走三条营答看禹生,纵谈二时许,还访禹汲三志涟、王鹤生,街巷间水深处没膝。夜,作字寄彝儿。

初五日戊戌(7月27日)　辰过禹生谈,遂早饭,薄午大风,急还,大雨随之,从者几不能支。晤李季荃,言其甘凉道已开缺,拟不复出而为游计,谓杭州韬光甚佳,约秋间同往。又晤陈葆初△△,言昔在曾(满)[沅]帅营宿时相识,已六年矣。还寓而住屋皆奇漏,床褥沾湿,盖偏势甚雨也。饶云舫早相过,适已出。

初六日己亥(7月28日)　大雨竟日夜。李芋仙见过辞行,昨日已冒雨登舟矣。王禹轩辞行,将往临淮,以致莼斋信属之。

初七日庚子(7月29日)　晓犹少雨,遂霁。李眉生相过,夺抚本《礼记》、赵注《孟子》去。午后路小不泞,过筱岑谈,且答看尹和伯金阳,和伯三十不娶,好道善画,曾见其白描纨扇,殊有韵,方拟将为茅山之游。晚饭携绳往坊口大街看屋子,将葺理移住。

初八日辛丑(7月30日)　晴。

初九日壬寅(7月31日) 晴。出答敖季和。送王禹轩。过洪琴西,遇朱子典。

初十日癸卯(8月1日) 晴。绳往看坊口葺屋,程亮斋见过。

十一日甲辰(8月2日) 晴。周缦云相访,鲁生约过之,畏热、腹疾不敢出。郑玉轩藻如、冯吉云瑞光自仪凤门来访。玉轩同在上海,先来,吉云,竹如之弟也。

十二日乙巳(8月3日) 晴。以作书养疾消暑,完新旧债二十余纸。子典相访。

十三日丙午(8月4日) 晴。李少白相访。

十四日丁未(8月5日) 晴。三日来皆甚热,未申间阴小凉,疾风欲雨,先移书箱于新寓。

十五日戊申(8月6日) 阴凉。得莼斋临淮来信。

十六日己酉(8月7日) 立秋,阴。得金眉信,索复书。

十七日庚戌(8月8日) 晴。得向伯常来信,伯常与莼斋俱以闰月廿九抵临淮,同司笔札。

十八日辛亥(8月9日) 晴。移寓于坊口大街,至暮乃毕。作字寄舍弟六合。

十九日壬子(8月10日) 晴,午后雨一时许。

二十日癸丑(8月11日) 闷热,午大雨。得小儿上海十四来信。

二十一日甲寅(8月12日) 半晴阴,闷热。筱岑、仙舫相看。

二十二日乙卯(8月13日) 晴。谒李宫保,遂过涂朗轩。闻赵伯庸得其家凶问,看之。午后稍凉,遂过仙舫。

二十三日丙辰(8月14日) 半晴阴。亮斋、朗轩相看。张鲁生、沈佚侪、汪梅岑、李壬叔相看,佚侪乃△△△之子。

二十四日丁巳(8月15日) 晴。得湘乡临淮来信,言当仍移驻徐州。

二十五日戊午(8月16日) 半阴晴,欲雨。

二十六日己未(8月17日)　半阴晴,时闻轻雷。

二十七日庚申(8月18日)　半阴晴,薄晚大雨。

二十八日辛酉(8月19日)　晓霁,午后大雨。

二十九日壬戌(8月20日)　晓霁,薄晚雨。有往六合者,作字寄舍弟。

七月初一日癸亥(8月21日)　晴,午阴,时有数点雨。晚过张守恩送行,言其将往清江料理,为入都计,其家有旧刻《周礼》郑注、《尔雅》郭注,板犹存。闻李宫保开局刻五经,欲售以为资斧。

初二日甲子(8月22日)　晴。亮斋过谈。书篋久不开,略检(一二理)[理一二],陈之架上。

初三日乙丑(8月23日)　晴。

初四日丙寅(8月24日)　晴。作挽联赠赵彝亭。

初五日丁卯(8月25日)　晴。赵伯庸开吊,吊之,略为看客,午后乃还。

初六日戊辰(8月26日)　晴。丑初三刻,绳儿举一男,命曰小农,取为国供耘籽之意,亦以后郑高密之生半日也。得舍弟六合信。郑玉轩相看。

初七日己巳(8月27日)　晴。张鲁生将往上海还慈溪,来辞行。作字寄彝儿。又作字寄丁禹公,晚过仓巷看鲁生行,托其将往。又看邵子进。

初八日庚午(8月28日)　晴。张仙舫相贺。

初九日辛未(8月29日)　晴。作字寄九弟,付来人持还。得彝儿上海初三来信,乃觐△△携来者。

初十日壬申(8月30日)　阴雨,夜凉。

十一日癸酉(8月31日)　晴。答仙舫。又过劼刚,言中堂此月当移徐州,皖北之捻已走河南界中。洪鲁轩、潘若泉、钱子佑相贺。

十二日甲戌(9月1日)　晴。闻邵子进失母,遣绳看之。

十三日乙亥(9月2日)　阴。过小岑、啸山、壬叔。

十四日丙子(9月3日)　阴。得李树皆来信,为马雨农之子柄常执柯,俟往六合与舍弟商定。

十五日丁丑(9月4日)　雨。

十六日戊寅(9月5日)　雨,晚晴。谒李宫保。过涂朗轩,朗轩言至六合当为舍[弟]言淫祠废田,属其留意,且言庐田已在部请得鱼鳞黄册来,今皆太半为稻田,如丰收,酌可捐济邻县否。

十七日己卯(9月6日)　阴。借仙舫差船往六合,辰正走仓巷吊邵子进,遂出汉西门登舟,逆风而行,约三时许乃至下关泊,晚雨。

十八日庚辰(9月7日)　大北风,时有雨,仍泊。登岸过李少白,还取《折狱龟鉴》句读之。

十九日辛巳(9月8日)　北风小减,开行三时许,乃及燕子矶,避大雨,雨后又行二十许里,泊北岸华子口。宋[郑]克《折狱》书句读毕。

二十日壬午(9月9日)　阴。入口行四十余里瓜埠,西北风不能进,当午遂泊,遣仆王升先陆往六合知会善征。泊处陆至县廿五里,水路溯行四十余里。夜梦李雨亭都转来,先晤其倩萧金甫及其从子义门,既而雨亭促膝长谈,遂夜过吾家谈于邃室,语杂不可记,妻孥亦不避之,甚可怪。

二十一日癸未(9月10日)　阴,大北风,数数雨,仍泊瓜埠。昨夜作寄莼斋书,今又作寄向伯常、贺幼村二书,读习之、可之文以遣日。

二十二日甲申(9月11日)　晴。行五十里许,申刻至六合城,科侄迎于城外。舍弟方小感冒似疟,相见慰藉,遂率以祀先君,是日家忌也。

二十三日乙酉(9月12日)　晴。看署中姜玉曾由轸、陈兰坡、邵△△△△、徐△△宗陵、郭义方△△、杨树堂诸友。

二十四日丙戌(9月13日)　晴。作字答李恕皆廉访,李[恕]皆信初旬内至,为马雨农学士之子柄常求结姻,自辛酉秋来东流,与雨农倾盖如故,既同至皖,明年遂分屋居我者三年。今秋九月,雨农服除,将入都,欲为其子毕姻乃行,知吾女方相攸,年十六,少于其子二岁,故托恕皆牵丝。又曾以信托张仙舫,皆初旬至。已商之妻孥,又来此与舍弟熟商,并以为好,因复书许之也。署中人入秋多多病者,有医者姚姓颇明白简易,为余视脉处方,谓宿昔寒疝,宜疏肝温肾兼散寒凝,宜服导气汤三数剂。金铃子二钱,碎;淡吴萸八分;蛀青皮一钱;青木香一钱;小茴香一钱;荔支核四枚,碎;上肉桂四分,去粗磨冲;台乌药一钱五分,煎,临卧时服。更以暖肝煎浸酒,日临睡时饮一大杯,良效。当归一两五钱;茯苓一两;上肉桂五钱;甘枸杞一两;台乌五钱;贡沉香三钱咀片;青木香五钱;小茴香五钱;葫芦巴五钱;荔支核连肉二两;酒三斤,煮一炷香时成,固封,常常临卧服。以此煎作丸服亦佳。

二十五日丁亥(9月14日)　晴。

二十六日戊子(9月15日)　晴。

二十七日己丑(9月16日)　晴。符子南相访,言扬州士家唯焦里堂先生家未经燹毁,其居在邵伯湖西黄珏桥镇,遗书板并存其孙芝叔守之。汪竹堂芳兰、陈月枝庆桂、陈辂斋庆銮、杜香谷之蕙别驾、吴瀛洲抡元诸君子相访。是夜大风,夜半大雨,未明止。

二十八日庚寅(9月17日)　半阴晴,大风。晚自城西步至城北,中唯独树存耳。

二十九日辛卯(9月18日)　晴。

三十日壬辰(9月19日)　阴。

八月初一日癸巳(9月20日)　晴。

初二日甲午(9月21日)　阴,大北风,中夜雨。丑正舍弟举一侄,命之曰棠。汪竹堂、姜玉曾诸君招晚饮。

初三日乙未(9月22日)　雨,仍大风竟日。

初四日丙申(9月23日)　阴,风少息。

初五日丁酉(9月24日)　晴。

初六日戊戌(9月25日)　晨欲雨,食后晴。发舟六合南门外,善征登舟相别,属待月尾渠入省城后,乃余北出也。行及申,经瓜埠,又行廿许里,泊黄泥河。

初七日己亥(9月26日)　晴。渡江溯燕子矶上,已及下关,登岸看仙舫,遂行,未正抵水西门,还寓。

初八日庚子(9月27日)　晴。

初九日辛丑(9月28日)　晴。以旧门裁整为大门瓦,午成。

初十日壬寅(9月29日)　阴,小雨,热。彝儿前月廿九及今初五两信并至。又得戴礼堂信。作字寄彝。夜,善征自六合晨间遣人信至。闻杭州闰月雪三四寸,六月四季诸花尽开,海潮不至二日,城啸三日夜。

十一日癸卯(9月30日)　晴。丁雨生相访,言其来镇江就医,今月二日亦举一孙也。梅岑、啸山相访。晚过劼刚,劼刚言中堂问邵亭有《刘文房诗集》单刻本,当索寄,即检付之。夜,作字寄舍弟。

十二日甲辰(10月1日)　晴。谒李宫保,问六合地方可官置厘卡否,可以亩捐办地方善后否。六合旧有厘捐五所,皆县官置以办公,所入皆无稽核,舍弟至彼,即请裁撤。然县当滁河下流水道,货物资皖东北数州县,若由督抚设卡委员,稽收以资善后,而酌提分数为办公之用,较为有济。其地方绅士△△△条陈及之,而余所见如此。六合连岁查亩,每熟田亩派查费钱五十,去岁前任查者谓可十万亩而皆无实落,今年舍弟更定查亩章程,先不取费,一切由官借项办理,俟查定逐细入册,然后议费,绅董谓此法善而少弊。今年按实当可得熟田廿万亩,俟亩册既定,然后议善后之捐亦有把握易行,宫保甚然之。访涂朗轩,朗轩问地方水灾深浅,亦及查亩事。六合山田甚荒,以北乡为战场最久,人存者稀,圩田则耕熟者多而水酿不消,低圩仍无所收,高圩则二三四五六七成不等,唯较江浦之被蛟破圩者则胜耳。答看禹生于城南楼聚宝门城楼也。城中景物、城周遭群山历历在目,坐两时许,揽结不尽,有约于此楼作中秋,真第一快事哉。还访卓人、啸山、壬叔,不值。晤刘伯山,问镇、扬两《四库》书被燹缘起,谓扬州经管者(及)[乃]谢△△,其弟△△方署江宁校官,可问之。镇江经管者乃汪庸甫先生之孙△△,曾为其画策捐费移避,力不能而止。谢氏则曾具呈于运司刘良驹筹费移避,以须筹费置不理也。晚访眉生,谈至月上。

十三日乙巳(**10 月 2 日**)　晴。禹生约出汉西门,坐海生轮船往棉花地看机器铁厂基止,欲其滨江,又高不患水,将移上海制造局于此。晨起先往,诸君未至,遇邵子安,言与彝同事者,一二日当行,即作字寄彝,闻其曾与主局竹儒公事有争论,即戒之。薄午,禹生乃以张又△△△、桂香亭观察至。二时许往返水路八十里。入城过仙舫寓,贺其新作大门,还寓未昏也。

十四日丙午(**10 月 3 日**)　晴。雨生忽欲行,往送之,则已登舟矣。答访许仲弢钤身太守,未得其寓,于普育堂小坐,晤甘雨亭、傅丽生谈。

十五日丁未(**10 月 4 日**)　晴。夜月甚佳,携绳儿登城南门楼聚宝门。骋望,有传李宫保来者,城兵方急寻张统领不至,则已微服携鲍花潭源深学士、陈作梅鼐坐炮台纵谈,此公于此兴复不浅,不减庚公武昌也。少选,倪豹岑文蔚、[李少石文杏]亦至,又同散步半时许,乃散。

十六日戊申(**10 月 5 日**)　半晴阴,卯正月食。黄亮甫、李壬叔、程亮斋相访。鲍花潭相访。晚偕亮斋访周霁楼。

十七日己酉(**10 月 6 日**)　阴,午雨。眉生、仙舫、霁楼、亮斋过饭。

十八日庚戌(**10 月 7 日**)　半阴晴。答访鲍花潭、许仲弢。还过潘伊卿、赵伯容、曾劼刚。

十九日辛亥(**10 月 8 日**)　晴,寒露。

二十日壬子(**10 月 9 日**)　晴。桂香亭嵩庆相访。

廿一日癸丑(**10 月 10 日**)　晴。仲弢连相访,已出。过伯蓉饭。

廿二日甲寅(**10 月 11 日**)　晴。答香亭。遂过劼刚。出南门登雨花台,还过仲弢谈,仲弢,滇生师少子,年才二十三,而殷殷向道,极以官厅同官聚谈惟及缺丰俭、差美恶，而不问地方利弊治法所在，叹为习气之坏。欲常常近正士以闲习染，在叔世官场可谓矫矫者，良不愧家风矣。

廿三日乙卯（10 月 12 日） 晴。作书竟日，萧廉泉焕唐见过，以二件去，还以药物相报。

廿四日丙辰（10 月 13 日） 晴。晨走仓巷为周缦云太夫人寿。遂至仪凤门看冯吉云瑞光、郑玉轩藻如，吉云言有照像药物，约他日更一往。还过张绍京开祁，经朝天宫登飞霞阁，阁东向，东南诸山皆可揽，新治未竣工。晤叶云岩、廖养泉，且订作重九。识向子坚师△，伯常从弟也。又晤汪梅岑，言邓季宇曾言近新见两梁碑，当访之，问确否。

廿五日丁巳（10 月 14 日） 晴。过季宇问梁碑，言孙澄之文川曾见之，俟他日同访。

廿六日戊午（10 月 15 日） 晴。壬叔索书飞霞阁联，并为之榜。阁在冶城朝天宫后，今宫改建府学，阁亦当改属也。张绍京相访，言三数日有人往慕庭许。

廿七日己未（10 月 16 日） 晴，骤凉。谒李宫保，贺其移居江宁新署。季宇、澄之相过，适已出，绳谓澄之言有五碑，皆梁物，萧景在焉，其地近栖霞山，去城可三十里。按梁碑仅闻萧秀、萧憺、萧景，不知何以有五，当遣绳偕二君确之。亮斋相过，陈虎臣亦过谈。

《秣陵中秋携绳儿登城南聚宝门楼，李少荃宫保微服以鲍花潭源深太常、陈作梅鼐、倪豹岑文蔚郎中、李少石文杏偕至》

秣陵今夕中秋月，比似平时剧可怜。尚无笙歌腻灯舫，得以①清旷还②山川。南楼迥出霄汉上，静境欲登黄昊前。行坐空明拟达旦，十载尘痕应洗煎。

---

① 以：原作"留"。
② 还：原作"与"。

禁寒独立天欲风,凌虚激籁成笙钟。幔亭潜柱定何似,此夜今时毋乃同。丁仪漫有清节约,焦先引逐江船东。谓禹生都转。小儿那遽解此乐,孤兴喜能偕老翁。

何来微服客三四,制军乃以宾从至。指拨啸歌倚陴阢,逸气轩轩出天地。元规、仁祖去我遥,武昌牛渚空萧条。他年建康述胜事,直替庾谢传今宵。

廿八日庚申(10月17日) 晴。李蓉江相访。遵义李云卿维楷县丞自蜀至。

廿九日辛酉(10月18日) 晴。云卿言其家鳌水寨自去腊为黄号贼所破,即避之成都,其从兄桂舲维寅学博先以九月故,有孙寄外家朱氏,至今鳌水一道未通也。其子继熙言自二月即往东乡禹门寨,寨主于黎氏叔吉、椒园兄弟,屡被贼攻,尚无恙,而入城之路非强伴数十人不敢行。筱亭则以二月十六卒于寨中,甚可惜。纯斋此间遣人五月乃至,已不及见其家,殆骤不能来也。又言城南之道仅及半边街,城西之道仅及马坎关,皆二十里即不通。南东一道仅及望州凹,又才六里许耳。唯北道出桐梓尚可以结伴行,闻川兵已从以上也。遵义之于省城,已隔绝岁余,须绕蜀滇界宛转以达,良不易易。今贵州奏报驿路已改由定番、独山出广西桂林以达湖南,其不能通可知。

故旧中李葆斋元诚亦以去年九月故,晋森林△△、张心斋朝辅犹健存,心斋管城防局碾运,惜其可用之才,未及出而一试也。萧吉堂光远在成都唐鄂生女儿碑寓授读,且有信至。言已刻诗一卷、说部一种,差可喜。王子觐在城住,徐松阶亦未出,刘石于还欲售书而无主,赵晓峰当就校官,地方官留之,不知已出未。诸子弟钟宪章在城中,王怀玉归办团务,张其均、晋鸿章在京师,赵廷莹在贵阳。蔡念皇则已结屋于凤朝关旧址居矣。遵义二月失守之说乃传误,继熙闰五月方自遵入川也。姜玉曾相访。

三十日壬戌(10月19日) 晓晴,午阴,晚小雨。闻有言贵州省城失守,抚军殉难,制军议处,而起用田兴恕者,俟访之。作字寄慕庭、安福。

九月初一日癸亥(10月20日)　半阴晴。舍弟遣人以索里下河津贴文至。

初二日甲子(10月21日)　晴。黄琴川泾祥,江西罗平举人。州守相访,言方引见,自京师还,现在军功班,印结费但减捐班之半,其留省升官已准。又奉驳者皆多送部费,仍更正可准。养泉、缦云、亮甫、壬叔过谈。晚过眉生,言湘乡在徐,正当捻贼下窜之冲,且不能动。贼自周家口下,声言北路趋济南,南路且趋沭阳、海洲,中路则趋△△,徐皆当其冲也。

《王叶唐锡桐州守〈琴书消忧图〉》

把书资仕优学,援琴写爱入风。良宰何知治法,割鸡笑与牛同。

书或不求甚解,琴亦岂在安弦。会得此中妙处,定推彭泽真传。

《王叶唐〈赵姬韫香生小影〉》

掌上轻盈①梦里缘,客舟星月雄皋烟。枝头红线宁非数,娄尾春光绝可怜。种玉即教②成几觳,留花曾记③待三年。当时一片梨云影,付与王昌已惘然。

初三日乙丑(10月22日)　晴。冯竹儒自上海至,相访。言新设制造局,苦心求治,大不易。

初四日丙寅(10月23日)　阴,午有大雨。舍弟自六合至,云卿适来,共谈至午夜。

初五日丁卯(10月24日)　阴,时小雨。

初六日戊辰(10月25日)　啸山将还南汇,看之,仍未行。

初七日己巳(10月26日)　晴寒。眉生、省三、卓人相过。

初八日庚午(10月27日)　晴。壬叔订明日登飞霞阁。

---

①　轻盈:原作"娇娆"。

②　教:原作"看"。

③　记:原作"与"。

初九日辛未（10月28日） 阴，晚雨。午登飞霞阁，缦云、啸山、壬叔、琴川、亮甫诸君先在，养泉为主人，余以明日将往徐州，当还束装，不及同持螯而行。还过梅生，谒辞李宫保。

初十日壬申（10月29日） 晴。舍弟晓出仪凤门，还六合。余午出水西门，登舟行，及下关，遇仙舫亦登舟查盐，遂同行至燕子矶泊。登岸步月，甚佳。舍弟属经宿迁告兴石，问云淡人在六合事迹，地方欲请名宦，闻其事实底稿在陈又良处，又良不知所在，请以缄速之，或有别稿，另寄一分亦可。

十一日癸酉（10月30日） 晴。顺风行二百里许，至扬州城东关外泊。

十二日甲戌（10月31日） 入城访李雨亭方伯及欧阳勉叟、何廉舫。又看刘咏如病。与赵惠甫、方仲舫同晚饭勉叟许。雨亭言见相国时，为浑说盐政有骤议更张数事，未便禀于中堂，而禀诤于宫保，皆止而未行矣。与勉叟言及宜请中堂引出韩南溪练北方兵将，极以为然。同坐有童君，极言太湖厅山水之胜，颇神往其间，近翟让溪已授厅事，足以送（考）［老］矣。

十三日乙亥（11月1日） 雨亭邀过早饭，以食物二苞属携致湘乡公。且言李军门谓其遣招降张捻，已禀过中堂，而招之不应，惟已有二捻来扬城，则不知所谓。复过勉叟谈，闻仙舫已遽撤下关查盐差委，而委吴某。

十四日丙子（11月2日） 晴。开行三十里，出仙女镇，访王太素，则晨已入城矣。小坐遂行，溯二十里邵伯镇泊。

十五日丁丑（11月3日） 晴。行六十六里，过高邮州城西，又六十里界首泊。

十六日戊寅（11月4日） 晴。行六十里过宝应县城南，又二十三里柘家湾泊，宝应城地卑于运河可丈余。

十七日己卯（11月5日） 未明雨，晓止，阴。行△十里过淮安府城西门外泊。

十八日庚辰(11月6日) 晴。食后谒吴漕帅棠，问胡竹村先生《仪礼义疏》，谓版在此，未印。俟寻出旧印者，当并新刊《小学近思录》见惠。遂访丁俭卿晏丈乞其著述，许还时检其全相付。俭翁言初十日奉到廷寄，命少荃宫保往河南，仲仙漕帅督两江，禹生都转署苏抚，雨亭方伯署漕帅，两江局面又一大更动也。又访高北平均儒，在坐识颜夏廷培瑚、章△△仪林两观察、陈庆云国瑞军门。闻钱子密将至，坐以待之，章君为军门具饮馔，遂同饭，子密果至，少谈即同出。北平约会谈于舟中。子密言徐州道路，清江过坝舟行，可远去州三十里之周山头，否则水至宿迁，登陆二日可达徐。至清江当问总司转运之吴紫湄世熊观察，得米船之便尤善也。徐州兵力渐厚，捻来可以无虑。薄晚北平相看，又同谈于子密舟中，晤薛季怀世兄。还，检途间所获零星书卷蒲包之，作字寄绳儿，乞密公付之。

十九日辛巳(11月7日) 立冬，酉初三。晴。行三十里至清河县东门外泊，访吴紫湄，托其为寻便船，紫湄即以舟赠行。而漕帅已遣差官为封雇一船往周山头，不可却，遂却紫湄船。

二十日壬午(11月8日) 晓晴，午阴，风寒。紫湄遣舁夫来起载，送过坝，遂过别。出城陆行廿里许，二坝登舟，行三十五里三场泊。

二十一日癸未(11月9日) 晴。行三十五里过桃源县北，又百一十里宿迁县中渡口泊。口在县东关外。作字谢吴漕帅。

二十二日甲申(11月10日) 晴。食后登岸入城，访包兴石县令家丞，托其驿寄漕帅书，且询前六合令云澹人先生事迹，属其寄舍弟，遂同中饭，乃还舟，行五十里皂河泊。

《立冬出清河城度坝登舟，溯运河经桃源，有怀杏农》

北出清河城，触目与南异。人情换轻扬，物态蕴朴挚。扬徐共淮海，今古判气味。徒河沙茫茫，漕渎光泌泌。立冬快晴朗，黄袴溯轻利。顺风无峻溜,曲岸有幽邃①。柳塍纡半青,芦舍漫不次。轶尘送鹰隼,接柂狎凫鹙。支离风尘间,漫诞沧洲意。桃源百里近,雉堞(烟际出)[出烟际]。故人邀商洛,暮色引遐思。

二十三日乙酉(11 月 11 日)　晴,午后阴。行四十里瑶湾,六十里滩上泊,东去邳州十八里,此东三里沙家口分小水,至邳三十里,陆去亦十八里。昨日闻捻及沛,今日闻捻及梁山。

《自皂河至邳州郭外沙口,溯急溜百里甚速,期明日停舟访下邳诸古迹,阻雨不果》

轻篙回曲港,饱帆争急流。波光莹迭岸,林影递危楼。长年酣白日,百里见邳州②。冒进几通达,穷深费稽钩。萦心即有制,称意乃无求。圯上逸子房,素书宁豫谋。下相勃项羽,霸气剽难留。严惮法律伸,翼起经术修。铿铿彼二子,倏倏亦千秋。遗迹倘未湮,流风定存不。夜雨搅客思,古怀阻穷搜。悠悠信行迈,书以待归舟。

二十四日丙戌(11 月 12 日)　雨。行四十七里黄家庄,入山东峄山县界,三里上台庄闸泊。

二十五日丁亥(11 月 13 日)　半阴晴。连上下八闸,行八十三里韩庄闸泊,仍峄县境。

《入峄县境,自台庄以西至韩庄八十余里曰下八闸,皆浅峣难上,而诸峰起伏不断》

台庄凌晓风,空翠来不断。连山递迎送,向客若近远。最爱云际峰,迢然意无限。我舟西北来,尘色复平衍。缘延下八闸,石濑弥激浅。千艘疲转漕,孤艇蓦飞挽。峄属定几重,清泗相媚婉。客心正纡郁,鹢首劳缱绻。秦碑野火后,千载付遐昤。焉知斯臣文,不共碧霞榱。持酒谢山光,勤当剔苍藓。

廿六日戊子(11 月 14 日)　阴。行三里许,入滕县境,三十二里

---

①　幽邃:原作"远势"。
②　百里见:原作"一笑指"。

依赤山泊,山当微山湖东口,仍滕县境。

《泊微山湖口望湖山》

撷湖三百里,横绝徐兖交。百汇西北津,万济东南艘。恬风启蓬壶,轩波郅函肴。郡捻淊已屡,一水不得骄。中原无广数,此浸亦足豪。湖山拔森爽,照眼如青瑶。百产在取携,兹山①能孕包。频年避乱人,千室自逍遥。居然桃源去,一往不可招。飘泊怀隐处,南枝鲜安集。安得二顷赀,山幽买林皋。烟波足雄长,理乱从昏朝②。

廿七日己丑(11月15日)　北风,阴雨。入湖西南行,转而南经滕、峄、铜山三县界,可七十余里,周家山头泊,风厉雨寒,不得领略湖景。

廿八日庚寅(11月16日)　大北风甚寒。畏行仍泊,遣人雇明往徐城驴夫。

廿九日辛卯(11月17日)　晴。登陆骑驴南行,可五十里许,晡时入徐州城,谒湘乡爵相,命与伯常、纯斋同住试院之东厢。在幕者李申甫、程伯敷、屠晋卿、刘开生,皆旧交,唯薛叔芸[福成]始相识,尤长算学。城中小戒严,捻尚在丰沛间,亦逼铜境。

十月初一日壬辰(11月18日)　晴。读湘乡前月十九折,谓李少荃往河洛无兵可带,李雨亭署漕督太骤,丁禹生署巡抚物望未孚、资格太浅。因陈庙堂黜陟赏罚,阃外不宜干预;军事进退缓急,朝廷不宜遥制,侃侃数百言,极剀切。奏入留中。闻方奉安山陵也。与申甫同往旧书肆,无所得。是日以携来新获善本书十二种呈湘乡公。半农《易说》、半农《礼说》、金氏《礼笺》、阎氏《尚书疏证》、邵氏《尔雅正义》、阮氏《曾子注》、任氏《弁服释例》、王氏《经传释词》、《韩诗外传注》、《法言》李注,李习之、皇甫持正、孙可之集,陶、谢诗集。

初二日癸巳(11月19日)　晴。识宋伟度[祖骏],玉庭先生侄也。

---

①　兹山:原作"一微"。

②　后两句原作:"署作此湖长,烟波送昏朝。"

初三日甲午(11月20日)　晴。闻捻窜萧县,欲西还。访计芾村于城南宾馆,得漕台得书。

初四日乙未(11月21日)　看普钦堂。晚饮相公许,申甫荐庖人为治具。闻捻在丰者,我兵击胜,已窜鱼台。

初五日丙申(11月22日)　霜晴。午饮芾村许。

初六日丁酉(11月23日)　阴,雾。申甫示《游泰山记》,言下视雷雨最奇观,山人能指雨所及何所与得之尺寸,惜我来迟,此游未得偕也。晚同申甫出,晡食烹狗,颇佳。

初七日戊戌(11月24日)　阴雨,夕乃止,见月。

初八日己亥(11月25日)　晴。张臬司鼎新报言初四日复在丰县与捻贼战胜,捻北窜,张急还趋济宁,捻走鱼台,恐当往曹、单一带。宋伟度言历城诸生金邦孚精于历算,年未四十,著书三十余种,贫苦无能振者,可念也。初四日廷寄至,亦不及此间前奏,但问军事云何。又不令鲍超往河南,伯常属还过扬州时问左卫街朱子点寓之吴芷生,索吴赞先所寄之严刻地图。

初九日庚子(11月26日)　晴。

初十日辛丑(11月27日)　晴。奏报数日来军情,各路皆迎剿获胜。

十一日壬寅(11月28日)　晴。湘乡公生日不受拜,而幕中诸人予午饮,亦创举也。

十二日癸卯(11月29日)　晴。晨拜张观察树声,看方元征及方素□鸿△、方兰樵德骥,又过李幼荃。食后偕伯常、莼斋出南门,登云龙山放亭,过范增墓,又登戏马台而还。罗懋堂先驻兵金陵南城楼,今又驻云龙,皆占胜处。得舍弟信。

十三日甲辰(11月30日)　晴。作字托贺云舫寄幼村。

十四日乙巳(12月1日)　阴。得张仙舫信,其盐关仍旧也。

十五日丙午(12月2日)　晴。作字寄舍弟及绳儿。又得绳儿信,知平安慕庭索书志盖及促为碑文,先为篆盖,付绳寄之。幼村遣人致书，莼斋问及，复作字寄幼村，言今岁不能往泗州，待明年矣。

　　十六日丁未(12月3日)　晴。闻扶沟我军获大胜。

　　十七日戊申(12月4日)　晴。

　　十八日己酉(12月5日)　晴。

　　十九日庚戌(12月6日)　晴。

　　二十日辛亥(12月7日)　晴暖。

　　廿一日壬子(12月8日)　晴。湘乡公为书先君墓表，友芝奉湘乡命书手卷并毕功，托方元征为寻归舟。伯常赠皋文《仪礼图》。

　　廿二日癸丑(12月9日)　阴。见廷寄，命两湖、两江、浙川为贵州助饷。过申夫早饭，识李宾言。

　　廿三日甲寅(12月10日)　晴。过申夫晚饭。乞李樾山锡光为作《影山草堂图》。署贵抚裕麟告病回旗。

　　廿四日乙卯(12月11日)　晴。伟度为题唐本《说文》长篇，甚纵横，作篆一纸报之。徐守部萩洲招饮。

　　廿五日丙辰(12月12日)　晴。幕下诸君子会饯于申夫所。袁子久舍人索唐本《说文》，以一册托伟度致之。

　　廿六日丁巳(12月13日)　阴雾，寒。龙蟠云伟言其解饷舟回空可坐，且为召船户来约以廿八登舟。

　　廿七日戊午(12月14日)　遍辞诸同好，阴寒欲雪。过粮台，索牛车，明日载行箧。

　　廿八日己未(12月15日)　阴寒，晨小雨旋止。叩辞湘乡公，公已付作就为恕皆、仙舫诸君所乞书，且为书"影山草堂"小横榜以引画卷。食后乘轿行十八里李家瓦房登舟，晚雨稍大。夜雨，欲访李宾言，道泞不果。

　　廿九日庚申(12月16日)　甚寒，雨寻止，大北风作雪。午后开头行十五里，梁山下泊。

　　三十日辛酉(12月17日)　雪三寸许。仍泊。

　　十一月初一日壬戌(12月18日)　小霁。行三十里，周家山头泊。

初二日癸亥(12月19日) 晴。打冰行十里许，午乃张帆乘顺风七十里渡微山湖，至赤山下泊。

初三日甲子(12月20日) 晴，午后阴。循赤山入运河，行百三十里顿庄泊。

初四日乙丑(12月21日) 阴。行百一十里滩上泊。

初五日丙寅(12月22日) 晴，冬至。行百一十里瑶湾泊。

初六日丁卯(12月23日) 晴寒。行七十里过宿迁县，访县宰包兴言，已公出未还，留字促其以云澹人六合官迹事实寄六合。将晚，船人倦行，遂泊。

初七日戊辰(12月24日) 晴。行百八十里杨庄兴顺河泊，即二坝上里许也。

初八日己巳(12月25日) 阴。遣人往清江看船，泊以待之。

初九日庚午(12月26日) 晴。乘轿过坝迁西观三闸，其头闸稍斗，二三闸则渐迤平，当水落时尚不及沅江中三等滩，而湖船极畏其艰险，盖习于东南平水耳。唯夏秋水涨时斗落丈余，乃不易上下。行可三十里许，入清县西门，遂谒谢吴仲仙漕宪，为致申甫所致书，仲翁以所著《读诗一得》及制举诗文，又以所刻《小学》《近思录》属致李雨亭。出候吴紫湄，乃登舟，仍过紫湄晚饮。

初十日辛未(12月27日) 晨起有雪寸许，遂霁，午后阴。行三十里过淮安府，入城访丁俭卿，索其所著已刻者十九种，其已定本未刻者尚二十余种，以所校《曹子建集》相示，用明十卷本以诸总集、类书及张溥本为之校雠，间附笺释，于陈思忠汉隐衷，发明透切，可谓功臣，是七十后所新成者。又言其所著《学榖》，自汉迄明，并引昔人论诸儒之语，或间附己意，申明一二，皆不自立说，盖亦有用之书。高伯坪许为之刻于浙中，伯坪前月已行，留赠余《吕氏童蒙训》《张杨园年谱》等六种，属俭老相致。俭老不许余即行，留晚饭。适日照许印林瀚之子至，以沂州《伏羲授经画象汉石》拓本致俭老，因乞得一纸，剧谈至二更乃还舟。俭老第三子叔居寿恒即过舟相看，以仿唐本《说文》属寄印林。叔居言南清河王献南琛丁酉拔贡,酷嗜金石,年五十九,曾假其仿唐《说文》去,未即还,因并致一本,叔居仲兄仲山寿祺官部郎者,己酉舍弟同年也。

十一日壬申(12月28日)　细雨竟日。行九十里,过宝应县四十里樊水泊。

十二日癸酉(12月29日)　雨。行八十里,高邮州泊。

十三日甲戌(12月30日)　阴。行六十六里,邵伯镇泊,以舟上帆叉笋铁坏,舟人修理二时许,食后乃开行。在邮城中搜旧籍,了无所有。

十四日乙亥(12月31日)　晴。行三十里,仙女庙泊,六闸子为盐船所占,我舟循月河下。

十五日丙子(1866年1月1日)　晴。将往兴化,已行十五里马桥,恐稽延,且不往,还指泰州道行九十里,泊北门外。

十六日丁丑(1月2日)　晴。访周子愉,子愉言今各省捐局唯皖局有部照,许三班指省。趋筹款为绳儿捐盐场一职,其盐大使须引见,易补缺,折价仅银四百六十二两,引见部费、免保举及资斧则别需六百两,盐知事折银仅一百八十八两八钱七分半,尚有免验看未计。即可到省,然不能补缺。外照费各六钱。遂访泰牧长云衢长康,索此州应津贴舍弟六合四五闰八十日款百四十两,总以尔时系前任捐帮,渠至八月始履任,不肯应,然则通、兴化亦前任者,殆亦相同,此事殆难即行矣。

十七日戊寅(1月3日)　晴。行七十里姜堰泊,薄晚欲雨。

十八日己卯(1月4日)　晴。行六十里海安镇,作字致东台大令许靖甫颂宣、盐城大令陈又桥荫培,遣仆王升将往,行三十二里蔡湾泊。

十九日庚辰(1月5日)　晴。行十三里如皋县,泊东门外,食后入城候李义琴振簧大令,访张子纲少尉及周子迪世兄、翟葆臣,遂于子迪所晚饭。

二十日辛巳(1月6日)　晴。行七十里白蒲镇,三十里三十里铺泊。

二十一日壬午(1月7日) 阴寒。行三十里通州,泊西门外,入城候梁小曙悦馨刺史,遂过布捐局看梁磐溪资桓知事。

二十二日癸未(1月8日) 晓雨,午雪至暮。

二十三日甲申(1月9日) 雪止,阴,午霁。过梁磐溪中饭,识其局中同事俞雅平麟年司马,又与雅平同赴小曙晚饮。

二十四日乙酉(1月10日) 晴。雅平相过,邀过其局晚饭,谓寒疝宜常食荔支,连核煎汤亦佳,背汗蒸湿宜健脾,或用黑豆皮煎汤常饮亦佳。又言孙敬亭观光大令寓仙镇之米捐局间壁,曾在上海收宋本书数十种,甚精好,过彼有暇,不妨一访观之。问捐局委员祝韵楼,知其住处。

二十五日丙戌(1月11日) 晴,午阴。

廿六日丁亥(1月12日) 行六十里,白蒲镇泊,晓晴,霜寒,有冰,午后阴。

廿七日戊子(1月13日) 晴。行七十里,如皋城外泊。

廿八日己丑(1月14日) 晴。入城访李羲琴、张子刚燧、翟葆臣、周子迪。作字寄绳。遂过羲琴晚饭,诸君即相过看。

廿九日庚寅(1月15日) 晴。过子迪晚饭。

三十日辛卯(1月16日) 晴。入城辞羲琴,催六合津贴。

十二月初一日壬辰(1月17日) 晴。羲琴遣以四、五[月]四十日津贴至,致字复之,更催其筹一月,待得乃行。

初二日癸巳(1月18日) 晴。午后羲琴乃遣以闰月津贴至,且馈十元,不许却,遂以开散包布书本诸欠①。移舟泊西门外。

初三日甲午(1月19日) 阴。行八十里鹊塘泊。

初四日乙未(1月20日) 晴。行七十五里唐湾泊。

初五日丙申(1月21日) 行二十里泰州北门外泊,家人王升昨

---

① 此指以李羲琴所赠十元付"散包布"中所购书欠款。

夜先至,以盐城、东台回文、津项缴入,盐津五十三两三钱,东台四十两,尚欠闰月,又少平二两。遂共携百五十两诣子愉捐局,为绳捐盐知事,指省两淮并免验看。捐知事,六百四十八两。加三班,三百五十一两,并一二五扣。共银一百廿四两八钱七分半。加指发,三百二十两。免验看,三百四十七两,并依旧一七扣。共一百十三两三钱九分,除兑曹平一百四十七两六钱四分因□平故。外,尚欠九十两零六钱二分半,又加平五两九钱六分,捐呈二千,院咨费八两。访长云衢,已出。

初六日丁酉(1月22日)　晴。更访云衢,以团扇及唐本《说文》致之,则以昨夜宜学使①过渡,覆舟落水且失印。使者已救出,又捞印连日夜,归而困睡,仍不得见,以欲问六合津贴有无耳。晚,云衢遣人送食物□费□至,并却之。

初七日戊戌(1月23日)　阴,午后雪。作字辞云衢□□,明日决行。至夕,云衢炳烛冒雪过舟中,言六合公事已驿复去,实不能为前任垫,垫必不还也。君肯留更一日,有缓急当为别筹,因为言子愉劝捐事,尚短百余金,许假百数而七十为票,付子愉,亦盛意也。

初八日己亥(1月24日)　雪将午乃止。午后云衢遣以假项及票来,遂以票致子愉买得归。回文②晚当更之,因雪未行。子愉言清江有淮北盐局曰……差可。

初九日庚子(1月25日)　霁。行八十三里大函子泊。

初十日辛丑(1月26日)　晴。行十里,仙女镇泊,遣仆买箱匣毡毯诸物。

十一日壬寅(1月27日)　晴。行五十里湾头泊。

十二日癸卯(1月28日)　晴,午阴。行十许里扬州,泊阙口门外,入城访筱岑、朱次典守谟、何廉舫栻。谒丁禹生都转。还过筱岑晚饭。夜雨。闻向伯常于前月中在徐州溢游,惊惋累日,此君文章政

---

①　指宜振。
②　回文:此当指六合县回文。

事在少年场中当为甲观,而孜孜好学,气力足以举之,可哀可惜。

十三日甲辰(1月29日)　大雨。丁都转考诸委员,邀往看,遂晚饭乃还。次典赠舟资,受之。

十四日乙巳(1月30日)　大雨。筱岑招晚饮。曾劼刚、尹和伯并自金陵来,劼刚言金陵内军械局所造火轮小船已试行,且以带长龙而下,此物中国人乃能自为,不借一毫鬼力,则群鬼夺气矣,可庆之至。

十五日丙午(1月31日)　大雨。与劼刚同过筱岑早饭,带小轮船之徐雪村寿、龚春海[之棠]亦至,此船即雪村主造,而为候火表者春海也。晚同劼刚饮禹生许。

十六日丁未(2月1日)　阴,小雨。禹生亦有赠,不许却。

十七日戊申(2月2日)　晓霁,午阴,薄晚雪。入城添买应用衣物。

十八日己酉(2月3日)　雪止。食后开行四十里,瓜洲泊。

十九日庚戌(2月4日)　立春,晴。阻风,仍泊,晚飞雪数点。

廿日辛亥(2月5日)　晴,阻风,仍泊。

廿一日壬子(2月6日)　晴。行七十里东沟泊,作字寄舍弟。

廿二日癸丑(2月7日)　晴。行七(日)[十]里燕子矶泊。及划子口,遣王升往六合。

廿三日甲寅(2月8日)　晴。行三十余里,登岸入汉西门,还坊口寓宅,经下关时晤李少白,言张仙舫病亟,晚饭后欲访之,则闻其比终矣。仙舫在徽劝捐,经手百数十万金,奖励加额,首尾分明。扶植诸弟,皆以科第显。在下关稽盐纲,不宽不苛,实心实力,年才五十二,极可惜。有冯卓凡三世兄来访,言舍七弟在汉镇同行,当即至。卓凡方补浙藩库大使。

廿四日乙卯(2月9日)　晴。辰吊仙舫,晤马雨农,尚寓其家,为料理诸身后事。还过雨农租寓,看其三弟及郎君柄常。食后谒李宫保,访陈作梅,遂同中饭,宫保谓机器厂所急在枪炮,而轮船为缓着，与湘乡意见小不同。又谓湘乡必欲即补祥芝一缺，颇费手。遂访李雨亭、庞省三、涂朗轩，皆不直。访李眉生、滕副戎嗣林、普钦堂。莼斋家遣人来言，遵义仅存城及禹门砦耳。

廿五日丙辰(2月10日)　雨亭、眉生、朗轩诸君见过。

廿六日丁巳(2月11日)　晴。周霁楼、赵伯庸见过。食后以联馔奠仙舫，其弟芝圃庶常端卿已自京至。马雨农见过，谓明日当移寓。

廿七日戊午(2月12日)　晴。王叶唐见过，言雨农请以明正二日行问名礼，聘小女维为其子柄常，二日嫌太促，为商定以十日。得舍六弟庭芝信，乃五月自安顺托寄者，渠署安顺郡校官，粗足糊口。有孙先甲已三岁，惟与遵义路不通，不知遵事云何，又言内侄孙夏增荣在云南已升知县。

廿八日己未(2月13日)　(明)[晴]。程亮斋见过，陈小江兆麟相访。午后贺雨农移寓，还访勒少仲，尚出差未归。晚过啸山、壬叔谈。何小宋信至，索作数纸书。

廿九日庚申(2月14日)　半晴阴。啸山、壬叔相过，壬叔言应敏斋在上海收得胡鼻山遗物，多古碑拓，来岁至彼，当一问之。

同治五年(1866)

丙寅岁次庚寅月

正月初一日辛酉(2月15日) 晴。出贺岁一日,惟见马雨农、曾栗诚、陈虎臣三人。晨,占得鼎卦,为舍祥弟占得巽卦,皆大吉。登飞霞阁。

初二日壬戌(2月16日) 晴。王叶唐见过,汪梅岑亦相过。

初三日癸亥(2月17日) 晴。访(陈)[程]亮斋于东北局。舍祥弟自六合至。

初四日甲子(2月18日) 晴。舍七弟瑶芝自家至。从去岁秋杪出门,盖百日外矣,其须发皆皓然,我亦丰胰非昔,皆为贫病,乃易衰如此。然自戊午春及今九年,仅得兄弟相聚开岁时,良大庆也。唐子访同来,亦老象,言张倩其烈、刘石于、王子尽皆已亡,其余亲旧盖死徙者十七八,地方积乱,又无人为料理,可叹可伤。王子孚相过,因付徐州所携义及行箧。

初五日乙丑(2月19日) 晴。丁雨生相访。夜访倪豹岑文蔚谈。

初六日丙寅(2月20日) 晴。答雨生拜。遂过周缦云、赵伯庸、周霁楼。普钦堂见过,欲以莼斋家来人属之从行,遂答看之。夜,小雨。

初七日丁卯(2月21日) 雨。王少崖自安庆来见过。

初八日戊辰(2月22日) 雨。程尚斋自江西来见过。

初九日己巳(2月23日) 雨。刘伯山相过。

初十日庚午(2月24日) 雪,唯午间少霁。马雨农以张芝圃端卿庶常、王叶唐锡桐刺史为冰人，为其子柄常聘小女维，纳币问庚。余招倪豹岑文蔚郎中、周霁楼际霖大令候之，且为答礼。

十一日辛未(2月25日)　答看少崖及豹岑、霁楼诸君。贺李眉生署徐海道，遂同午饭。

十二日壬申(2月26日)　阴。雨农晨来拜亲，约今日午携两弟会饮于其寓。夜，作字寄湘乡相公。

十三日癸酉(2月27日)　阴，小雨。舍九弟还六合，李云卿以午后自六合至。

十四日甲戌(2月28日)　阴。谒李宫保，晤章萩田仪林观察、李羲琴、李恕皆。恕皆七日自芜湖来，昨夜乃至，三君皆约即相过。夜访恕皆于雨农寓，方醉未醒。

十五日乙亥(3月1日)　阴。夜访恕皆谈，遂同晚饮，识其兄雨皆文泽学博，恕皆明日即行，雨皆尚有数日住，约数往还。

十六日丙子(3月2日)　阴雨。阮兰江、梁小曙相访。答看张芝圃、李少白，观二子诗卷，芝圃诗清圆近唐，少白古体能自树意，近宋人，皆滇中之秀也。

十七日丁丑(3月3日)　阴雨。晨过涂朗轩招早饭，遂答兰江、小曙。访陈卓人、刘伯山，不直。就李壬叔、张啸山谈。眉生相过，言将以廿五六往徐州，促为作书。

十八日戊寅(3月4日)　雨。眉生遣致食贶，受之。

十九日己卯(3月5日)　晴。黄琴川泾祥相访，言方自江北还，即当与眉生往徐州，索为题画。琴川，诗人，有清气，惜匆匆未得少聚，又将别矣。且言迩岁寓邵伯镇，镇有甘泉诸生丁鸡楼，收书颇富，可以分售，再至彼，当访之。

二十日庚辰(3月6日)　晴，午后阴。招雨农、雨皆、芝圃、少白过饮。

二十一日辛巳(3月7日)　阴。雨皆饷食具八事。黄晋高△△主簿相访，晚大雨。

二十二日壬午（3月8日） 阴。韦守斋招饮，庞省三相过。

廿三日癸未（3月9日） 晴。廖养泉过谈，彭宫保相访，为眉生、雨亭为书竟日。夜作字寄九弟。

廿四日甲申（3月10日） 七弟往六合。答拜彭宫保。送眉生行，则谓捻方下窜，中堂且未即移幕，已改期二月初五矣。答省三、琴川，皆不直，还过梅岑，谈少时。是日始识赵敬甫熙文，惠甫之兄也。雨农言彭恬舫为诹吉在二月廿二日。

廿五日乙酉（3月11日） 晴。招雨农、雨皆小饮。方存之自皖来见访，贺幼村泗州遣人将助奁物事至，又致《说文粹例》及唐碑二种。

廿六日丙戌（3月12日） 晴。芝圃、亮斋见过。壬叔、黄亮甫光国亦至，黄昌祺军门翼升、王小云德均知州并相访。小云方自沪至，言待一二日铁皮船至，携同往。

廿七日丁亥（3月13日） 晴。遣泗州人还，作字寄幼村。又作字寄舍弟，言马氏吉期在来月廿二，不能往六合衡文。雨皆方留此游览，令其遣人来迎之。韩赓扬殿甲镇军相访，赓扬留意制造于开花炮、洋枪，皆精心求得机括，去年管铁厂，与冯竹儒意见相左，遂请急，不欲即往。

廿八日戊子（3月14日） 晴。李勉林自祁门至，将往徐州，其遣撤诸军皆竣事，当总办八年来，报销其未经手者，殊大不易。姚访源靖戎参戎相访，少年颇英锐。唐鄂生去年九月绥定书来，并寄所刊《梦研斋遗集》及其记平黑窝盗与《杂感诗》，言其已请交卸，当入觐，如西道不通，或当由东，可相见。搜子尹著述，仅《仪礼私笺》、丧服、公食、大夫礼、士昏礼数篇。《郑学录》康成传注、年谱、弟子目、书目四种，未有名，黄子寿论题之。并诗、古文成本而已。记予昔勘过者，尚有《汗简笺》十余万言，乃未数及。岂知同未举以致鄂生耶？鄂生欲刊子尹遗著，且言拙编《黔诗纪略》亦当附刊，曾致书庭弟索本未得，复有言本在吾家中者仅少龙友，当遣索取钞副寄来。盖不知庭弟处是后录全本,而在家者乃初稿也。然果得初稿来,亦易为力也。邓伯昭十一月廿九信同至,言今春当暂还家,即东来。旧仆孔福亦有信,且寄蜀方伯新刊《牧令书》《保甲书》,当偕伯昭来。

廿九日己丑(3 月 15 日)　晴。答看张绍京、陈畹生、姚访源。遂过仪凤门答韩赓扬、王小云、冯吉云。就访李雅荃。还过勉林,谈少时。李宫保招同诸山长晚饮,示京师售书单子,中唯《史记》《文选》两宋本当善耳。

三十日庚寅(3 月 16 日)　晴,午阴,夜雨。约勉林晚饮,急于北行而止。周霁楼、赵伯庸过谈,遂留饮,伯庸明日将之句容,料理劝农。

二月初一日辛卯(3 月 17 日)　雨。雨农请期于是月廿二,豹岑、芝圃来将礼。方子听自苏来相过。

初二日壬辰(3 月 18 日)　与虎臣以帐烛寿李太夫人。

初三日癸巳(3 月 19 日)　阴,时有狂风。走制府拜李太夫人寿,遂留饮。出答桂实之。过桂香亭。舍弟遣人来迎李雨皆。

初四日甲午(3 月 20 日)　阴。送眉生行,倪镜帆以纯斋信及所致书来,看之。李仙根光节自蜀至,以邓伯昭信并所寄陈文恭手札、《庸吏庸言》等书及孔福寄禀来,仙根,上元诸生,能文善画,游食于蜀若干年,今始归。夜,作字寄舍弟。

初五日乙未(3 月 21 日)　阴。以舟送雨皆之六合。

初六日丙申(3 月 22 日)　雷雨竟日。仙舫家以是日开吊成主,为致赙视客。午间,雷击毙担柴者于南门内,其同行二人不知也。又击烧署皖南镇总兵官张治邦舟于绵花地,治邦及从行同舟二十余人俱毙,邻舟亦毙者二人,盖舟中火药然波及也,异哉。

初七日丁酉(3 月 23 日)　阴。彝儿附铁皮轮船之沪。

初八日戊戌(3 月 24 日)　晴。王雨轩自徐来相过。镜帆亦来。雨农晚过,言其家且当留住金陵一年,仅一人入京,可三月中行,当谋得善屋两院者同住,乃佳。

初九日己亥（3月25日）　晴。萧廉泉招同许仲弢、曾栗诚诸君午饮。

初十日庚子（3月26日）　晴。

十一日辛丑（3月27日）　晴。雨亭方伯招午饮，舍弟遣人来言莼斋已决计接眷，即遣张贵等走镇江坐轮船至汉口。夜，作字寄黎叔吉、椒园昆弟。

十二日壬寅（3月28日）　晴，晚阴。晨作字寄舍弟。

十三日癸卯（3月29日）　晴，晚阴欲雨。王太素来，相携过书肆，得明本《通鉴纪事本末》，尚可。

十四日甲辰（3月30日）　晴阴半。仲弢相过，索《庸吏庸言》去。

十五日乙巳（3月31日）　晴。过书肆，遇商城杨石卿铎刺史，谭久之。

十六日丙午（4月1日）　晴。朗轩招晚饮。

十七日丁未（4月2日）　晴。答拜仲弢，已行之镇江。

十八日戊申（4月3日）　晴。过琴西、石卿，石卿有桂未谷刻《娄寿》钩本，借携以还。又过李石芝△根谭。周子迪自如皋至，来访。

十九日己酉（4月4日）　阴，午雨，薄晚大雨。得彝儿上海来字，言八日开头，九日已至沪。曾劼刚自徐还，以莼斋信至，言接眷之举，相公问，已告之，其费三百，赠其二，留其一，待眉生筹之。夜，大雨彻晓。

二十日庚戌（4月5日）　大雨。作寿联寄寿雨皆太夫人。

二十一日辛亥（4月6日）　阴，巳后少霁。马氏诸媒妁以迓女物事来，诸朋好皆见贺，留午饮者四席。罢饮，遣送衾具于马氏。雨皆自六合来，将午始至，七弟亦至，皆在爪步阻大雨一日也。晚荐于祖考，率女叩辞，戒命之。

二十二日壬子（4月7日）　晴。巳刻，马氏来迎亲，遣绳儿夫妇送女。申初，马氏婿赍食馔来见。薄晚，雨皆来辞行，将以明日登舟还芜湖,其太夫[人]廿九寿日也。

廿三日[癸丑](4月8日) 雨。凌晨遣人送食馔果茶于女家,为见舅及家属之贽。周子迪、唐新泉、萧廉泉、黄晋高过午饮。

廿四日[甲寅](4月9日) 阴,晨有微雨。谒谢李宫保、李方伯。答城东南诸朋好拜,遂应雨农招饮。

廿五日[乙卯](4月10日) 晴。答拜城西北诸朋好。过劼刚、筱岑谈。

廿六日丙辰(4月11日) 晴。偕雨农饮张芝圃家。

廿七日丁巳(4月12日) 阴。

廿八日戊午(4月13日) 小雨竟日。

廿九日己未(4月14日) 晴。雨农、芝圃见过,走劼刚许,寿相公夫人。

三月初一日庚申(4月15日) 晴。

初二日辛酉(4月16日) 晴。过开生、壬叔。开生新自徐归,改糈台差遣。

初三日壬戌(4月17日) 晴。李小石文杏相访。筱岑、劼刚、栗诚、壬叔、伯山、开生诸君过饭。

初四日[癸亥](4月18日) 唐端甫仁寿、钱恒甫莹相访,端甫,海宁人,警石先生弟子最少者,长目录之学,他亦有家法。

初五日甲子(4月19日) 晴。雨农邀过妙相庵,梅林成阴,仅梨花、绣球各一树耳。

初六日乙丑(4月20日) 阴。陈小江、郝小峰[植松]大令相过,石卿亦来谈。作字寄子愉,子愉前月半后有字,并以皖抚军给绳赴盐院投到咨文来,至今日乃复之,月来之琐杂可知矣。

初七日丙寅(4月21日) 雨。

初八日丁卯(4月22日) 霁。

初九日戊辰(4月23日) 晴。

初十日己巳(4月24日) 阴,夜雨。金逸亭相过。

十一日庚午（**4月25日**）　雨。走黄军门许答逸亭，遂过看子密，并答端甫、恒甫。

十二日辛未（**4月26日**）　晴。向子坚自安庆来，言让溪、湘汀皆已归。

十三日壬申（**4月27日**）

十四日癸酉（**4月28日**）　晴。李勉林自济宁还，见过，谓至徐即偕湘乡相公出邹、滕，至兖州，谒孔林，乃至济宁。捻贼方东趋，闻初二日山东兵小挫，三日淮军乃获胜，相公在济宁，当有时月之驻，骤未往周家口也。

十五日甲戌（**4月29日**）　晴。霁楼、叶唐招偕雨农饮妙相庵，还看勉林。

十六日乙亥（**4月30日**）

十七日丙子（**5月1日**）　雨农议定典绫庄巷屋，邀偕住。奉李宫保委查苏省各属官书。

十八日丁丑（**5月2日**）

十九日戊寅（**5月3日**）　阴。偕琴西诸君看雨农典屋界畔，遂同过陈虎臣晚饮。

二十日己卯（**5月4日**）　晴。邓守之传密自安庆来，相过。自去岁三月尾在焦山、扬州小聚，匝一年矣。以所藏《石交图》相示，索题。图中戴笠像即其太翁完白先生，其科头倚杖者梅石居先生。石居长于完白二十许岁，交最笃，完白来金陵，即主石居之寄圃，在明瓦廊。此画中景即寄园也，乃乾隆末所作。湘乡相公以完白翁本字石如，以字行，为题曰"石交图"。图后石居之孙曾亮有题句云："先生寄圃数徜徉，童稚追随阿祖旁。世事云烟人老大，披图犹记古唐装。"图中二鹤，即完白物，寄养圃中数年。后完伯妻没，而雌鹤死。又以雄鹤寄养怀宁城北之清凉庵，为安庆守持去，完白游归，乃作书索归，世所传《寄鹤书》是也。比完白没，而此鹤亦死。守之见壁间悬李申耆先生为天香老人书四纸，谓是嘉庆己卯为之乞得者，验末署年，果然。天香,其表兄也,因为记缘起于纸尾。

二十一日庚辰(**5月5日**) 晴。守之相过,同访琴西,见案头《吕晚村家训》手迹刻本一册,其行书亦大佳,是上海道应敏斋宝时物,其珍惜之。徐述之绍祖自扬来相过。

二十二日辛巳(**5月6日**) 立夏,晴。守之以孙雪居、李复堂两大帧来为题检。

二十三日壬午(**5月7日**) 晴。答守之、述之,遇薛慰农太守,遂同过雨农早饭。日入有数点雨,慰农来访。

二十四日癸未(**5月8日**) 晴。答慰农,过伯庸。午热甚,云起欲雨。晚过雨农,言其新典寓宅,张又堂约来分住,我可免移家之劳矣。

廿五日甲申(**5月9日**) 阴,有数点雨。庞省三将往瓜埠,促作字与舍弟,即答之。还过石芝、太素。

廿六日乙酉(**5月10日**) 阴,时有数点雨。谒李宫保,遂过陈少舫、李少石、蒋莼卿、江待园。雨农晚过,言已定期初二行。缪祐孙自蜀至,绳妇弟也。

廿七日丙戌(**5月11日**) 晴。陶鹤汀相过。

廿八日丁亥(**5月12日**) 晴。亮斋来言,子愉有女,年与科侄相当,属与舍弟商,倩人执柯。

廿九日戊子(**5月13日**) 晴。招雨农、子密、芝圃饮饯述,缪稚祐孙、徐述之并至。豹岑来看雨农,遂同饮。作字寄丁都转,且为寿母联寄之。

四月初一日己丑(**5月14日**) 阴。视雨农行。

初二日庚寅(**5月15日**) 小雨。送雨农登舟,绳儿从之,往扬州投到。还答陶鹤汀,看琴西、海晴、亮斋。晚,雨农下关字至。

《送马雨农读学还朝三十韵》

翰林据清华,超然紫霄籍。声光照寰宇,擩染重竹帛。异等无定途,兼材必精核。深源从挹注,肆应靡持择。覆载所不周,弥缝了无迹。胡然①玉堂选,别有金壶格。滥如齐门竽,秘倚兔园册。剪罗斗花鸟,酽桂咀砂砾。实事听冥茫,虚闻且烜赫。因循成诟病,渐渍匪旦夕。军兴数公起,此蔽乃稍革。颜、牧复禁中,英迈薄古昔。识君提皖学,百废勤手辟。并江漫旆垒,毛盗尚充斥。名城弃虽还,礼教莽犹隔。满持时雨化,涤若冻涂释。翩鸮好音换,猗兰[总]芳溢。惜哉条理始,替以苦块迫。岂不来者师,那究无穷泽。时事犹艰虞,边防待吁画②。顾盼惜③斧柯,羁危练疆场。及今还使传,清问得前席。安危曷终始,披陈罄肝膈。乡关邈坤维,兵气漫井络。江安绊姻旧,出处等寄客。看君经世手,亟了济时责。何当薄四海,一日返安宅。金④坡[恢]壮猷,太常耿名绩。眈叟老不降,雅颂犹能作。

　　初三日辛卯(5月16日)　晴。镶蓝满州赫舍里凯臣隆山驻防理事同知相访,谓其兄丰山乐亭乃辛卯同岁。贺笏臣、△△△、孙海晴、洪琴西并相过。

　　初四日壬辰(5月17日)　晓晴,午阴雨,夜大雨。

　　初五日癸巳(5月18日)　雨止,午霁。答凯臣、笏臣。送子密行。遂过琴西,见上月廿一两奏,剿捻诸军果在曹、郓间小失利。

　　初六日甲午(5月19日)　晴。

　　初七日乙未(5月20日)　晴。绳自扬州至,言初四抵扬州,即投到注册。雨农六日开行,禹生令其同来金陵。(陈)[程]尚斋观察相访,自江西来署两淮运司也,以慕庭信件并新刻石甫先生志来,盖尚未刻,索寄。盖自徐寄一纸,未至也。杨△△相访,丽

---

　　①　然:原作"为"。
　　②　此处删去一韵:"十年奋诛讨,乱首未全磔。"另按:本首诗中方括内字日记中无,据刻本《邵亭遗诗》补。
　　③　惜:原作"思"。
　　④　金:原作"銮"。

江人。

初八日丙申（5月21日）　晴。晨答尚斋，还，禹生相过，遂走答之，并答……

初九日丁酉（5月22日）　阴，晚雨。开捻已窜及宿迁、桃源境。

初十日戊戌（5月23日）　雨。尚斋受都转印，贺之。送禹生，则已行矣。邓守之自毗陵还，持《寄鹤书》拓本相视，其所寄乃仅孤鹤矣。本得之京口袁氏，寄集贤关时，字曰佛奴。倪豹存见过。

十一日己亥（5月24日）　晴热。

十二日庚子（5月25日）　晴热。遣绳从尚斋往扬州。午雨，晚风雨，夜大雨。

十三日辛丑（5月26日）　阴凉，晚雨。

十四日壬寅（5月27日）

十五日癸卯（5月28日）

十六日甲辰（5月29日）

十七日乙巳（5月30日）　阴。

十八日丙午（5月31日）　晴。作字寄慕庭，晚风，有数点雨。

十九日丁未（6月1日）　晴。舍九弟自六合来，乞交卸。

二十日戊申（6月2日）　晴。

廿一日己酉（6月3日）　晴。得绳扬州十七信。

廿二日庚戌（6月4日）　晴。得彝上海十七信，以元刻《通鉴》一函来，乃明修板嘉靖时印，殊不快目也。舍弟午后登舟还六合。夜，作字寄彝。

廿三日辛亥（6月5日）　晴热，入夜大雨。得绳十五、廿一扬州两信。又得易云畹四月初二信，中有石襄臣方伯二月廿九信，云畹谓李次青出任兵事援黔，此君治兵非所长，襄臣谓年已六十二，亟请开缺不得，刻下兆宝岩廉访升贵州布政，奉命带勇剿黔匪，李次青廉访亦带勇援黔，一切转馈皆取给于楚，不能不勉强支持，以冀乡里之平。王太素、李焕亭宗炳、刘开生见过。

廿四日壬子(**6 月 6 日**)

廿五日癸丑(**6 月 7 日**)

廿六日甲寅(**6 月 8 日**)　晴。

廿七日乙卯(**6 月 9 日**)　晴。

廿八日丙辰(**6 月 10 日**)　晴。

廿九日丁巳(**6 月 11 日**)　晴热。

三十日戊午(**6 月 12 日**)　雨。

五月初一日己未(6 月 13 日)　雨。得舍弟信。又得景剑泉读学来信,言云贵军务无人办理,京中议请简乡绅望重者为团练大臣,专司其事。云南则太仆寺卿刘昆蕴斋,贵州则剑泉。拟有奏稿致曾湘乡料理,窃意二君久于京官,恐乡里间事亦大难措手也。

初二日庚申(6 月 14 日)　阴,小雨。李麓乔兴巨、黄△△△△、程仲翔德相访。

初三日辛酉(6 月 15 日)　晴。晨过清凉山,登翠微亭骋望,山足僧结屋三间,犹收得纯庙御笔翠微亭圖。还过飞霞阁,廖养泉已出,案头有旧砖文曰仓凌,又一砖曰绍定四年,皆在城北新得者。食后,答李、黄、程三君,皆不直。童际庭埏观察见访,去年十一月上旬在清江吴紫湄坐中识之,即至此主办报销局。

初四日壬戌(6 月 16 日)　晴,午阴,闷热欲雨。李麓乔相过,以勉林信来,言何小宋方伯四月中已往湖北,此番坐海马,两日半自镇江抵皖固速,然亦恍然于捷径之不必由也。得绳初一来信,言其前月廿八已考过,方拟请假,适奉解金陵饷之委,节前后可到也。

初五日癸亥(6 月 17 日)　半阴晴。申刻,绳儿至,言此来已请少假,且可不往维阳。

初六日甲子(6 月 18 日)　晴。过书局看啸山新至。左仲敏桢相访,啸山亦过谈,且以云间尹冰叔鋆德《征刻名山文选启》来索,老辈,或相识,未传文诗。胡△△△△△以纯斋信来。夜,作字寄舍弟。

初七日乙丑(6 月 19 日)　晴。答际庭、麓桥、仲敏,与其兄孟星枢谈少时。勒少仲署苏桌,辞行,送之。

初八日丙寅(6月20日) 晴热。李恕皆遣人以书致少仲,言皖抚奉旨,庐凤颍道李文森仍由该抚查看具奏,不知何事必先得有下考字样,又不知云何自省,寔无过举云云。闻恕皆所历皆有贤声,而计吏者乃尔,宦场之无黑白,大概可见矣。

初九日丁卯(6月21日) 晴,午阴闷热。左孟星相过。夜,作字寄恕皆。夜,大雨彻晓。

初十日戊辰(6月22日) 夏至,大雨,午后乃止。王太素、李焕亭、赵敬甫、左孟星、仲敏过饭。

十一日己巳(6月23日) 晴。

十二日庚午(6月24日) 半阴晴。闻恕皆送部引见。

十三日辛未(6月25日) 半阴晴。舍弟遣信至,夜作字寄之。

十四日壬申(6月26日) 半雨半晴。

十五日癸酉(6月27日) 晴雨半。

十六[日]甲戌(6月28日) 晴。

十七[日]乙亥(6月29日) 晴。

十八日丙子(6月30日) 晴雨半,夜雨,大风。

十九日丁丑(7月1日) 风雨。

二十日戊寅(7月2日)

二十一日己卯(7月3日) 晴。黄少昆相访。

二十二日庚辰(7月4日) 晴热欲雨。孙海晴招饮曾靖毅祠中,与少昆还过其寓谈,少昆谓其乡人冯此山处士学书数十年,选刻所书若干卷,乞为作跋。

二十三日辛巳(7月5日) 晴热欲雨。倪镜帆相过,言欲还中堂营。

二十四日壬午(7月6日) 半晴阴,热,午后时小雨。韩苕之相访,言方坐铁皮轮船来,以彝儿信,且请余坐此船往沪。少昆、海晴、亮斋、△△相过。夜,作字寄莼斋。

廿五日癸未(7月7日)　大雨,至午乃止。视镜帆行,作字寄湘乡公,兼言剑泉、恕皆事。

廿六日甲申(7月8日)　晴。谒宫保辞行,并辞诸相识,热甚。

廿七日乙酉(7月9日)　半晴雨。束装,诸同好相看。

廿八日丙戌(7月10日)　拟午间上铁皮轮船之沪,主者来请暂止,待明日。晚访杨石卿,石卿索《说文统系图》题咏,其在系者江式、颜之推,接踵者李阳冰、二徐、张有、吾邱衍也。

同治五年五月将为江南诸郡游,续完采访两阁全书公干,兼查核各儒学各书院官书兵后有无存留。适铁皮轮船至,彝儿请附乘先至沪。

廿九日丁亥(7月11日)　晴。黄少昆方伯索为冯此山《知白斋墨刻》作题跋,为书一纸。张啸山学博以校刊《史记》与周缦云侍御争所据本,属为书申疏之。大率明之王、柯、凌三本皆可据,唯当主其一,为之附校乃善耳。庞省三观察以其差船令乘,至下关泊,访陈松儒刺史,谈一时许。

六月初一日戊子(7月12日)　晴。食后登铁皮轮船,午正开行三百六十里泊,在江阴口上四十里。带船者张云溪国英总兵,同舟者海防同守严伯雅锡康,上海大令王莲塘宗濂、县丞黄子慎及李幼犀郎中福厚、曾仰皆大令广照、邵子安澜□。子安则云溪戚友,韩苾之参戎晋昌则解新制枪还者也。仰皆、伯雅颇论诗,仰皆专心于杜,伯雅诵一二章,亦清圆。

初二日己丑(7月13日)　晴。行百四十里至上海县城外虹口登岸,至机器制造总局,与彝儿同宿。食于冯竹儒焌光、郑玉轩藻如许,识沈品莲孝廉。访王小云刺史,冯沛兴主簿,皆旧识也。令彝作字寄家。天平轮船四日当行。

初三日庚寅(7月14日)　半晴阴。晨,索玉轩早饭,观铁厂制造二时许,遂入城访王莲塘,已出。遂访蒯蔗农德标、应敏斋宝时两观察及敏公之友蒋剑人敦复、戴礼庭丙荣,礼庭已出。遂至也是园住,园中为龙门书院,其邻曰蕊珠书院,主讲者万清轩斛泉国博,遂访之,谈半时许,兴国州之讲学者也。寓定,清轩即过谈。

初四日辛卯(7月15日) 晴,午后大雨。彝晨来。雨过乃出,孙子抡锡龄、张云溪、戴子安、王莲塘诸君并相看。蒯蔗农、戴礼庭亦见过。

初五日壬辰(7月16日) 半晴雨。严伯雅、曾仰皆、龚智轩矗休司马相看,蒋剑人亦见过。

初六日癸巳(7月17日) 晨雨。雨止,出访伯雅、仰皆、云溪及旧识贾芸樵都转、刘芝田廉访瑞芬、张西园铭坚观察、丁敬斋州牧△△、心斋、郑薇仙兴业。问秦澹如缃业,则方官浙江都转,沈雒宜宝禾则馆道署中,未及访。周濂珂湛清相访,芝田、西园亦见过。而西园不入。午后又雨,雨后过清轩谈。

初七日甲午(7月18日) 半晴雨。云樵相访。

初八日乙未(7月19日) 半晴。应敏斋、郑薇仙见过。

初九日丙申(7月20日) 晴。濂珂以《黄氏谱序》七纸来看,皆宋人迹也。

初十日丁酉(7月21日) 晴。礼庭赠《空同集》及《品外》①文。伯雅治具来,且约清轩、仰皆、钟子勤文烝孝廉、赖慧生△△大令同饮。子勤,嘉善人,主讲敬业,长经学,专治《谷梁》。慧生,漳州人,需次浙江,能诗,皆初识也。

十一日戊戌(7月22日) 晴。晨往肆中,见《曹全》剪裱本有碑阴者,尚可收。蒯虎臣光华相看。李幼墀偕彝儿来同早饭。薄晚,清轩来纵谈至月上。

十二日己亥(7月23日) 晴,甚热。蒋海珊堂郎中遣其子子振△锟来候,且求书,致其家刻《元遗山集注》,谓方病衄,愈当自来。曹海林树珊学博相候,年六十七矣,是院中董事举首也。申初出吊郁

① 指陈继儒《古文品外录》。

氏,见泰峰之孙务生本培及其犹子正卿熙绳,皆秀雅。遂过伯雅、子勤、云溪、濂珂、海林诸君,皆不直。因访沈雒宜于道署,直子勤、礼庭,谈少时乃还,彝儿来晚饭,遂出城。

十三日庚子(7月24日) 晴热,晚轻雷小雨。雒宜、云溪相过。

十四日辛丑(7月25日) 晓阴,午晴热。李紫峰自金陵来,言通州草场事尚无消息。

十五日壬寅(7月26日) 晴热。贾云阶履上,上海。明经、冯伯绅光勋,阳湖。庶常相访,郁正卿、何秋士、瑾,娄。蒋于石介,娄。相次过谈。尹冰叔鋆德,娄。以书来,致其《征刻名山文选序例》及旧著《正人心说》《读书约》,属为之征文。

十六日癸卯(7月27日) 晴。出阅城中及北门外书肆十许家,旧籍颇少,仅得元吴师道《国策注补正》,是罕见者,又有明(吴)[严]氏衍《通鉴补》数册写本,其补正之功甚精核,惜未得其全也。尹冰叔以唐本《说文》题诗来。清轩过谈,彝儿以鲜荔来同吃。

十七日甲辰(7月28日) 晴。幼节蒋生节相访,以何子贞手札属题,亦沪上俊秀好古者。

十八日乙巳(7月29日) 晴。

十九日丙午(7月30日) 晴。晚过清轩,因看秋士、冰叔。

二十日丁未(7月31日) 晴。

廿一日戊申(8月1日) 晴。沈韵初树镛舍人相访,言方自京出,曾在伯寅、子重许见《说文》残帙笺,索一本去,即还川沙。金眉生相过,言即行还嘉善①,尚须学范少伯,乃能为顾阿瑛也。又谓惠甫、筱岑俱在此。薄晚筱岑相过,彝亦自厂至,筱公方寻之买照像药。

廿二日己酉(8月2日) 晴。出城看筱岑、惠甫,皆已出。遂过蒋海珊父子谈,识汪谢城曰桢孝廉,云与啸山最旧,海珊有宋拓《北海

① 眉批:"眉生居嘉善城内县署东。"

叶有道碑》，借观数日。

廿三日庚戌(8月3日)　半阴晴，连日皆甚热。胡治卿教谕景星，太仓。相看，幼节来赍所刻"邵亭"一印，亦可用。

廿四日辛亥(8月4日)　晴热，午后雷雨。

廿五[日]壬子(8月5日)　晴阴半，薄晚大雨，即止。徐石史豫与幼节同来，以其家藏颜书《李玄(静)[靖]碑》南宋拓本来审定，是碑明中叶玉晨观火，裂碎成二十余块，此本仅少二十许字，即甚完者矣。徐生又言沈韵初新获唐《王洪范碑》，亦石久断亡者，仅有吴荷屋先生翻本耳。潘[同叔]崇福中书相访，谓明当以书数种来看。

廿六日癸丑(8月6日)　晴阴半，午大雨。瞿生敦礼以其家旧本书百余册相视，佳本固不少，而绝无要书。

廿七日甲寅(8月7日)　晴阴半，晚转轻雷，欲雨。

廿八日乙卯(8月8日)　晴。售得北监本前、后《汉》，尚可。清轩招午饭，同者龚智轩、曾仰斋。智轩又过谈一时许，谓直督刘映渠奏请调出韩南溪超练北兵，亦美举也。

廿九日丙辰(8月9日)　晴。出城至虹口制造局，看竹儒、玉轩诸君，还过画锦里二、三马路搜书肆，剑光阁尚有旧本一二。

七月初一日丁巳(8月10日)　晴。应观察招过晚饭，见郭筠仙与左高叟书，甚忿骂。

初二日戊午(8月11日)　晴。开志局于南园，官绅来会议，与清轩皆辞不与饮，就清作半日谈。冯价庵观察礼藩相访，即在清轩许见之，价公，菽云旧好，持正有为者也。

初三日己未(8月12日)　汪重光开第县丞相访，蒯虎臣亦见过。彝儿来言，当请假还金陵省母，今日酉初下船，明日辰开，往还不过十日耳。张旭之煊、徐尔康定邦来候。

初四日庚申(8月13日)　出伏。晴，热甚。彝儿谓今日巳刻方开行。

初五日辛酉(8月14日)　晴，热甚。得舍弟前月廿六信并李恕皆信,恕皆修复芜湖中江书院成,院创自黔西李尚书,恭勤公为观察时,问其官谥,已为记,待填入刊石,即当北上也。作字寄舍弟及恕皆。

初六日壬戌(8月15日)　晴,晚阴,夜大风,稍凉,盖近处有雨也。董味青念芬,秀水。同冰叔、秋士来访,且以所画梅纨扇并二幅相赠,画品颇清逸。

初七日癸亥(8月16日)　晓阴,午晴,暮轻雷小雨,始有秋意。黄子慎安谨、钟子勤、周濂珂、曾仰皆相过谈。应观察属书颜黄门《檃括世务》六则,乘凉为之。晚过清轩谈。

初八日甲子(8月17日)　晴。作隶书二纸,留龙门讲舍,一写张子《克斋铭》,一写朱子《敬义斋铭》。

初九日乙丑(8月18日)　晓晴,午后阴,轻雷欲雨。海珊遣以《南浔志》相惠,附《涟漪文钞》,汪谢城所编也。应观察相过,属作礼乐器款识字。

初十日丙寅(8月19日)　晓晴,午雨,晚复晴。晨访丁△△顺、张西园、刘芝田,皆不直。答子慎、子勤,子慎有小圃,甚野意,子勤言其《谷梁说经》三十年已脱稿,尚欲自写删一通,遂同过曾仰皆中饭。访礼庭于道署,问其未入而止,比还,礼庭乃适见访,相左。

十一日丁卯(8月20日)　晴。汪谢城曰桢,壬子,浙。孝廉见访,问其所著《史志日月考》,云已成,可五十余册,犹有辽金元未编出,然《长历》十二册各用当时历法推验,大纲举矣。宜先以《长历》付刻也。芝田以黄石斋先生所书直幅相示。清轩过夜谈。

十二日戊辰(8月21日)　晴。录芝田藏黄石斋先生书草隶直幅于《经眼》卷中,即归之。张西园见访。

十三日己巳(8月22日)　晴热。郑薇仙相过。

十四日庚午(8月23日)　晴热。

十五日辛未(8月24日)　晴。彝儿昨夜已自金陵还,晓入城来同食。张西园邀午饮,坐定,大雨,逾二时,雨少止,乃还。坐中识吴廉甫太守,芜湖,己酉选。庆子柔庶常[锡荣]。彝阻雨不能出城,遂留宿。谓初八始入城，十二即仍还舟，家中老小都无恙也。幼节为刻名印，亦可用。

十六日壬申(8月25日)　晴，午雨，夜凉。吴廉甫相看。蒋子振来订十九过之。

十七日癸酉(8月26日)　晓晴，午雨，寻止。刘芝田招午饭。遂答廉甫。彝今晨当入城，过午不至，何也。彝寻来，乃阻雨。

十八日甲戌(8月27日)　晴，午雨，即止，夜骤凉。作字寄崇明尹王翘初，冯介安见访。

十九日乙亥(8月28日)　半晴阴。蒋海珊招午饮，观所藏《红兰联咏图》，乃△△△、钮非石、袁寿，皆吴谷人……诸老迹也。又观汪谢城所撰诸史《长历》。海珊案头有《黄山谷外集注》十七卷，是明修宋淳熙本，史季温刻于闽宪之本，惜少内、别两集。饮罢，同戴礼庭过所寓谈。又答介安，不直。

二十日丙子(8月29日)　半晴阴。董味青来访。剑光阁书肆华春江来，言此间有官书初印桃花纸者十六部。《廿四史》、《九通》、《类函》、《韵府》、《骈字》、《全唐诗》之等。皆来自海淀者。英夷庚申秋所得，今在龚孝恭家。又有元本《通鉴》、汪本《两汉》，在苏州可访求。

二十一日丁丑(8月30日)　半晴阴。黄子慎招饮，辞之。张云溪相过，言办捻若用杜小舫、金眉生招抚，而用李世忠剿办，而以丁禹生消息其间，必有善法，亦可存一说也。礼庭以吴平斋信相示，问鄙人近在沪否。殷拳之甚，属至阊门必专访之。平斋寓吴署东金太史场，新居甚佳。肆中以十二子来看，乃万历四五年间所刻之《子汇》，儒家有《鬻子》《晏子》《孔丛》《新语》《贾子》《申鉴》、皮日休《隐书》等七种；道家仅有谭子《化书》而题云第九；名家有《邓析子》《尹文子》《公孙龙子》；题云名家二三。法家有《慎子》；纵横家有《鬼谷子》，各题云一。不知此外更有若干种也。道家即少八种。

二十二日戊寅(8月31日)　半阴晴。

二十三日己卯(9月1日)　云溪招午饮。

廿四日庚辰(9月2日) 晴。彝儿来,晤蒋子振。

廿五日辛巳(9月3日) 晴。冯介安招午饭,遂过肆中看旧书,有元本《中州集》,小字甚佳。

廿六日壬午(9月4日) 自昨夜丑寅雨,天明乃止,晚又雨。王莲塘、蒋剑人相过。

廿七日癸未(9月5日) 晴。

廿八日甲申(9月6日) 晴。贺应观察加臬衔。遂与礼庭、剑人谈久之,出而腹痛甚,不能晚饭,彝儿来饭,即出城,揉腹或温熨,至三更乃睡去,一时许起而便,旋乃痛已。

廿九日乙酉(9月7日) 风雨。宗湘文源瀚太守相访,以前日在介公处晤且索书也,忆在安庆时金眉生曾剧称其才。

三十日丙戌(9月8日) 阴,时有小雨。王莲塘招饮,因先过赵氏观书,殊乏精本。

八月初一日丁亥(9月9日) 晴。幼节、子振、虎臣、仰蘧、茋之并相看,彝亦晨来。

初二日[戊子](9月10日) 晴。华亭诸生蒋确挚所画梅并题诗来见,请为门弟子,蒋幼节为之介。确本名介,字于石,新更名字叔坚。夜,清轩过谈。

初三日(戊子)[己丑](9月11日) 大雨。礼庭持建初《大吉地券》来观,是其乡人寄售者,留之,酬雠以一元。龚智轩自浙归,相过,言孙琴西相问,其所主紫阳讲有高台,一面望钱唐江,一面望西湖,皆尽其胜,惜骤未能往也。

初四日(己丑)[庚寅](9月12日) 霁。礼庭致兰雪吴先师《香苏山馆诗钞》。彝儿来视,本约今日出城至外虹口,以未有仆从行也。薄晚,礼庭荐其旧仆方永来。

初五日(庚寅)[辛卯](9月13日) 半阴晴。幼节、叔坚、子振及其弟词仙先后至,子振以其六叔旧收《泰山秦刻廿九字本》来审定,是孙白渊赠严铁桥物,有"桥""铁"篆书题记。署水利厅许子若检身大令乞书,言其堂兄立身有谱谊。①

初六日(辛卯)[壬辰](9月14日)　晴,风。晨出城,至虹口访竹儒、品莲、玉轩诸君,适有日本来观吾厂者四人,以笔谈,极推吾厂已能制洋枪,盖其国犹未能也。斗室之中有东极西极岛民与中土人对语,亦仅有之事。为竹儒篆书渊明"虚室绝尘想,良晨入奇怀",曰上句作求志观,下句作达道观,乃壮阔矣。还辞谢应观察,出。访濂珂,不直。

初七日[癸巳](9月15日)　晴。应观察来送行,周莲珂相过且赠食物,郑玉轩过谈久之。

初八日[甲午](9月16日)　晴。遍走诸相识辞行,唯见戴礼庭、蒋海珊、汪谢城、严伯雅、刘芝田、胡恭寿、张云溪、钟子勤、曾仰皆,余皆不直。托芝田为雇无锡快,芝田寻相过,言快船当限以【以】三日得。冯竹儒来相看。

初九日乙未(9月17日)　晴。诸同好来相看,金眉生自嘉兴来,言将往江北。冯礼翁馈食物、茶、纸。郑薇仙、蒋叔坚亦馈食物。雇小船一,每日八百文,濂珂为买得《黄氏谱跋》数纸,中有蔡西山、张南轩、汪澈、文信国四家,濂珂分西山一纸及西山答授……勅钞一纸去。

初十日丙申(9月18日)　晴。沈品莲相过。竹儒、品莲、玉轩遣以酒食相饷,招清轩、云阶同饮。

十一日丁酉(9月19日)　晴。将登舟,适郁氏遣以书样廿余册来看,中有桃花纸十七史绝佳,他可选经籍尚十余种,且留议价,为舍弟买之。云阶、海林就园中置酒同饮。

十二日戊戌(9月20日)　晴。新买定诸经史,借资于蒯蔗农观察雠之,视小儿检理入箱,至二更乃毕。

---

① 眉批:"《通鉴》少八七册二百六十一至六十三,八九册二百六十七之六八、六九。"

十三日己亥(**9 月 21 日**)　晴。朝食后出大东门,登舟,小儿以剥船载新购五大箱书存制造局,待寄金陵,复来舟中别,竹儒致洋纸三十五丁。

十四日庚子(**9 月 22 日**)　阴。食后【东】乘东北风入泖河口,行九十里松江府西门外泊。

十五日辛丑(**9 月 23 日**)　晴,午有小雨,复霁。松人以是日为东岳会,舁神巡街,甚喧阗。作字寄李宫保及李雨亭方伯,又作字寄绳儿。

十六日壬寅(**9 月 24 日**)　晴。午候李薇生铭皖,乙未,庚子。太守,运司衔,河南夏邑人。言宫保早有行知,已知当来。又访华亭大令厉慕韩、学潮,宁波。娄县大令张古虞,泽仁,丰润人。皆不直。古虞寻登舟见答,谈久之,在近日官场中,颇务实际,矫矫自异者。

十七日癸卯(**9 月 25 日**)　晴。薇生太守、慕韩大令相次见答,各谈久之,乃去。太守自刑部出,言曾湘乡为侍郎时,凡以公事接见司官,必究其人实际所在,当尔时留心人才如此,在京朝大[臣]中所未见也。慕韩言补官书之举,当用官绅各捐书一二部之法,即用何人捐置何书著册,此间劝捐大难也。且捐书又无经手侵蚀之弊。

十八日甲辰(**9 月 26 日**)　晴。薇生太守招午饮,因走府县辞行,明日可至青浦,遂赴薇公饮,月上乃还舟。

十九日乙巳(**9 月 27 日**)　晴。食后棹舟西北行,五十里青浦县南门外泊,未至廿里许,有数山横亘……山也。

二十日丙午(**9 月 28 日**)　晴。食后访青浦大令唐蕉庵翰题,适已入省,城中荒凉无闹市,无可寻求,午后遂开船,北行三十六里泊。夜作字寄应、冯两观察及戴礼庭,将以明日至太仓寄。

廿一日丁未(**9 月 29 日**)　晴阴半,北风。逆行五十四里,薄晚乃抵太仓州南门外泊。

廿二日戊申(**9 月 30 日**)　晴。泊。午后访方麟轩传书州牧,适已入省。访李一山葶馨,颖州。大令。镇洋。出搜书摊,有《平播全书》

五厚册，售以归，惜仅奏疏一至五，五卷，至露布、叙功而止，犹未及善后事。此书十五卷见《四库全书存目》，此后尚缺十卷，其第六卷盖犹是奏疏，其叙用兵节目自较史传为详，惜道光中撰《遵郡志》未得见也。作字寄严伯雅、王莲塘、万清轩，将以明日寄。夜，作字留致方麟轩。

廿三日己酉（10 月 1 日）　晴。行四十里昆山县西门外泊，入城访新阳大令钱介甫，以銮，仁和。方料理漕务，今岁当丰收也，谓昨减赋之议，苏、松、太减三之一，常郡减十之一，减之中亦就其科则重轻参差，以为多寡。即如昆、新科则有亩三升几合以至亩一斗几升者，凡四十几等之不齐，乱后陆续垦荒，人力不济，今年颇远券善农为助，荒者犹十三也。城中合两县才四百余户，乃无一书摊，甚可怪。又访昆山大令张方壶，滔，四川，辛亥。适晨间已下乡，不直。晚，作字致方壶。

廿四日庚戌（10 月 2 日）　晴。待方壶午后不至，遂移泊城西北。介甫招饮，亦辞之。

廿五日辛亥（10 月 3 日）　晴。行七十五里，常熟县小西门外泊，已二更矣。

廿六日壬子（10 月 4 日）　阴。食后访常熟大令汪汉青、祖绥，丙辰庶常，盱眙。昭文【文】大令沈羲民。伟田，钱唐，丙午、乙。又过城西彭家塘吴园访赵惠甫，惠甫方病疟，余亦下轿骤腹痛，相对愁坐，亦纵谈一时许，乃行。遂过席文林及诸小肆搜书籍，获《礼记音义》四卷，其字体即张古愚刊抚本，所附末亦有"抚州公使库新刊注礼记"云云，与诸校正官衔一纸，而每纸有通志堂字，则何也。

廿七日癸丑（10 月 5 日）　晴。南行九十里，至苏州府娄门外泊。

廿八日甲寅（10 月 6 日）　晴。晨，移舟入城泊北街旧抚署侧。午后访元和大令陶肖农、守廉，己酉拔，乙卯乙。冯敬亭中允。敬亭言段氏《说文注》校记尚有十四卷待检核过，乃付刊，有宋本《五音韵谱》，其所用陆韵部次序一如《古文四声韵》，无铉增十九文及新付字，当是楚舍之旧,已仿而刊之矣。

廿九日乙卯(10月7日)　晴。晨过元妙观搜诸书坊,唯绿润堂尚多旧本,余皆无可观。食后谒勒少仲方锜廉访,王[晓莲]大经方伯及首府汪黼卿、有勋,都转衔。长洲大令蒯子范德模、吴县大令张讱庵、[保衡],己酉、庚戌。方子听浚益。蒯、张、方皆不直,遂访吴平斋云廉访,直黼卿先在,共谈久之。出所携唐写本《说文》木部卷同观,即留平斋许,托其为觅善手装池。

三十日丙辰(10月8日)　晴。晨谒郭远潭柏荫中丞,言林勿村在此,访之,各谈久之。又访同乡黄桐轩继宪,桐轩言洪倚云树珊主簿在此当差,访之,骤寻不得寓处。勒廉访过小舟谈,翟世兄敷曾相过。

九月初一日丁巳(10月9日)　晴。王方伯相看。冯敬翁过小舟,谈久之。子听、倚云、桐轩以次过谈。……倚云行四,言其三兄藻云、号小洲。其五弟树珊号铁生。俱在此,其母七十余矣。

初二日戊午(10月10日)　晴。释虚谷见访,是能诗画不俗者,闻丁竹杳道及也,竹杳托问其所借子书数册,云尚在韦守斋处。

初三日己未(10月11日)　阴晴半。答看虚谷于斋门。午后过吴平斋,观所藏魏鹤山先生手札长篇,乃与……颇及时事,元明人题【题】十余,与其所藏朱子《易义》残稿卷,皆无上神品也。又观《嵩山》《三阙》数铭旧拓,虽不尽完备,而古香盎然,犹宋元间拓也。又观石鼓文旧拓,其无字一鼓尚存微字,后有翁覃溪先生长篇题咏,尤仅见。

初四日庚申(10月12日)　晴阴半。雇无锡快稍宽者,以午正过载移住。

初五日辛酉(10月13日)　晴。过首府、三县辞行,唯吴[令]张竟不可见,遂过平斋观其所藏《李玄靖碑》宋拓,略校于家本上。又观张从申所书《玄靖碑》,亦旧拓完善者,其壁间悬汉《李昭碑》篆书,是雍正间褚千峰在宝鸡田间所拓十余纸之一。明日千峰又往思多拓以传,则已为其土人凿烂矣。盖秦中每有旧碑新出,上游必索本于州县,州县又以役扰其民,故民间必凿坏以避役,古石之遭此劫者盖不知凡几。此拓著录者鲜,世亦罕传,因缩临一纸,携还著录之。

初六日壬戌(**10月14日**)　晴暖。托吴平公为李雨公购就《一统志》,价百元,约以明日至。

初七日癸亥(**10月15日**)　勒廉访来送行,昆山张方壶寄到八元,夜,作字复之。倚云相看,闻甚窘,赠之四元。

初八日甲子(**10月16日**)　晴。朝食后过师子林游一时许,即开舟南行,五十里吴江县东门外泊,吴江大令沈问梅锡华未还,震泽大令叶与端滋森方已入省。

初九日乙丑(**10月17日**)　晴。登吴江城楼,还循城东南观新建文庙。

初十日丙寅(**10月18日**)　晴。泊。至薄晚,沈问梅还,即登舟走省送刘护抚,互相过谈,片刻乃行。

十一日丁卯(**10月19日**)　晴。作字留与端。饭后还北行五十里,及苏城西门外,值与端方开船,小停,互过谈片刻,遂入阊门水关泊。遣仆为购前未就之岳本《左传》、宋本《国语补音》、影宋钞《黄诗内集注》及近人之《骈雅训纂》。

十二日戊辰(**10月20日**)　晴。行七十五里新安镇泊,小感冒,以《韵纂》册子检其新附字,印朱圈以上识之,以消日。

十三日己巳(**10月21日**)　晴。行二十五里无锡县北门外泊,县令方勘灾,未还。泛舟西出七八里,惠山下泊,登岸访惠山寺,饮惠泉,见李少温篆书听松石床在寺中道右老槐下,有亭覆之,摩挲久之,使仆方永脱一纸,其右之宋张回仲题字……行,墨浸不可识,然两篆字六七寸许者固分明也,篆与小字题名并在床之一端,床之面亦有题字大书,近涪翁体,已剥数字,云:"嘉熙己亥岁□□□□,赵希充携家过此,与譁侍行。"当检史《宗室表》考之,仍还泊北门晚饭。

十四日庚午(**10月22日**)　晴。食后访无锡大令吴春舫。政祥,固始,戊午乙。

十五日辛未(10月23日)　阴,晚雨。食后复行五十里,泊。

十六日壬申(10月24日)　阴。破晓行四十里,常州府西门外泊,守令皆趋候送刘护抚,当明日乃访之。

十七日癸酉(10月25日)　阴,午小雨,晚晴。入城候常州太守傅察仁山,扎克丹,道衔。言汤果卿同年方主讲于此龙城书院,欲即访之,以雨未果。城中绝无书肆,仅一二小摊,不耐搜索也。仁山太守过舟相答,且订明日过饭。

十八日甲戌(10月26日)　晴。入城访武进大令王小霞、其淦,庐陵人。阳湖大令温凤楼,世京,嘉应州。凤楼病,不见客,其表侄陈△△煮接谈。小霞则癸亥冬同检发来者,问至共几人,则唯小霞及张㘤庵耳。遂过汤果卿,果卿适访余舟不直而还,叙别来契阔久之,其昔从至安庆少子已物故,唯长者……以己未进士为部曹,去年方之京当差。居室十不存一,草草整结出数间以为居,最恍惜者书楼书七万余卷,竟无存也。以其昔令缙云所撰《县志》及旧刻《淮清词》赠别,并经乱携出者,且约明年浙游,当结伴以行。又访署督粮通判樊子实,钟秀,汉军,广东驻防,癸卯举。乃还舟。小霞相过。薄晚应仁山太守招饮,在坐果卿、子实及吴晓芙大令。裴彝,顺天己酉拔贡,乡举,以检发来苏候补,奉委来核武阳荒熟。小霞遣赠其太翁九霞先生晋芳《祀名宦乡贤录》。果卿著有《季汉书》,亦萧郝之意而多表志,未能细读,约以他日。

十九日乙亥(10月27日)　阴,小雨。行五十里吕城泊。

二十日丙子(10月28日)　阴。行四十里丹阳县南门外泊,入城访大令金兰生鸿保,遂留晚饭,兰生,休宁总宪桧门先生德瑛之元孙,行四。其父岱峰衍宗学博乃著籍秀水,其家藏书最富,乱后存十三四,旧本犹多,其三兄莲生鸿佺学博能诗,促膝共谈,甚畅,赠《尊经阁祀典录》《瓯隐刍言》,皆其太翁所著,又以诗稿一册属携归勘定。兰生属勘其云阳社学及社仓两规条,言其四乡共设义学十七所,社仓各乡图已劝建得半,亦留意善政者。其藏书中胡刻《通鉴》及王本《史记》《楝亭五种》,皆善本,许以《通鉴》呈李宫保,以《史记》假余致书局为对样,《五种》亦当他日借观,缘皆存上洋,不在官箧中也。还舟后,兰生即过谈一时许。

二十一日丁丑(10月29日)　阴晴半,夜雨。行四十里丹徒镇泊。

二十二日戊寅(10月30日)　阴。行二十里镇江府西门外泊。入城候太守李春生、仲良,广东崇化。丹徒大令唐和斋。守道,广西灵川。

二十三日己卯(10月31日)　阴,小雨。换雇江船,至晚始过载,仍泊。

二十四日庚辰(11月1日)　阴。辰,渡江入瓜洲口,风雨急,小泊。复行二十二里,九洞桥泊。

二十五日辛巳(11月2日)　阴。行十八里扬州钞关门外泊。泊定,疾风寒雨,不能登岸。

廿六日壬午(11月3日)　晴。食后候程尚斋都转,言江北之灾,兴化最甚,高邮、宝应次之,泰州又次之,现委丁禹生督堤工,程敬之副之。宫保此时当始至徐,徐且无事。中堂在周家口请病假,其家栗诚已生子,老翁始抱孙矣。又候禹生都转,方请假三月,未满,又请一月续假,有病容。观一月所服方,大半清凉理气之剂,谓病加才一月以来,曾二日不能食,甚委顿。有致中堂书,当及之。又谓淮水宜导之入旧黄,以还昔道,乃能减高、宝间之溃。尚斋言绳儿前日方自扬还金陵。

廿七日癸未(11月4日)　晴。程都转招晚饮,辞之,而过其早饭。许仙屏编修振祎适自奉新至,共谈久之。遂遍搜城中书肆,乃一无所获,甚不可解。仙屏过小舟畅谈,又拉过其舟晚饭,炳烛以归。谭瑞生庆余,合肥。大令相访,且饷旧墨四小块,是舍[弟]在祁门旧同事也,今将还家。先在尚斋许又晤汪筠石鋆,同饭,别将两年,馆如皋,适至。与仙屏别遂逾三年,促坐无所不谈,筠石谓二年来无此乐也。(端)[瑞]生谓方过六合来,闻舍弟妇及黎氏舍妹与其姑皆已至六合。其经金陵时,盖绳儿适在扬州未还也。

廿八日甲申(11月5日) 晴。行二十里三叉河,又二十里东石人头。

廿九日乙酉(11月6日) 晴。行四十里四盐沟泊。

十月初一日丙戌(11月7日) 晴。溯江行三十里东沟口,溯上三十里瓜埠,识吴广庵承潞,又溯行五十里六合县南门外泊。入城视七、九两弟,遂晚饭。看八弟妇及黎氏妹,仍还船宿。

初二日丁亥(11月8日) 阴,北风渐寒。登岸看县署诸友,陈兰坡有香、邵书伯棣、徐锦川宗陵、姜玉曾由轸、钟繡臣熙南、刘云轩鸿书、罗葆臣光楚、朱柳臣惟和及同乡张梓坞仁毅、黄渔珊宝书、李伯书品兰诸君。

初三日戊子(11月9日) 昨夜雨,及晨未止。仍登岸就两弟早饭,雨止小霁,开舟行五十里瓜埠,八里红山窑泊。

初四日己丑(11月10日) 晴。行十二里出划子口,溯江三十许里渡燕子矶,溯二十里下关,入秦滩十五里水西门,登岸入城还寓。

初五日庚寅(11月11日) 晴。遣致《一统志》于李雨亭方伯。

初六日辛卯(11月12日) 晴。候雨亭方伯,且贺张又堂绍棠军门续弦,(陈)[程]亮斋两郎来相看。

初七日壬辰(11月13日) 晴。亮斋、陈小江相看。李方伯招晚饮,在坐者黄昌期、潘伊卿、曹霞屏编修。周霁楼相看,不直。

初八日癸巳(11月14日) 晴。出,遍候诸相识,遂晚饭周霁楼许。识汉阳刘唯庭传曾,壬辰。知府,年六十七而须发未变,椒云之族兄也。

初九日甲午(11月15日) 晴。伯山相过,为刘慈民[庠]中书索唐本《说文》。

初十日乙未(11月16日) 晴暖。走飞阁小憩,瞻新建文庙,就廖养泉茶话,还过陈卓人,少谈。遂过王叶唐晚饭。

十一日丙申(11月17日)　晴。

十二日丁酉(11月18日)　晴。

十三日戊戌(11月19日)　晴。作字寄马雨农亲家。

十四日己亥(11月20日)　晴。

十五日庚子(11月21日)　晴。缦云、养泉，开生、棣选，刘唯庭、吴小庆邦荣先后相访。小庆，都匀诸生，保举训导，乱后避居赣州，今将往山东，言得信，独山、荔波近失守，旋复。去年遵义校官吴邦椿不知何故走至广西怀远，未还而没。寿椿乃小庆族，殆畏罪不出，为之辞也。此人在贼陷都匀时已被污染，后逃至省□中，诸宪特宽未究耳。养泉言有《通鉴》残胡本数十册，当可补书局新购样本。得姚慕庭浚昌八月廿九自江西安福来信，谓湖口交代尚未得总结，骤未能即引见，在安福与士民颇相洽。

十六日辛丑(11月22日)　晴。小江招午饮，遂过刘唯庭、陈作梅、江待园、韩赓扬。

十七日壬寅(11月23日)　晴。作字寄彝儿。又答应敏斋、戴礼庭、冯竹儒三信。张芝圃相过，言薛慰农所典之屋当转典，即作字寄舍弟商之。

十八日癸卯(11月24日)　晴。李静山世兄永镇来候。

十九日甲辰(11月25日)　晴，北风渐寒。啸山、端甫过谈，且借中统本《史记》。

二十日乙巳(11月26日)　晴。以新收南宋本《河岳英灵集》校毛刻本，补正甚多，毕功凡三日。徐琴舫翰林昌绪，都转。相访。莼斋信至，言十六已至六合。舍弟亦有信至。

廿一日丙午(11月27日)　晴。出城答琴舫，遇郑薇仙自沪至来相看，遂过看之，兼答芝圃及静山。

廿二日丁未(11月28日)　晴。琴舫索书甚亟，遂并偿沪上旧债数纸，夜作字寄沪上蔗农、西园、芝田、云溪、海珊、仰皆及彝儿。莼斋言即当趋归奔其嫡丧，俟少筹款即行，故速其来也。

廿三日戊申(11月29日) 晴,晚阴。遣以诸信件属薇仙,闻其即登舟也。闻倪豹岑游九华归,往看之。

廿四日己酉(11月30日) 晴。

廿五日庚戌(12月1日) 晴。

廿六日辛亥(12月2日) 晴。

廿七日壬子(12月3日) 晴,午阴,夜小雨。

廿八日癸丑(12月4日) 晴。

廿九日甲寅(12月5日) 晴。倪镜帆(至)〔自〕周口至,相过。

三十日乙卯(12月6日) 晴。

十一月初一日丙辰(12月7日) 晴,午阴欲雪。隆凯臣相过。

初二日丁巳(12月8日) 晴。

初三日戊午(12月9日) 晴。饶云舫自泾来相看。

初四日己未(12月10日) 晴。成振云周口至,相过。舍七弟自六合来,以莼斋书言其决计月半后搭轮船行。

初五日庚申(12月11日) 晴。出访云舫诸君子。彝儿信来,言其初旬有便船,当乘以来,先寄书箱五只。

初六日辛酉(12月12日) 晴。

初七日壬戌(12月13日) 晴。

初八日癸亥(12月14日) 晴。

初九日甲子(12月15日) 晴。

初十日乙丑(12月16日) 晴。作字寄吴平斋。又作字寄复吴江沈问梅、震泽叶与端。蒯蔗农信至,言《通鉴》方付彝也。张西园亦有信至。

十一日丙寅(12月17日) 晴。

十二日丁卯(12月18日) 晴。

十三日戊辰(12月19日) 晴。招张芝圃午饮。

十四日己巳(12月20日) 晴。李壬叔新自浙还,偕戴子高望相访,子高,德清诸生,专功小学,著《管子补注》若干卷,尚寓南门外舟中,旧在苏州制造局中,局移来此。

十五日庚午(12月21日)　杨新之、程亮斋招晚饭。

十六日辛未(12月22日)　冬至。作字寄黎叔吉、菽园兄弟及郑子行。五日来晴暖无霜雪意,闻方伯将以十八日祈雪。

十七日壬申(12月23日)　晴暖。食后携七弟出水西门,登舟往六合,才及汉西门外,舟触旧桥石港坏,呕起载登岸,待别雇舟,薄晚乃得,装成,遂泊。

十八日癸酉(12月24日)　晴暖。舟人将晓乘月下,至下关天明。午后过江入划子口,溯至瓜步泊。作书答平斋,平斋十一书至,言戴礼庭、蒋剑人相继下世,甚可惜也。

十九日甲戌(12月25日)　阴,渐风寒。正午溯行至六合城外泊,登岸视舍弟,即出吊黎莼斋、视七妹,莼斋待批禀,尚未至,至乃行也。又过吴广庵寓,以书属寄其尊人,前寓此之李白香已病没。

廿日乙亥(12月26日)　晴。署中诸友皆见过。

廿一日丙子(12月27日)　晴。遍答看署中诸友,祁伕渐熟,问其所识字,已数百,亦易教也。晚饮莼斋许。

廿二日丁丑(12月28日)　晴。食苡粉引子,是故乡村味,不尝此将十年矣。广庵招午饮。

廿三日戊寅(12月29日)　晴。七弟本约莼斋伴行,然必欲得昔典田百六十金于此番赠赆之外,与九弟商之,若无此即不行也。莼斋谓先以十二月朔为行期,不拘批禀之至不至,恐余省寓有事,促为雇船。

廿四日己卯(12月30日)　晴。早饭于莼斋许,属其至吾家必检书卷、石刻之精要不易得来,遂登舟,二更许乃至瓜步,泊。

廿五日庚辰(12月31日)　晴。以划子口水浅不能出,遂下出东沟,巳正即至口,大西南风不可上行,遂泊。遇徐锦川自扬州来之六合,停舟往还一时许。

廿六日辛巳(1867年1月1日)　阴,渐寒,东北风。溯上渡江,申初及汉西门,登岸入城,还寓,彝尚至也。

廿七日壬午(1月2日) 晴。芝圃来辞行,将以廿七登舟也。马志亭相看,方自京来。

廿八日癸未(1月3日) 晴。答马志亭并送芝圃行。雨农有信,言奏请明年顺天乡试,以云贵两省恩加各十名,先行补取,约以五名取中一名,奉旨交礼部议。芝圃谓已得京师信,部议准先补取,但须入场有十名乃取中一名。又过韩赓扬、陶鹤汀、周霁楼。

廿九日甲申(1月4日) 晴。壬叔、子高相过,壬叔言当以明年春入京,于总理衙门当差。

三十日乙酉(1月5日) 半阴晴。刘开生相过,言前议其所居魏氏屋必欲亟典,得吾辈人但有现者四百番,而悬百金,数月可也。即过孙海晴筹之,谓可得者仅二百番,亮斋相过,即更托其为一筹划,看三日内何如耳。

小寒,十二月初一日丙戌(1月6日) 晴。

初二日丁亥(1月7日) 晴。魏氏屋典成,海晴、开生、魏凤芝、丁玉珊、(陈)[程]亮斋、孙白亭相过晚饭,书契其价,则海晴二百元,外绳以还书价暂挪七十两,洪琴西为挪百元,合为贰百八十之数,先兑而欠其百两,约以三月尾付开生。

初三日戊子(1月8日) 晴。

初四日己丑(1月9日) 晴。

初五日庚寅(1月10日) 晴。

初六日辛卯(1月11日) 阴寒。

初七日壬辰(1月12日) 阴雨,晚有小檐溜。

初八日癸巳(1月13日) 晴暖如初春开。涤相先奉还两江之命,又力辞,请仍在营办捻,但不为钦差大臣。俟四五个月无效,更议重处。盖坚欲退也。又奉温旨慰劳,趋其还两江督任。戴子高、李壬叔过谈。子高言会稽章实斋先生学诚著有《文史通义》《校雠通义》,仅三册,《雕龙》《史通》之后仅见此书,真当世绝作也。杭州诂经精舍监院谭仲修献有其书,如至杭可问之借抄,尚未有刻本。丹徒柳宾叔兴宗专精《谷梁春秋》及《孟氏易》,家扬州,其《谷梁》学非钟子勤诸君所能望见也。南海桂皓亭[文灿]孝廉专宗高邮王氏学,著书数十卷,甲子岁挟以游京师,人无知者。长乐谢枚如章铤,乙丑举人,闽中学人第一。江西新城杨卧云希闵小学颇有门径,又好选诗,撰《诗轨》八十卷。绩溪胡荄甫舍人澍以小学治《素问》,甚精于医,竹村先生侄也。又有胡子廉锐治《周礼》,程蒲孙钊善骈体文,亦好学,汪梅生皆习之。同安杨贞甫元善,广东知县,有文武才,精天象、算法及太乙壬遁之术,自造三光仪,谓在西人钟表之上。会稽赵扐叔之谦,己未举人,小学、算学皆通,金石篆刻皆善,书字专力六朝碑版,画尤精,已成家矣。黄岩王子庄棻、王子裳咏霓皆专治《说文》。德清俞荫甫樾著《群经平议》,颇有心得,已刻,又有《诸子平议》,未刻。长洲管洵美庆祺、丁泳之士涵、潘邑侯锡爵则皆望寓苏,素友可谈者也。

初九日甲午(1月14日)　晴。得舍弟来信,言莼斋初一行,七弟未行。

初十日乙未(1月15日)　阴,北风渐寒。

十一日丙申(1月16日)　雪,午后止,积三寸许,寒甚。

十二日丁酉(1月17日)　霁,甚寒。

十三日戊戌(1月18日)　晴。

十四日己亥(1月19日)　晴。过霁楼晚饭,乃其生日。夜,作字寄雨农。

十五日庚子(1月20日)　晴。

十六日辛丑(1月21日)　晴暖。朗轩相过,言涤相尚未有还信。

十七日壬寅(1月22日)　阴,风寒。琴西过谈,以《旧唐》闻刻残帙去,言当为求汪刻《汉书》残帙相易。

十八日癸卯(1月23日)　阴,小雨,夜稍大。梓坞十一信至,言莼斋已同初八至汉镇,十三日登舟西行。

十九日甲辰（1月24日）　雨。过书局，见戴子高校《管子》甚详，盖以王怀祖、陈硕甫旧校为根，而推广增益之。又有硕甫以宋本校《管子》，可借录。午后雨为雪，至夜彝儿乃自沪上至，乘天平来，午间乃至下关也。

二十日乙巳（1月25日）　晨起，雪积寸余，仍为雨，午后乃止。

二十一日丙午（1月26日）　晴。

二十二日丁未（1月27日）　晴。

二十三日戊申（1月28日）　晴。李方伯过访，问彝所携书。啸山、壬叔、子高相过，开生来辞行，将还常州度岁。舍弟信来，寄四十元至，夜，作字复之。

二十四日己酉（1月29日）　阴，午后雨。送开生行。

廿五日庚戌（1月30日）　晴。

廿六日辛亥（1月31日）　晴。

廿七日壬子（2月1日）　晴，午阴，风寒。

廿八日癸丑（2月2日）

廿九日甲寅（2月3日）

三十日乙卯（2月4日）

同治六年(1867)

正月初一日丙辰(2月5日)　晴。点岁事,得师之井,为九弟占得萃之随,彝占得贲之大有,为绳占得小过之豫,皆大吉。

初二日丁巳(2月6日)　出贺岁于各相识。阴。

初三日戊午(2月7日)　晴。九弟自六合至。【晴】

初四日己未(2月8日)　阴,小雨。陈松儒、吴广庵相过,数日皆避客,以二君远来,特一见之耳。

初五日庚申(2月9日)　阴雨。

初六日辛酉(2月10日)　雨。作字寄禹生、尚斋,付绳明日持往扬州。杨仲乾、左梦星相过。

初七日壬戌(2月11日)　阴寒,薄晚雪可寸许。梅岑、子高见过。

初八日癸亥(2月12日)　霁,雪消。

初九日甲子(2月13日)　晴风,入夜飞雪数点,遂风雨彻晓。

初十日乙丑(2月14日)　阴雨,风寒。

十一日丙寅(2月15日)　阴。仲乾、虎臣、琴西过饭。伯敷、伯蓉相过。

十二日丁卯(2月16日)　晴阴半,薄暮飞雪数片。舍弟午登舟还六合,彝儿偕往。

十三日戊辰(2月17日)　晴。绳初九扬州信至,即复之。

十四日己巳(2月18日)　晴,时小阴,风寒,时有雪片。

十五日庚午(2月19日)　阴。作书上曾湘乡、李宫保。又作致李眉生。绳十一信至,与前信皆谓彝捐贡不如至京为当,扬州同好之言也。程尚公十六往，须送乃还。

十六日辛未（2 月 20 日） 晴。平斋五日信至，且以所摹刻《泰山廿九字》来，颇去真迹不远，孙、阮诸摹本皆不及也。

十七日壬申（2 月 21 日） 晴。以《欧阳集》小本致李方伯，即假其《艺文类聚》补阙页阙字。

十八日癸酉（2 月 22 日） 晴，午后阴，日入后有似彗者见于西四，皆东扫，见于东一，南北亦见，数见其色皆赤，有于空旷处数谓四方凡十六条，不知何祥也。

十九日甲戌（2 月 23 日） 晴。敏斋信至，言毕氏《续通鉴》板已载至沪，问昔初议购价云何，即走笔答之。观昨夕所见似彗光气若干，起皆不见。是夜天清朗，众星撒沙甚明。黄子慎沪来相看。

二十日乙亥（2 月 24 日） 晴。答看诸朋好于廖养泉许，见其所收黄石斋先生两和《江南春词》行书真迹，是本朝定鼎后作，并其夫人崇祯末所画山水扇面合为一卷。养泉属为作跋，稍俟他日细审为之。其寓所红梅三株已烂漫矣。子慎以斌［椿］……出使外国日记相示，其所至越南、暹罗、印度、麦西、法兰西、英吉利、荷兰、丹尼、汉伯尔、布鲁斯、俄罗斯、毕国、比立时、瑞（兴）［典］、芬兰、韩欧耳，凡十六国，但记其宫室器具之奇丽、轮车之神速、剧戏之幻变、鸟兽之怪异、医法之惨细，亦资剧谈。未能扼要精备也。薄晚，彝儿自六合还。

二十一日丙子（2 月 25 日） 阴，晚雨。王少崖相过，方自安庆来。伊卿以墨来，为作书。

二十二日丁丑（2 月 26 日） 阴雨。绳儿自扬州至。

二十三日戊寅（2 月 27 日） 阴。

二十四日己卯（2 月 28 日） 阴，小雨。

二十五日庚辰（3 月 1 日） 小雨。王叶唐、赵伯蓉诸君过饭。

二十六日（辛卯）［辛巳］（3 月 2 日） 晴。作字寄雨农。

二十七日（壬辰）［壬午］（3 月 3 日） 阴。作字复平斋。

二十八日癸未(**3月4日**)　晴。

二十九日甲申(**3月5日**)　阴。王策丞赓扬孝廉、李幼持郎中诸君过饭。

二月初一日乙酉(**3月6日**)

初二日丙戌(**3月7日**)

初三日丁亥(**3月8日**)　作字寄六合。

初四日戊子(**3月9日**)

初五日己丑(**3月10日**)

初六日庚寅(**3月11日**)　晴。书局啸山、壬叔、端甫、伯山诸君及梅岑、子高过饮,刘叔颊恭冕亦至。江环溪渭相访,何丹臣自湖口至,约明来小住。壬叔谓都中内城大宅皆为鬼子所买,盖环禁城而居者皆海夷矣,可痛哉。又谓夷人请自上海开火轮车道至苏州,又自苏开车道入京,总理衙门已允之矣。其道遇江河即伏通其底以行,正不知当坏民间田园庐墓几何也。

初七日辛卯(**3月12日**)　晴。

初八日壬辰(**3月13日**)　晴风。与丹臣同过妙相庵,梅仅余绿萼数株尚开,庵僧日潭新植牡丹二百本。

初九日癸巳(**3月14日**)　晴。九弟字来,即复之。丹臣出候李方伯,闻湘乡公将以此月十六自徐南来,计不过月尾可至。

初十日甲午(**3月15日**)　晴。朱莲生逢甲相访,莲生才多,在贵州时曾为贵筑诸生,弃去,以江苏监入北闱,无所遇,计都中别九年矣。午出水西门,附丹臣船为扬淮之游,是日泊……

十一日乙未(**3月16日**)　晴。行出江,沿流渡至划子口泊,丹臣言经裕溪口时,有广东琼州举人陈逸珊乔生谒彭宫保,其父官千总,幼失学,年十七八始立志向学,抱负甚伟。

十二日丙申(**3月17日**)　晴。阻风,遂进口,至六合县将二更,乃泊,舍弟已往红山窑查厂。

十三日丁酉(**3月18日**)　晴。晨登岸,待舍弟不至,夜仍宿舟中。

十四日戊戌(**3 月 19 日**)　晴,泊。待舍弟,午后乃至,同登岸宿。

十五日己亥(**3 月 20 日**)　晴,夜月食。蔡霁山世兄自安庆来。

十六日庚子(**3 月 21 日**)　晴,热。王安澜济川州判自芜湖至,言恕皆正初出京,尚未至。夜,仍与丹臣宿于舟中。天将晓,雨。

十七日辛丑(**3 月 22 日**)　雨时止时作。食后开舟至瓜埠泊,入夜大风雨。

十八日壬寅(**3 月 23 日**)　晴,西北风。未正入瓜洲口,薄晚至扬州,泊钞关门外。

十九日癸卯(**3 月 24 日**)　晴。食后候丁禹生方伯,谓闻鲍花潭学使言余游焦山,即遣舟往迎,未知六合有数日勾留也。示尹杏农来信,颇牢骚。候尚斋都转,出观名山堂书肆,亦有一二可收。

二十日甲辰(**3 月 25 日**)　晓雨,午晴,夜雷雨。为丁方伯篆书六纸。

二十一日乙巳(**3 月 26 日**)　晓雨,食后晴。过丁方伯观诸宋本书,其《韩文》《毛诗要义》以纸墨、以仅存各第一外,其《通鉴纲目》《东都事略》皆上驷也。架上有《稼轩词》十二卷本,假校家本。遂过程都转晚饮。

二十二日丙午(**3 月 27 日**)　晴。食后偕丹臣过湖南会馆,馆乃洪殿撰旧物,道光间归包氏,乱后为李世忠所有。湖南诸君醵金购之,其中室宇、山石、花木犹为扬州之冠,访寓主人张笛帆锦瑞大令、徐叔鸿树钧孝廉,留晚饭。

二十三日丁未(**3 月 28 日**)　阴。陈茂之彭年大使招午饮。周子愉观察方自泰州至,寓其家,留谈久之。禹生方伯又招晚饭,以同乡黄印山鸣科太守之子蘂叔安入都过此,亟欲一见也。蘂颇善琴。

二十四日戊申(**3 月 29 日**)　晴。静致……

廿五日己酉(**3 月 30 日**)　晴。子愉相看。

廿六日庚戌(3月31日) 晴热。

廿七日辛亥(4月1日) 半晴。

廿八日壬子(4月2日) 阴,大东南风,凉。冯竹儒过舟谈,傍晚为作篆联乃去,言涤相在高邮湖阻风,此风尚未得渡也。夜,雷雨。

廿九日癸丑(4月3日) 阴雨,少寒。

三十日甲寅(4月4日) 阴雨。曾相公至,丁方伯约先至其寓候相公来,观所藏书。李申甫廉访亦以引见北至,傍晚乃各还舟,遇吴至甫、王子云,又过周子愉、陈茂之。

三月初一日乙卯(4月5日) 清明,大雨。晨谒曾相公,以《临川集》呈之,遂与申甫、尚斋同过禹生,候相公晚饭,还,辞丹臣,移别舟。

初二日丙辰(4月6日) 阴。申甫过小舟谈,且示入觐日记,颇简洁,渠即开舟走瓜洲。辞相公往湖北,即登舟送之。买侍儿曰王文兰,以酉刻至,甘泉人。

初三日丁巳(4月7日) 晴。送丹臣行。

初四日戊午(4月8日) 晴。过禹生送行,尚斋辞行,禹生亦将以明日行也。

初五日己未(4月9日) 晴。申刻开船,薄晚至瓜洲泊。

初六日庚申(4月10日) 晴,大南风。食后开循峡港中行,至仪征泊。

初七日辛酉(4月11日) 晴,大东南风。舟人勉出江牵行,及沙漫洲不能上,港满不能泊,仍还泊仪征之四元沟。

初八日壬戌(4月12日) 晴,仍东南风,稍小。晨,牵行至沙漫洲,风长且泊。

初九日癸亥(4月13日) 晴。行及东沟,绕入里河,至划子口泊。以大东北风,小舟仍畏江行也。

初十日甲子(4月14日) 晴阴半,东北顺风。午后至水西门,登岸入城,还寓时有数点雨,道未干。

十一日乙丑（4 月 15 日） 晴。桂香亭相过，且惠所印《棠阴比事》。

十二日丙寅（4 月 16 日） 晴。虎臣太夫人九十寿，往庆之，识吴竹儒侍郎廷栋，是老辈讲宋学有得者，年七十五，犹健。庚申正月入京时，竹老方陈臬直隶，方存之馆其署，持拙草去，竹老阅过，犹忆之，尔时未及谒候也。虎臣留同候涤相，早面乃行，遂候李方伯、王孝凤观察，与竹翁往还，并答吴△△。晚雨。

十三日丁卯（4 月 17 日） 啸山、壬叔、孟虞、子高先后相看。

十四日戊辰（4 月 18 日） 晴。谒涤相，遂过幕中晋卿、子云、孙宇农育均、薛叔莹诸君，还，访陈作梅、程亮斋、陈小茳、汪梅岑，而书局诸君子已他出。

十五日己巳（4 月 19 日） 晴。

十六日庚午（4 月 20 日） 晴。

十七日辛未（4 月 21 日） 晴。

十八日壬申（4 月 22 日） 晴。

十九日癸酉（4 月 23 日） 晴。王鼎臣定安、吴至甫汝纶见访，薛叔莹亦来。

二十日甲戌（4 月 24 日） 晴。作梅见过。

二十一日乙亥（4 月 25 日） 出城答应敏斋，不直。遂看吴广庵，遇吴清卿「大」澄，谈少时。

二十二日丙子（4 月 26 日） 晴。谒相公，问次公①患痘，谓能起浆饮食，可无虑矣，遂过子密、至甫谈少时。

二十三日丁丑（4 月 27 日） 晴。李勉林自安庆来，乃昨夜乘洋舶，五更时即及下关，换小划，晨至水西门也。

二十四日戊寅（4 月 28 日） 晴热，午后云，欲雨。

二十五日己卯（4 月 29 日） 风。

---

① 次公指曾国藩次子曾纪鸿，字栗诚。

二十六日庚辰(4月30日)　晴。饯马倩及阿叔志高。

廿七日辛巳(5月1日)　晴。赵元卿树吉相访,方自京以云南迤西道出也。

廿八日壬午(5月2日)　阴,时有小雨。送彝儿、马倩及女子登舟,还入汉西门,访子听、壬叔、啸山,孟虞。

廿九日癸未(5月3日)　李方伯招饮。黄观伯家驹、刘彤陔世墀相过。

四月初一日甲申(5月4日)

初二日乙酉(5月5日)　招观伯、彤陔、茂之、勉林诸君饮,王安澜自六合至,亦留饮。

初三日丙戌(5月6日)　晴。送元卿行,元卿为书送少鹤四诗,大有味,以篆书《系辞》四纸报之。观伯、彤陔来同勉林早饭,勉林遂行。

初四日丁亥(5月7日)　晴。观伯赠胡撰《地图》及谭古愚先生《读经史钞》。

初五日戊子(5月8日)　晴。邓守之相过,将往阊门,作字寄平斋。

初六日己丑(5月9日)　晴。

初七日庚寅(5月10日)　晴。

初八日辛卯(5月11日)　晴。购经姓屋二间并基地七间,四十元。

初九日壬辰(5月12日)　阴,三日颇风凉,今日尤甚,堪重绵也。

初十日癸巳(5月13日)

十一日甲午(5月14日)　小感冒,开生主以桂枝汤。

十二日乙未(5月15日)

十三日丙申(5月16日)

十四日丁酉(5月17日)

十五日戊戌(5月18日)　为李恕皆撰其先公《益斋中宪墓表》

脱稿,久不作文,荒涩无精采,以渠即以道员往云南差遣,不可不偿此通也。张西园、刘芝田相访。

十六日己亥(5月19日)

十七日庚子(5月20日) 谒湘乡公。即答芝田、西园。

十八日辛丑(5月21日)

十九日壬寅(5月22日)

廿日癸卯(5月23日) 作字寄平斋。

廿一日甲辰(5月24日) 书《益斋中宪表》成。

廿二日乙巳(5月25日) 作字寄恕皆并隶书《表》。萧廉泉相过。

廿三日丙午(5月26日) 候李方伯。答萧廉泉。王晓莲大经观察相过。

廿四日丁未(5月27日) 雨。盖四十余日晴干,中间密云欲雨者三四,皆为风散,地方官祈祷者数易坛矣。前日爵相乃出步祷,遂有此应,然犹嫌未滂沱也。

廿五日戊申(5月28日) 晴。

廿六日己酉(5月29日) 晴。得李勉林安徽来信,极言元济之坏法乱纪。

廿七日庚戌(5月30日) 晴。冯鲁川相访,傍晚答看之。

廿八日辛亥(5月31日) 晴阴半,有数点雨。作字答勉林。

廿九日壬子(6月1日) 赵惠甫相看。

五月初一日癸丑(6月2日) 晴。

初二日[甲寅](6月3日) 晴。答看惠甫,遂谒湘乡相公。出过豹岑、鲁川。鲁川病初愈,亟欲还芜湖,索篆书四纸去。

初三日乙卯(6月4日) 晴阴半,薄晚雨,凉。

初四日丙辰(6月5日) 晴。

初五日丁巳(6月6日) 晴。

初六日戊午(6月7日) 晴。作字复严伯雅。

初七日己未(**6月8日**)　晴。

初八日庚申(**6月9日**)　晴。吴广庵相过,方自六合来,言舍弟即当来也。

初九日辛酉(**6月10日**)　阴,小雨。廉泉相访,索《春秋繁露·求雨篇》。

初十日壬戌(**6月11日**)　阴,小雨。得平斋信,言唐写《说文》已装就。

十一日癸亥(**6月12日**)　晴。薄晚舍弟自六合至,是日访潘伊卿、王孝凤、赵惠甫。

十二日甲子(**6月13日**)　晴阴半。

十三日乙丑(**6月14日**)　晴。端甫、子高见过,端甫言有影宋抄《隶释》残帙,当借勘。

十四日丙寅(**6月15日**)　晓阴,巳后晴。湘乡公过观所收善本书,且惠新刊五经四子五七言古近体诗,以明本《杜诗千家注》报之。

十五日丁卯(**6月16日**)　晴。惠甫相过,午后谒谢湘乡公,观其新制书匣,纵衡四小方柱,六面之板与柱内平,前后板各三块,横抽上下如仓板,去前后板排列之,若大书架然。

十六日戊辰(**6月17日**)　晴。

十七日己巳(**6月18日**)

十八日庚午(**6月19日**)　徐华严河清观察相过。乃去冬自贵州出往广东提饷,而行至此,极可怪。

十九日辛未(**6月20日**)　风,欲雨。

二十日壬申(**6月21日**)　雨竟日,可润尺许,足慰三农之望,岁当不至大饥也。

二十一日癸酉(**6月22日**)　晴。答看徐华严,遂过亮斋、云舫,谈久之。亮斋言贵州请加举额一名,乃张石卿就其巡抚后,捐谷核算,可三十余万两银,特为陈言。以贵州军兴以来,即如独山、贵定团练最著者，各费何止廿万两，合通省计之，将不止三百万两，皆在石卿以前，患以无籍可稽，抹杀之。山省之无人，可叹也。

二十二日甲戌（6月23日）　半晴阴，晚风。开生、子高、云岩、亮斋相过，子高言广东《学海堂集》二编中多成件著作，如晤丁方伯，当属致之。

二十三日乙亥（6月24日）　雨。作字寄尚斋，以绳查酱园公件已历数月，至是园户乃认定消斤数，犹不肯认纲，将之维扬禀复也。

二十四日丙子（6月25日）　阴。舍弟晓出城还六合。绳儿午后登舟之维扬。俞荫甫樾相看，严伯雅亦见过，并自沪来。

二十五日丁丑（6月26日）　雨竟日。答伯雅、荫甫，遂赴湘乡公午饮之招，以荫甫来，大集诸名士也。

二十六日戊寅（6月27日）　雨竟日。

二十七日己卯（6月28日）　雨竟日。

二十八日庚辰（6月29日）　晴，复阴，有数点雨。湘乡公入阁，走谒贺，皆不见。

廿九日辛巳（6月30日）　晓雨，寻止，午晴热。张仁卿训导瑛相访，言所居在常熟东湖南新泾石氏宅，距毛子晋旧居才里许，至县城当问南门内西泾岸庞昆圃。常熟今旧藏书家皆散失尽矣。唯昭文罟里村之瞿敬之秉渊家收藏尚富，经乱后所存宋元旧帙尚多，昨瑛曾携其书目一册谒曾相公，相公留之，当为问能选传一二否。亮斋邀晚饭。

三十日壬午（7月1日）　阴，热，寻大雨。得舍弟昨日来信，属为留意寓舍，明日来仆行，作字复之。新委六合之许敬甫△△，将以来月初四履任矣。

六月初一日癸未（7月2日）　晓大雨，少霁，又再三雨。假得沈学博钦韩《汉书疏证》十二册，中阙一册，自武五子后谷永、杜邺前，凡△卷，可百余页，是书以冯敬亭为言及留意，访求获之，计敬亭当收其全本，至苏宜访之。沈氏掊击小颜，词气未免过当，然补正处繁多，十九皆精确,即起小颜于今日,几无以自解也。其《地理》自谓未就,不知后来补完否,并当询之敬亭。

初二日甲申(7月3日)　阴。仁卿相过,属一问瞿氏书目。

初三日乙酉(7月4日)　霁。韦守斋言其将至仪征守备任,属至苏时为一询其藩库养廉。

初四日丙戌(7月5日)　晴,闷热。谒湘乡公,借观瞿敬之家《恬裕斋书目》,宋元旧本甚夥,乱后东南文籍散亡,当为藏家甲乙也。答仁卿。

初五日丁亥(7月6日)　细阅瞿氏书目中,有《北堂书钞》《乾象通鉴》,极罕见。

初六日戊子(7月7日)　数雨。

初七日己丑(7月8日)　舍弟六合信至,言初四已交卸。

初八日庚寅(7月9日)　晓霁,食后雨。汪柳门鸣銮相访,钱唐,庶常。去年在苏曾一面。绳信言扬有旧本《玉篇》,字近游明本《史记》,计当是元本。记瞿氏旧本书于《经眼录》。凡宋本百有五,元本八十,其影宋、影元、校宋、校元若干,尚不在此数。富矣哉。

初九日辛卯(7月10日)　晴。动工收拾铜作坊典宅,待舍弟。

初十日壬辰(7月11日)　晴阴半。

十一日癸巳(7月12日)　晴阴半。大儿妇自初一见痘点,绵密为麻,十日来皆大补气血以催托之,大恐收功不易。昨夕又小产,殆不可为矣。经医者二三人,犹作宽吉语,聊相慰耳。

十二日甲午(7月13日)　天将明,大雨至巳初乃少止。卯刻,儿妇方氏竟溘逝不可救矣。年才廿有四,惜哉。雨止后,急买棺治敛具,诹以申时小敛,酉时大敛。霁楼、亮斋来相看。阳湖吴子高唐林郎中兵部。相访,谓在刘子重许见拙著唐本《说文笺》,得一册,其同乡蒋侑石曰豫大令直隶,候补。索去,且为补证二十余条,欲相见不可得也,惜匆乱中不能尽怀。

十三日乙未(7月14日)　半阴晴。出南门,看王甲所言殡地,不可用,晚过海晴,言南门外有张生熟于此,当为招来,属之。

十四日丙申(7月15日) 阴。霁楼、亮斋言有鲁秀章谓城南五里许能仁寺后傍山地,其僧常租卖人殡厝,即邀霁楼、秀章同往看,果可用。秀章约僧明晨入城商之,其地宜用壬丙向,还,即过亮斋,属择日。夜,作字寄桐城方竹如,以明日乘便船行有往桐者,以舟资遣之往还。

十五日丁酉(7月16日) 阴,午后雨。霁、秀两君与僧商地,待来日往定中桩,复约以广狭,给价书契。亮斋来言,选日以二十为上。舍九弟遣信至,言其今日方下船。七弟薄晚至。马雨农初四信至,言五月廿二即出京,六月初四次邹县,其子柄常及彝儿犹在济宁候水走往会谈,适大雨,渠辈即可畅行抵京也。彝儿信初五自济宁,言渠辈四月廿四即至济宁,待水已四十日,今捻窜东三府,运河路尚可行,当即前进,李宫保已驻宁,谒过,问家中事甚悉。雨农又言贵州广额十名,以开科仍归本省。

十六日戊戌(7月17日) 晴。偕霁楼、七弟往能仁寺定所视地,地壬山丙向,约以纵横各三丈附,附价洋八元。

十七日己亥(7月18日) 僧以地契来,舍九弟自六合至。

十八日庚子(7月19日) 午雨。

十九日辛丑(7月20日) 阴晴半。绳自扬州至。

二十日壬寅(7月21日) 晴。辰时出儿妇柩,以未时权葬。使绳送视之。

二十一日癸卯(7月22日) 晴。舍弟接江宁县印。

二十二日甲辰(7月23日)

二十三日乙巳(7月24日)

二十四日丙午(7月25日) 方存之自安庆至,相看。王太素亦来。

二十五日丁未(7月26日) 日晕。

二十六日戊申(7月27日) 程尚斋相访,即答之。并答滕茂亭、方存之,过王孝风。

二十七日己酉(**7 月 28 日**) 谒湘乡公,即就惠甫谈。

二十八日庚戌(**7 月 29 日**) 晴,以上八日皆晴热。眉生徐州信至,言八月当交卸,至金陵少住一二月,乃之苏皋。

二十九日辛亥(**7 月 30 日**) 晴热。

七月初一日壬子(**7 月 31 日**) 晴热。朱久香学使兰过访。赠其太翁《绕竹山房诗》正续二稿。

初二日癸丑(**8 月 1 日**) 晴热。答候久香先生并答廖锦春△△刺史、雷△△铖、李△△世禄,还,过饶云舫,谈久之。郑玉轩自沪至。

初三日甲寅(**8 月 2 日**) 晴热。游子岱[智开]州牧见访,新化人,知和州,有恺悌而无官气。

初四日乙卯(**8 月 3 日**) 晴。有同乡姚△△人鹤、杨南耜盐经枙相访。

初五日丙辰(**8 月 4 日**) 晴。午后阴,雷,风,欲雨,暑气顿收。作字答李眉生。

初六日丁巳(**8 月 5 日**) 晴。答游、杨诸君。

初七日戊午(**8 月 6 日**) 晴。作字寄黄少昆。

初八日己未(**8 月 7 日**)

立秋初九日庚申(**8 月 8 日**) 缪世兄祐孙自江西来。

初十日辛酉(**8 月 9 日**) 得方传尹复书,极谩骂无礼。

十一日壬戌(**8 月 10 日**)

十二日癸亥(**8 月 11 日**)

十三日甲子(**8 月 12 日**)

十四日乙丑(**8 月 13 日**) 并晴,热不可当。

十五日丙寅(**8 月 14 日**) 晴。午后小阴而风,闻雷,得雨一洒。

十六日丁卯(**8 月 15 日**) 晴,午阴而风,亦少凉。许明经丙椿相访。

十七日戊辰(**8 月 16 日**) 晴,午后小阴。

十八日己巳(8月17日) 晴。

十九日庚午(8月18日) 晴,午后阴云而雷,旋于烈日中大雨二刻许,城中自前月入伏,雨至今日始再见,直热尽三伏也。

《朱久香兰阁学花间补读图二首》

手栽桃李人间满,著作勋名烂一时。更博群书资反约,个中真意几人知。

姚江一代良知学,流蔽尽从清献明。向我殷勤问遗著,松阳卷里见平生。

二十日辛未(8月19日)

廿一日壬申(8月20日)

廿二日癸酉(8月21日)

廿三日甲戌(8月22日)

廿四日乙亥(8月23日) 五日皆晴,午后或云或微雷,含雨意。自开月身首骤生疡疖,至今日始着衫一谒湘乡公。

廿五日丙子(8月24日) 阴雨,夜雨尤长,暑气顿尔收尽。

廿六日丁丑(8月25日) 阴,午雨。始过东排楼阅趁考书肆,皆白草黄茅,不见佳胜,有蜀本《陈伯玉集》,尚可。

廿七日戊寅(8月26日) 阴晴半。答朱子典。过潘伊卿。

廿八日己卯(8月27日) 半阴晴。访徐华野,观所藏诸碑帖书画,有贯休《罗汉》、赵子昂跋者佳,其帖则《星凤楼》尚可,小铜鼓面有十二辰字,外有"世代富贵"字,乃得之黔中者,据字迹当出隋唐后,非汉铸也。

廿九日庚辰(8月28日) 阴,时小雨。谒辞湘乡相公,将以来月初二登舟往浙江。相公谓凡他子史、名集、旧本、初印得其一足矣。唯《说文》《通鉴》《史记》《汉书》《庄子》《韩文》《文选》,有善刻善印,不妨多收异本,此七书直与十三经比重也。

八月初一日辛巳(8月29日) 晴。束装,桂香亭相看,且言为派船板送。又言嘉兴南之乌镇有旧书肆。

初二日壬午(8 月 30 日)　晴。邹子云镇军龙升相过,问船泊何所,即行未。带船板者,借补千总。食后,过飞霞阁,晤啸山、壬叔,谈一时许,遂登舟。北风,遂泊汉西门外。

初三日癸未(8 月 31 日)　仍北风,开行至下关,遂泊,不能出江。作字寄香亭,属买严氏《通鉴补》。

初四日甲申(9 月 1 日)　晴。微顺风,行百八十里,过镇江府二十里,入月河口十五里月河泊。

初五日乙酉(9 月 2 日)　晴,顺风。行七十里过丹阳县,七十里奔牛镇泊。自镇以南,水盖南流。

初六日丙戌(9 月 3 日)　晴。牵行三十里常州府,入城访汤果卿、史贤希怿悠,即行,又三十里黄林镇。贤希赠《宋文鉴》,是明南监本,言江南盐政废弛年余,皆以缉私无法也。

初七日丁亥(9 月 4 日)　晴。纤行六十里无锡县泊。

初八日戊子(9 月 5 日)　晴。纤行九十里苏州府阊门外泊。作字寄香亭,又作家信托邹总戎寄。

初九日己丑(9 月 6 日)　晴热,午后欲雨不雨。食后入城候丁方伯,又过吴平斋观其两齐候罍,腹痛不能坐,遂还。遣致湘乡属寄船山书于丁方伯。又有寄郭中丞及俞荫甫者。腹疾不能亲往,并托方伯转致之。换雇吴江快船,以二更过载。

初十日庚寅(9 月 7 日)　半晴阴。船人有料理未完者,为更留一日。

十一日辛卯(9 月 8 日)　午正白露。晴。行四十里,过吴江县,五十里平望泊。

十二日壬辰(9 月 9 日)　晴。行八十七里,未正抵嘉兴府,入城访秀水大令张逊侯致高,留晚饭,遂泊。逊侯示唐《陀罗尼经幢》及元《铜壶漏篆铭》,皆上虞拓者,可存录。

十三日癸巳(9 月 10 日)　晴。行九十里石门县泊。

十四日甲午(9 月 11 日)　晴。行百廿里,过二坝十里杭州府。

把子门外泊。

十五日乙未(**9 月 12 日**)　晴。入水门，至万年桥侧，问东城讲舍高北坪山长均儒，甚近，访之，自淮安乙丑九月，别逾二年矣。遂过青云街观书肆，唯留青阁尚有数种，还就北坪晚饮，商明日泛湖为日夜之游，北坪遣先定船。

十六日丙申(**9 月 13 日**)　晴。食后出涌金门登舟，遍历湖中胜处。遇杨利叔象济于孤山林处士祠下，同过吾舟叙契阔，薄晚湖心亭下饭，月上，遍泛湖中空旷处，三更即泊湖心，真如坐水晶宫中也。

十七日丁酉(**9 月 14 日**)　晴。昨未及表忠观，晨起补之。观前池菏映初日献妍者，尚百许枝，观中桂才开十一。入涌金门早饭，搜鼓楼及清河坊肆，唯亦西斋中多有可检者。访孙劭闻衣言于紫阳书院，适其生日。孙子佩绂订治具来饷，遂同过子佩谈，还饮院中池上，连日颇热，今日尤甚。还践北坪约，移行装于讲舍中许、郑二公祠后。

十八日戊戌(**9 月 15 日**)　阴，时有小雨。晨搜书肆，午后出清波门观潮，自海塘不修，潮势已减昔壮，今日当大来时，天际数银山犹可观，但一瞬成练耳。

十九日己亥(**9 月 16 日**)　雨。过书肆。晚访丁竹舟申主事、松生丙，观所藏宋本《四书集注》，每半页七行，行十五字，其与今本异处，与吴刻校记悉同，注中提要钩元处皆长抹其句，则仅见者。松生言余姚新出汉建武时《三老碑》，又在《大吉地券》之先，当索拓本，为归装快事。

二十日庚子(**9 月 17 日**)　雨。过书肆。竹舟相看。袁爽秋振蟾，本名昶，桐庐人。以施△△相看，索小著二种去。

二十一日辛丑(**9 月 18 日**)　雨。过书肆，遂过琴西谈。还，松生相看。松生弟兄当城陷时，收得文澜阁四库书数千册，运避沪上，乱定又于村镇间搜求散落出者，已合万册有奇，于全书几得三之一。其好义见大，可尚也。

二十二日壬寅(**9 月 19 日**)　雨。上四夜皆雨，亦可已矣。松生以

《三老碑》拓相饷，读之一日。三老通，通子忽，忽九子二女，此碑忽子邯记其祖父讳忌以示后人者。咸丰壬子，余姚周世熊清泉得之客星山下，为亭覆之，经乱未损。三老不载其姓，世熊以忽字子仪，引《后汉书·任延传》，延为会稽郡尉时，避乱江南者皆未还中土，会稽颇称多士，如董子仪、严子陵，延皆以师礼待之。有董子仪与严子陵并称，殆即其人，核其时地，当或然也。

二十三日癸卯(9月20日)　霁。出访高宰平学治学博，曹葛民籀文学，惟遇葛民，谈半时许，专汉学，于三家《诗》《谷梁》有述作，他缀述尚多，惜逸去，所居盐桥之屋未尽毁，坐池亭间，甚萧爽。又访万篪轩、许益斋增大令、花仲和诩春，皆不直，还而益斋即相过，宗湘文源翰太守亦见访，同纵谈久之。

廿四日甲辰(9月21日)　出清河坊，还，宰平、葛民来相看，谈至薄晚乃去。

廿五日乙巳(9月22日)　走佑圣观巷同善堂寻医，即偕宰平谈，且观其所藏《张长史郎官厅壁记》旧拓本，甚佳。住局医士姜春舫至，为处方，主清湿热利小便。盖自七月热疠愈后，皆未服药，至一二日来颇昏眩也。松生见过，索书范氏《心箴》及《书库抱残图》引首。

廿六日丙午(9月23日)　阴，小雨时作时止。北平以湘文所藏宋本《玉篇》残帙[来]。

廿七日丁未(9月24日)　雨。

廿八日戊申(9月25日)　雨。

廿九日己酉(9月26日)　晴。湘文招午饮，观其所藏《北齐兰陵王[高]肃碑》旧拓本，金石家皆未著录，字意在《陇东王》《西门君》两碑间，而隶意稍多。假归，当细临录一过。识积溪胡荄甫澍中书。

三十日庚戌(9月27日)　晴。出钱塘门，历灵隐、韬光诸胜，憩冷泉亭久之，薄晚过上天竺宿。

九月初一日辛亥(9月28日)　晴。食后复过冷泉亭，观宋人经幢，待曹葛民。寻至，又坐谈一时许，同过灵隐僧寮，释东洲留午饭，别葛民,先入城,遇徐介亭皋司马,大定人。言昨日曾相访,未直,此来自绍兴奉调以外帘,差毕未归。

初二日壬子(9月29日)　晴。早食,出凤山门,将游云楼、虎跑,行二三里许,感风而欧,遂还,召医主方,服一剂,卧一时许,乃差。

初三日癸丑(9月30日)　雨。秦澹如缃业都转邀观所藏书画,遂早饭。薄晚遂应马中丞招饮。

初四日甲寅(10月1日)　雨。晨过益斋观所藏书画,未能粗及十一,最佳者鲜中伯几行书横卷、吴匏庵草稿册。

初五日乙卯(10月2日)　雨,竟日夜。已雇船,令泊菜市桥,不能下。曹葛民相看,以《石屋著书图》索题。

初六日丙辰(10月3日)　雨止而热,晚复小雨。胡荄甫相访,善篆,讲朴学者。校《素问》《韩非》。冯晓藁盐经、旭,行四。杨正甫国笏巡检相访。晓藁,卓帆之子,卓帆没于浙,未归,先已指浙盐官;正甫,晓东方伯之孙,亦指浙从九,去年至,小东有宅在杭城横河桥下,约再来时寓其别院。晚,始以书箧下船,夜,为葛民题图。

《游冷泉归,曹葛民籥明经示〈石屋著书图〉,漫题二绝句》

三年契阔西湖梦,百首诗成竟有灵。君避乱时有梦西湖词一百首。石屋洞天无恙在,几回开口对岩扃。

君言石屋是君屋,我指冷泉为我泉。住屋饮泉且适意,著书辛苦向谁传。

初七日丁巳(10月4日)　阴,时小雨。清晨登舟,薄晚至塘西泊。

初八日戊午(10月5日)　阴。行过石门县,至石门镇泊。

初九日己未(10月6日)　晴。行过嘉兴府,问秀水明府张逊侯,已入省,留信及所索书,又行十里许塘弯泊。

初十日庚申(10月7日)　晴。行二十七里,入嘉善县城,泊仁济桥下。访金眉生,已出游近村,谓薄晚方归,且少待之。

十一日辛酉(10月8日)　眉生昨夜已归,先招早饭,凌晨访之,纵谈二时许,饭罢乃行。行三十六里,芦稊镇泊,眉生自春来连抱恙,故未得其消息,近则诵佛养心,相视皆颓然有老意。

十二日壬戌(**10 月 9 日**) 晴。顺风行百四五十里,至苏州阊门内泊,即候丁方伯,晚小雨。

十三日癸亥(**10 月 10 日**) 晴。丁方伯命移我舟转入盘门,移载于其坐船,在胥门内,遂以船为寓,且不必登岸宿。遇陈作梅来,谓明日当登舟还金陵。已而方存之至,则场后泛舟揽胜,将往浙江也。

十四日甲子(**10 月 11 日**) 晴热,午后大雨。薛慰农自金陵至,当还浙,方伯招同早饭。反舟捡新收书差善者廿种为一箱,作字寄湘乡公,托作梅携往。唐鷇安翰题相访,适未还,留赠所翻刻汉碑四种。

十五日乙丑(**10 月 12 日**) 晴热。候郭远堂中丞、勒少仲廉访、李薇生都转、吴平斋、俞荫甫。答唐鷇安。少仲言景剑泉参黔抚张石卿诸劣迹,奉谕革职。严渭春方抵黔,即请来京请训,奉谕以为取巧,亦革职,交云贵总督差遣。剑泉适又奏地方死事人,请饬巡抚查核,石卿即力言其非死事,乃转徙死,剑泉为诬,得严议。盖死事寔真,而石卿支词报复,何内廷之不察也?自是以贵臬署巡抚,以学政黎培敬署布政,贵之乡试在必行,贵之局面则大更张矣。荫甫、存之并相过谈,存之明日定南行,郭中丞招明日同饮,并辞之。

十六日丙寅(**10 月 13 日**) 雨,彻夜。

十七日丁卯(**10 月 14 日**) 阴晴半。平斋招饮,会者冯敬亭、潘季玉曾玮、吴介臣台寿及荫甫,纵观弄藏,目不暇给。其《隋人塔盘》六七寸许隶书及《梁始兴武王碑》旧拓,皆未见者。《始兴碑》闻尚存,去栖霞山麓不远,还金陵,当拓出证之。薄晚,访季玉,适已出。

十八日戊辰(**10 月 15 日**) 阴,午后雨。细读《兰陵王碑》一过,为之作跋。方伯招晚饮,识晏[彤甫]端书先生,在坐有上海令△△,则旧识也。

十九日己巳(**10 月 16 日**) 雨,过午乃止。书《兰陵王碑跋》于卷,并作字寄宗湘文。

二十日庚午（10月17日）　阴，小雨。平斋以唐写《说文》裱本来，兼以所藏《隋大业塔盘》隶书及《梁始兴忠武王碑》旧拓相视，碑久无拓本，塔在上方山寺，盘围一丈八尺，字大六寸，乾隆癸卯毁于火，尤不易得也。杨润△逢泽同守相访，晓东先生之仲子，新指省来。

廿一日辛未（10月18日）　雨，午晴。朱［竹石］之榛同守相看。

廿二日壬申（10月19日）　晴。丁方伯遣移入署中住。

廿三日癸酉（10月20日）　晴暖。潘季玉招午饮，晤沈韵初，言其在京收获刘燕庭所藏碑板二千稿，甚巨观，可羡也。

廿四日甲戌（10月21日）　雨。始检方伯藏书，过三匣。

廿五日乙亥（10月22日）　阴。检书单本者，才过一匣。

廿六日丙子（10月23日）　阴。检书一匣。

廿七日丁丑（10月24日）　阴，夜小雨。检书匣。孙敬亭观光相访，言有宋本书，俟其差还持来看。

廿八日戊寅（10月25日）　阴，薄晚雨。食后，寻元妙观肆中，竟乏可取之本。

廿九日己卯（10月26日）　阴。捡书过一匣。晚，曾相公廿五书至，谓所寄书已至，尚欲得皇朝《通典》《通志》及钦定《续三通》。又得丁俭卿书，言其为人所构陷，唯相公能直之，不知其何事也。

假得陈良斋骧德所藏《曹子建集》详本，谓其师金陵朱述之绪曾所校，采唐以上书引子建文句补正明刊十卷本。述之已作古人，乱后元本亦散失，仅此副本，当为之更录副以存，备有力者梓之。丁俭卿亦颇校曹，新有成书，不知其曾见朱校否。俭卿旧撰有《子建年谱》，述之曾引及之。

十月初一庚辰（10月27日）　晴。检书过二匣。潘季玉过谈良久。

初二日辛巳（10月28日）　阴。检书过三匣。

初三日壬午（10月29日）　晴。检书过一匣。寻石苕南诊脉，言心肝两部皆弦数，虚火上炎，当少清之。出太监衖口寻鲍书客，言有抄本《北堂书抄》及他旧本书，明送来看。

初四日癸未(10月30日)　晴。过书三匣。

初五日甲申(10月31日)　阴。过书一匣。昨字答金眉生，以《庄子》《淮南》寄之。

初六日乙酉(11月1日)　雨。已束装，将从方伯往上海，适方存之自浙至，言典试张香涛与约会于金陵，闻以初三出杭城，则先传两使者由严州行之，说不足凭也。且待之二三日。晚吊平斋，其少子年才廿一，甚聪惠，遽夭，可惜也。又过俞荫甫，托其寻写人，为录朱述之所校《曹子建集》。

初七日丙戌(11月2日)　晴。郭中丞招偕存之午饮，存之约明日往沪。

初八日丁亥(11月3日)　晴。午后同存之发船，东北行三十里外库塘泊。

初九日戊子(11月4日)　晴。行六十里，过昆山县，又五十里陆家浜泊。

初十日己丑(11月5日)　晴。东南行百二十里，至上海西门外泊。

十一日庚寅(11月6日)　晴。乘潮出黄浦六里许，移泊大东门外。食后入城，候应敏斋观察、刘庸斋熙载山长、刘芝田、廖养泉。龙门以吾园地新建，颇轩爽，与庸斋辛酉五月鄂城相别，遂七年矣。庸公客秦中，又起司业，提广东学，不乐，引疾已一年。谈次欲留小住，以此来仅能五七日即行，辞之。期明岁来，当更践此约也。

十二日辛卯(11月7日)　晴。访蒯蔗农、张西园，遂过敏公午饮，在坐孙诚之言梁诸碑当问普育堂王亮才。王君，栖霞人也。庸斋、养泉并相过，谈久之。

十三日壬辰(11月8日)　晴。访钟子勤，即过庸斋早饭。出城至二马路寻书肆。作字寄雨农，又作寄彝儿，以孙诚之即坐轮船之京，托之也。

十四日癸巳(11月9日)　晴。以《墓表》廿册、《说文》木部廿册、《邠亭诗》十册并托诚之寄彝儿。访冯介安,遂吊戴礼庭家,慰其世兄,介安即过舟中畅谈。

十五日甲午(11月10日)　晴。芝田相过。

十六[日]乙未(11月11日)　晴。偕存之泛舟至城南校场庙观新建制造局,已于八月自外虹口移机器来,方修制轮船各一。访局厂诸君,沈品莲归,王小云病,冯竹儒买舟材北往,唯遇郑玉轩、华若汀、徐雪村。还,为胡镴菊邻、蒋节各书一联。镴,石门[人],少俊,善双钩刻木,新刻《何子贞临石门颂》颇佳,他日有刻石件,当以命之。

十七日丙申(11月12日)　晴。郑玉轩见过,适已出应芝田招饮,存之申刻即行。

十八日丁酉(11月13日)　晴。冯竹儒相过。

十九日戊戌(11月14日)　晴。郁正卿相过,薄晚丁方伯行。竹儒、玉轩遣致一品肴来。

二十日己亥(11月15日)　晴。竹儒遣致彝所留《尚书今注》及《左传》来,《尚书》阙卷二、三一册,谓彝取出写《禹贡》后即寻不见,此子之疏谬可知矣。留青阁及他书贾并来归书价,阁中有明刊《五音类聚篇》,是四库未及者,金人韩道昭所著,又有《篇海》,《集韵》外自为一书,明当遣假舟中观之。晨将入城,适应观察出,将乘舟过铁厂,就舟中辞行,且索新印出毕《续通鉴》。遇元和朱修伯鸿少在舟,言其太翁是辛卯同岁,且索唐本《说文》。食后过融斋别。

廿一日庚子(11月16日)　晓晴,已后阴。开舟行三十六里,泊。

廿二日辛丑(11月17日)　晴。西北行△△里。

廿三日壬寅(11月18日)　晴。行△△里昆山县泊。

廿四日癸卯(11月19日)　晴。行△△里至苏省,泊胥门外。遣访浙试使两张君行未,霁亭光少沄卿午间始发舟,香涛编修之洞犹相待未发,亟移舟,过阊门同泊,计庚申京华分手八年矣,纵谈至四更,乃就寝。

廿五日甲辰(11月20日)　晴。偕香涛偕行至无锡,四更许,乃泊北门外,竟日之谈,别来无此乐也。

廿六日乙巳(11月21日)　晴。晨访霁亭,谓在苏已相待三日,当为留一日,遂拉香涛同过惠山品第二泉,观李少温听松题字及宋人两题名,无金吴传,两明府招陪两使者饮于小金山,香涛以病倦不至,还复过其舟,谈至午夜,遂与二君别。以旧书课各数纸赠二君,二君亦有笔墨食物之报。香涛又分赠廿金,以《续通鉴》新印本答之。

廿七日丙午(11月22日)　晴。行九十里,还泊胥门外。

廿八日丁未(11月23日)　晴。食后,移入方伯署,即出访李眉生廉访,适已出饮。

廿九日戊申(11月24日)　晴。大风,甚寒,始用小火炉,毕检书三箧。

三十日己酉(11月25日)　晴。眉生招晚饮。

十一月初一日庚戌(11月26日)　晴。

初二日辛亥(11月27日)　晴。

初三日壬子(11月28日)　晴。作字寄高北平。

初四日癸丑(11月29日)　晴。作字寄许益斋。

初五日甲寅(11月30日)　晴。作字寄孙琴西并越中诸友,明日并付信局去。

初六日乙卯(12月1日)　晴。

初七日丙辰(12月2日)　晴。

初八日丁巳(12月3日)　晴。

初九日戊午(12月4日)　晴。

初十日己未(12月5日)　晴。

十一日庚申(12月6日)　晴。

十二日辛酉(12月7日)　得纯斋及两儿信。彝信谓荐而不售,闻明年当有恩科，不知确否，索寄归资。绳信谓已告筹资，假在寓。
纯斋信谓故乡满目萧条，邻匪时时骚动，影山文籍大部尽亡，存者十
之一二而已，携得《孙文恭诗集》及宋本《吕氏读诗记》来。夜，作字
寄绳。

十三日壬戌(12月8日)　晴。方伯邀游木渎，坐轮船往，偕者
眉生、李军门△△、潘季玉、陈△△。巳正至，访冯敬亭。寻钱氏端
园，登楼看山，约乘兜过范坟。诸君恐晚，仅及灵岩而还。同过金氏
小园主人淑芷，就逼窄中步置极精雅，一花一石，并新奇可喜，为楼以
纳远岫之奇，寸地中经纶不小。薄晚还城，夜，作字寄纯斋，明日并付
信局去。

十四日癸亥(12月9日)　阴，午晴。

十五日甲子(12月10日)　晴。

十六日乙丑(12月11日)　晴。季玉招午饮。

十七日丙寅(12月12日)　晴。绳儿信至。

十八日丁卯(12月13日)　晴。

十九日戊辰(12月14日)　晴。

廿日己巳(12月15日)　晴。

廿一日庚午(12月16日)　晴。作字寄雨农及彝儿，彝信言明
年恐有恩科乡试，则不即归为便，无则当寄资。以眉生赠金五十封留
禹生处，俟开春妥便，此信则先告之也。

廿二日辛未(12月17日)　晴。

廿三日壬申(12月18日)　晴。

廿四日癸酉(12月19日)　晴。

廿五日甲戌(12月20日)　晴。戴子高相看，将还德清。

廿六日乙亥(12月21日)　晴。作字寄应敏斋、冯竹如、金眉生。

廿七日丙子(12月22日)　冬至。晴。眉生招午饭为别，作字
寄张逊候。

廿八日丁丑(12月23日)　晴。平斋、季玉、眉生为消寒会，先

于平斋所为第一集,许缘仲、顾子山、汪炳斋俱至,予与冠英亦在坐。时予已买舟,将还金陵,诸君订早来,及六七集也。还辞禹生,谈至四更许。

廿九日戊寅(12 月 24 日)　霜晴。晨出胥门登舟,即开,泊阊门,入城候李质堂军门朝斌,以禹生借其舢板护行也。还买一二琐细。

三十日己卯(12 月 25 日)　霜晴。晨料理小未完。食后开行,四十里南望亭泊。

十二月初一日庚辰(12 月 26 日)　晴。顺风行,五十里过无锡县,又百里常州府,泊西门外。

初二日辛巳(12 月 27 日)　阴,风寒。船人视其家未还,仍泊。食后入城访史贤希,贤希招果卿同饮。薄晚乃还舟,夜,有微雪。

初三日壬午(12 月 28 日)　风少息,食后雾。行△△里,丹阳县泊。

初四日癸未(12 月 29 日)　半阴晴。晓出四五里许,道为泊舟木榫所塞,甚艰难。

初五日甲申(12 月 30 日)　晴。行二十里,出江顺风,炮船带行,五十里瓜洲,又七十里东沟口泊。

初六日乙酉(12 月 31 日)　晴。阻风,泊。为杨咏春作楷书四纸,节马第伯《封禅仪记》。

初七日丙戌(1868 年 1 月 1 日)　半阴晴。顺风行百里,至石头城下泊。晚雨,独乘轿入水西,还坊口小寓,明日及起载。

附：丙寅六月至沪以来所收①：

《周礼郑注》，明本，善，十二，乙元二。《公羊注疏》，七，八角。吴校《战国策》，元刻，乙元。《欧阳文粹》，四，四角。严衍《补通鉴》，八，残写，五角。《盐铁论》张注，八，八角。《历代帝王宅京记》，六，五角。《方舆类纂》，三十，三元。《班马字类》，一，三角。《朱子年谱》，八，一元。北监《前后汉》，五十六，十五元。《甘泉乡人稿》，五，三角。《金陵梵刹志》，八，四角。《晏子》，四，五角。《商子》，一，二角。《家语疏证》，二，二角。《东莱诗律武库》，六，宋残本，六角。《古文关键》，二，三角。《唐四家集》《联珠》《唐风》等，二，三角。《古文苑》，二，三角。《五礼通考并读》，百本，三十元。《江文通集》，宋本，五，二元。《王临川集》，廿二部，八元。《敬业堂集》，十，二元五。《金石文字辨异》，八，元二。《湖南志金石》，六，元六。《马石田集》，四，元六。《元名臣事略》，四，二元半。《二南训女解》，二，六角。《文章轨范》，二，二角，彝留。《杨升庵草书诗稿》，一，二角。《花间集》，一，明翻宋本，二角。《何大复集》，八，乙元。《李空同集》，五；《江文通集》，四；《何水部集》，一；《古文品外录》；《姬嫒集》，[上]五[种]戴礼庭赠。《说文篆韵》，一元。《新序》，二，一元二。《茗柯遗文》，二角。《柳河东集》，元半。《包忠肃集》，一元，金眉公借。《苕溪渔隐丛话》，十；《罗两峰夫妇合卷》，[上两种]沈伯川赠。《元遗山诗注》，蒋海珊赠。《曹全碑》，旧本，乙元五。《管子》，赵刻，十二，乙元。《穆天子传注疏》，三，四角。《庄子郭注》，十，乙元。《易纬八种》，一，三角。《东莱易说》，一角。《韩非》，四，六角。《淮南天文训补注》，二，四角。《论衡》，五，八

---

① 同治五年六月，莫友芝至上海，八月由上海归金陵，途经松江府、青浦县、太仓州、昆山县、常熟县、苏州府、吴江县、无锡县、常州府、丹阳县、镇江府、扬州等地。《郘亭日记》载其同治五年九月十七日过常州书肆，此次收书记录亦至此而止。此书目附于同治六年《郘亭日记》后，每种书下所注数字为册数，偶而亦附记版本情况，最下为购书价格。

角。《鹖冠子》，一，二角。《南浔镇志》十附《涟漪文钞》二，海珊赠。《陆士衡集》，二，一角。《河岳英灵集》，二，二角。《壹斋集》，十，黄子慎赠。《史通训故补》，八，一元。《水龙经》，四，贾云阶赠。《干禄字书》，一元。《长吉诗陶庵评》，一，二角，彝留。《石墨镌华》，四，三角。《妥先类纂》，六，三角。《大清通礼》，十二，七角。《昏礼通考》，六，三角。《初学记》，十，六百。《龙龛手鉴》，六，六百。《类篇》，十四，三元。《说文系传》，严校本，六，五元。南监冯本《史记》，二十，三元。洋板《七经孟子考文》，二十二，八元。《明诗综》，廿，二元四。闻《旧唐》《宋文鉴》，残，一元。《禽虫述》，一，一角。《绝句辨体》，一，一角。《石柱记》，一，一角。东雅《韩文》，十二，一元六。游刻《韩文》，六，未来。《伊洛渊源录》，六，八角。《朱门授受录》，二，写，八角。《万国图》，六，三元。《黄氏日钞》，廿四，王太素要，三元。《甔甀洞集》，廿，元半。《□子史记》，廿四，送蒋节，二元四角。陈氏《礼书》，二元。《三长物斋》六种，二元。《艺文类聚》，十，三元二。《艺文类聚》，十八，二元四。东雅《韩文》，十，李雨公要，四元。《左传》，一元。《贾子新书》，醇雅赠。《唐廿六家诗》，一元。《列子》，一，四角。《纲鉴正史约》，十六，二元，彝留。《韩诗外传》，一，二角。《宋辽金元艺文补》，二，二角。《□□□□》《日本舆图》，□□赠。《绛云楼书目》，借。《明刻小说》，一，一角。《读韩记疑》，三，四角。《金石三例》，二，二元，沈校。《六家文选》，十六，廿四元。《元章志林》，一，二角。《元秘书志》，四，一元。《仪礼疏》，十二，一元半。《端溪砚史》《蟹录》《文章缘起》，三角。《石秀斋集》，四，二角。《纬略》，三，三百。《博物志》，一，黄刻，二百。《金石苑》，八，四元。《天下图》，一，五角，彝留。《万国图》，元半。《香苏山馆诗》，四，礼庭赠。《大吉券》，一元。《元白集》，三元。《飞卿诗注》，二，三角。《旧五代史》，廿四，四元。抚本《礼记》，六，少考证、音义，三元，彝留。《五音集韵》，八，元半。《史记集解》，明本，四十；《前后汉》，汪校汲古本；《太元经》，明翻宋本，六；《说文订新附考》，四；《两汉疏证》，廿三，中前汉少一本；《左传》《水经注考证》；《王半山集考证》，此数种借郁氏。《黄山谷授官勅及黄氏谱序》，四纸，五元。右沪买，共一百九十三元六角。

《平津馆丛书》，四十八，五元。《古文辞类纂》，十二，三元。《御纂五经》，廿套，廿元。桃花纸《十七史》，二百四十，七十元。《辽史拾遗》，八，四元。《圣武记》，八，一元。《唐文粹》，廿，五元。《明诗综》，卅二，四元。《宋诗钞》，廿，三元。书业《前后汉》，廿四，八元。右在沪临行为舍弟购，此十种，共一百二十三元。

下松江：

《宏明集》，三，三百。御案《五经》，廿四，二元四。《晋书》，明本，卅，三元。《天中记》，卅，三元。《淳化帖考异》，二，一元。《真诰》，四，六角。《吴渊颖集》，四，四角。《六朝诗》，十二，一元。《二张诗》，四，二角。《唐宋妇人诗》，一，二角。《话雨楼碑贴目》，二，二角。《墨子》，六，六角。《楚词补注》，二，五角。《汤子遗书》，八，五角。《农尔雅》，二，一角。《竹垞诗江注》，六，三角半。《谢茂秦诗》，六，三角半。《邵青阁集》，八，六角。《群书治要》，廿五，十二元。《皇元风雅》，六，写，一元。《建文朝野会编》，六，六角。《龙龛手鉴》，五，三角。《孔丛子》，二，二角。《陆子余集》，四，五角。《吴越备史》，一，二角。《事物纪原》，十，写，一元二角。《怀麓堂集》，二十，二元。上廿七种松江所收，共三十三元三[角]。

《陈书》，北监本，四，七角。《说文古语考》，一，一角。《平播全书》，卷一之五，尚少后十卷，六，四角。《大唐创业起居注》，一，一角。《焦氏经籍志》一二卷，一，一角。《十家古文》，四十，二元六角。上在太仓收者，共四元。

《仪礼详校》，二，六角。《庄子》，中都本，四，八角。《礼记释文》，抚本，四，八角。《管》《韩》，赵刻，八，一元三角。《姜白石集》，二，四角。《袖海楼杂著》，二；《岁实考补》《日知录刊误》等，四角。明本《柳文音训》，八，一元二角。《刘静修集》，残本，三。上在常熟收，共五元半。

《崇古文诀》，十二，元半。残闻本《旧唐》，廿六半，二元。明修元本《韩文考异》，八，二元半。汪刻《汉书》，十五，少五本，二元。岳本《左传》，十五，一元六。仿宋《四书》，八角。《通鉴地理通释》，四，五角。《回溪史韵》，五，元二。《古今书目》，十八，二元。《名臣碑琬琰集》，十，八角。《李义山文》，六，《通鉴》，一，元。《崇文总目》，五，六角。《直斋书录》，六，一元二。冷枚《仿西园雅集图》，元。《茶经》等，四，五百。《史记评林》，廿四，三元三。《元事文类聚翰墨全书》，十二，元。《明史艺文志》，四，尚少集部大半。《墨法集要》，一。岳本《左传》，十五，二元八。《国语补音》，三，元刻，元二。《骈雅训纂》，八，二元。《山谷内集注》，影宋，四，三元。《一统志》，一百元，托平斋为雨亭买。上在苏州收者，共三十二元半。

《通雅》，十二，元二。《性理精义》，六，六角。《李杜诗注》，十，元二。[上三种]镇。《纪效新书》，六，一元。《韩文考异》，十二，[一]元。[上二种]常。上在常、镇收，共五元。

以上共三百九十七元。

又附：辛弃疾治疝方及李幼持治疝方①：

辛稼轩初自北方还朝，忽得癞疝之疾，重坠大如杯，有道人教以服叶珠，即薏苡仁也。法用东方壁土炒黄色，然后入水煮烂，放沙锅内研成膏，每日用无灰酒调服二钱，即消。沙随先生亦患此证，辛以此方授之，亦一服而愈，近人用之有效。

治寒疝方李幼持开来，谓神效，汤速于丸。

附片四钱；焦白术四钱；云苓二钱；制苍术二钱；真沉香七分；潞

---

① 此两方亦附于同治六年《邵亭日记》后，辛弃疾治疝方录自宋张世南《游宦纪闻》。

党(乡)[参]五钱;上肉桂八分;车前仁一钱五分;小茴香一钱;枟香八分;黄连三分研拌炒;净吴萸八分;川楝子二钱;荔支核一钱,焙研;生姜五片同煎。

同治七年（1868）

初一日庚戌（1月25日） 晴。谒贺使相曾公并城中官绅寓友相识者。

初二日辛亥（1月26日） 晴。检校《四库简明目录》子部，笺其刊本，毕儒家。

初三日壬子（1月27日） 晴。出贺元日未至诸处，唯晤陈小江。黎莼园庶蕃自家至，言贵州乡试以八月廿八日为行第一场，故乡亲友大半不存，唯郑子行在，已衰老。

初四日癸丑（1月28日） 晴。莼园言自乐安入城，竟数十里无人烟，乡中田无耕人荒者过半。戴子高过谈，言杭州塘西老诸生（杭）〔劳〕权平甫家旧藏宋元旧本书甚多，乱后存者犹不少。彭宫保见过。

初五日甲寅（1月29日） 阴。程亮斋自溧水至，李勉林自安庆至，并相看。

初六日乙卯（1月30日） 晴暖。答拜彭宫保，遂过书局，观张仁卿所携瞿氏所藏南宋刊《管子》，极精善，是书未有佳本，当仿刊之。遂还访劼刚，为吴平斋乞湘乡公书。就陈小江晚饭。

初七日丙辰（1月31日） 晴暖。仁卿、孟虞相过，莼园以舍六弟庭芝丙寅九月、十一月托蔡念皇所寄信至，言以安顺守城功保升教授，光禄寺署正衔，只须向部著册即可选。又言大猷侄及苏甥金林闻已物故。又丁卯四月寄莼斋信，言已卸安顺校官事，仍主讲，人口日增而修米不给。莼园言赵晓峰旭补荔波校官，以城失守，殉难数年矣。

初八日丁巳（2月1日） 阴，晚小雨，夜大风。周养恬璪相看，绩溪诸生，言金石与绳往还者。李勉林、王策臣先后相看。湘乡公索家中太白、山谷两家诗注本，以所读两本并闻刻《旧唐书》送往。

初九日戊午（2月2日） 阴，大风，微雨。为湘乡公题识所藏袁漱六赠旧本《汉书》，袁以为景祐本，细核之，特金元间翻绍兴本耳。然亦不易得也。

初十日己未（2月3日） 阴寒。张云溪铁皮船至，与邵子安来访。书局诸君子招早饭，适冯竹儒至，同坐飞霞阁，谭二时许。还看李勉林、麓桥兄弟。

十一日庚申（2月4日） 戌初，立春。阴，寒。应敏斋相访，言毕氏《续通鉴跋》已刊就，二月乃开印，更寄本来。夜雪。

十二日辛酉（2月5日） 昨夜二更后雪。晨起，庭中积深处可二寸许，日中渐消。阮兰江恩溥①相访。黄昌岐招午饮。方小东朔太守相访，致其所著《枕经堂【堂】诗集》及《骈体文》《金石跋》诸刻本。夜，三更后雨彻晓。

十三日壬戌（2月6日） 雨竟日。

十四日癸亥（2月7日） 阴。答小东，不直。以湘乡公所示旧本《汉书》②谒归之。周孟虞过，谓明日当先还常熟。

十五日甲子（2月8日） 阴。小东相访，言其著有《海务书》八册，因所闻见征实而言，已呈中堂阅。钱塘吴小耘兆麒司马相访，北榜同岁耘石若准之嗣君也。去岁方至苏投到。是日《简明目录》子部始笺记毕。

十六日乙丑（2月9日） 晴。朱竹石司马之榛相访，是北榜同岁建卿善旗助教之从子也。去岁在苏未叙及，竹石此来乃言之，以其叔

① 恩溥：疑为"恩海"之误。

② 此处删去"为题识，定为金元间覆绍兴本"十二字，盖与本月初九日所记重复也。

祖菽堂先生为弼《吉金古文粹》手稿四册属题识,是先生未第时,在纪文达幕中为编《积古斋钟鼎款识》残稿也。中有文达乙改处。湘乡公遣假《白氏长庆集》《欧阳文忠集》两明本,且属为购致善者,并太白、山谷两家集佳本及钱笺《杜诗》,一隅①草堂刊《香山诗》初印者。

十七日丙寅(2月10日) 吴广庵字至,属觅善刻手若干辈偕往。

十八日丁卯(2月11日) 阴。为科侄聘周子愉世兄之女。程亮斋、赵伯庸先后至,同候两家冰人饮。夜雨。

十九日戊辰(2月12日) 姚慕庭自江西解京饷经过,相看,遂留宿,其尊人《石甫先生集》已垂刊成矣,将陆续刊其曾姜坞先生以上旁及惜抱诸种。杨石卿以所著《中州碑目》及《备忘录》相示。

二十日己巳(2月13日) 晴。吴至甫及莼斋来看慕庭,同早饭,慕庭午后还登舟。邵亭亦买舟,明日发往苏州,同谒辞湘乡公。公言李小湖藏《孟法师》旧拓之妙,索借观家中河南书《伊阙佛龛碑》印证之。

二十一日庚午(2月14日) 晴。介亭、菽园、莼斋来送行,以《伊阙碑》属其转呈,并以新装唐写本《说文》木部卷,属代乞湘乡公题首并写昔著七言长篇于卷中。午正登舟,申正乃开,及下关泊。

廿二日辛未(2月15日) 阴,寒。开行二十里,燕子矶泊,阻风不能前也。慕庭亦同泊,食后得畅谈三时许。

廿三日壬申(2月16日) 晴,东北风,仍泊。作二联,一寄萧润宇,一寄王德舆,托慕庭至京师致之。

廿四日癸酉(2月17日) 晴,大东南风不息,仍泊。慕庭时时过谈。

廿五日甲戌(2月18日) 晴。风稍小,抢行至东沟,遂泊,日未午也。慕庭舟大,犹未开。

---

① 一隅:原作"秀野",后改。

廿六日乙亥（2月19日） 阴，仍风，有小雨。强刱行及沙漫洲，不得泊处，还溯上泊于东沟。

廿七日丙子（2月20日） 半阴晴，风息。行过瓜洲镇江府，下至月河口刺入，泊。盖行百余里，泊亦酉正矣。

廿八日丁丑（2月21日） 逆风行，狭港浅水，一更后始泊丹阳。

廿九日戊寅（2月22日） 晴，热甚。逆风行至奔牛，已晚，遂泊。

二月初一日己卯（2月23日） 阴。顺风行过常州、无锡，至许墅关泊。夜，大风，微雨，寒甚。

初二日庚辰（2月24日） 逆风，阴雨。巳正始行，及阊门外泊，骤风密云似薄暮者，细雹沙沙然搅雨而下，闻雷者三，不能登岸，点灯笺《简明目录》，毕末卷，乃薄暮。忽暴风起，在泊诸舟增维坠锚，犹击撞摆簸一时许。问岸头人，则丁禹生中丞正月廿四已接印，郭制军初四登舟矣。

初三日辛巳（2月25日） 风雨。强登岸，入城谒丁中丞、郭制军。候吴平斋、李眉生，仍不能起载，还舟宿。《简明目录》集部四册，自舟中阻风，始笺校，昨日今夕竟毕功矣。

初四日壬午（2月26日） 大风雨。食后乃雇两小舟，冒雨载行箧入盘门水关，绕胥门内，还上经四桥至申衙前，雨止，登岸，入新开书局。局屋新赁之毕氏，即秋帆尚书灵岩山馆也。园亭水石绝佳，待葺理耳。午后狂风彻夜不止，屋主人毕孙帆中书长庆、局司事周……汪梦萱……及局委员方……并相见，局提调吴广庵州守方送制军于无锡。

初五日癸未（2月27日） 阴。候俞荫甫、潘季玉、杜方伯、勒廉访、李军门。赵惠甫相访，不直，遂还虞山。

初六日甲申（2月28日） 晴。申理问保龄相访，广庵至，言方阅甄别卷未毕。

初七日乙酉（2月29日） 雨。潘芝岑、树辰、归安。王竹生镛、蓬溪。两大令相访，亦局中提调，偕广庵阅中丞甄别卷子方毕。周梦虞至。方伯、廉访先后相过，方伯索假《魏廓园尺牍》过录。王都司金魁,贵阳。相访。

初八日丙戌(3月1日)　晴。移入南屋,屋主人今日始让出也。李军门相过,吴立三正纲,大定。相访。

初九日丁亥(3月2日)　食后大雨。平斋相过。晚觉伤风头眩,招沈羲民……一视,未至。

初十日戊子(3月3日)　阴。羲民至,谓肝肺两热,又冒风也,为处方,连服二剂。

十一日己丑(3月4日)　晴。感冒已减,犹忌风不可出,数日无事,以阮文达所进呈《四库》未收书百七十三种,依部类节录于《简明目录》卷端,昏眩作辍,今晨乃毕功。

十二日庚寅(3月5日)　阴,时小雨。出谒中丞,还访顾子山文彬廉访,遂过眉生纵谈。

十三日辛卯(3月6日)　阴,风。

十四日壬辰(3月7日)　半阴晴。子山相过,张仁卿以金陵至,将绳儿所寄信物来。

十五日癸巳(3月8日)　阴,甚寒。二更后飞雪片,雨彻夜不止。

十六日甲午(3月9日)　寒雨竟日,夜大风。是日仁卿往常熟募刻工。

十七日乙未(3月10日)　阴,寒风。

十八日丙申(3月11日)　阴。过平斋,晤金梅生、许缘仲。遂过李眉生。

十九日丁酉(3月12日)　雨。闻中丞将以廿一往金陵,谒问局中事宜。

二十日戊戌(3月13日)　阴,大风。

二十一日己亥(3月14日)　半阴晴,大风。是日诸刻工开手。

二十二日庚子(3月15日)　阴雨,大风。同乡王君言洪云洲之夫人贫窘甚,适其乡人吴立三至,属以四洋元致之。

廿三日辛丑(3月16日)　半阴晴,大风。金梅生相过,以其岁暮怀人诗册属题,用其见怀韵作一首。①

廿四日壬寅(3月17日)　半晴阴,风。

廿五日癸卯(3月18日)　晴,风。

廿六日甲辰(3月19日)　晴,复阴,大风,夜雨。

廿七日乙巳(3月20日)　午见日,旋风雨,晚大雷雨,暖。

廿八日丙午(3月21日)　半晴阴。仁卿自常熟至,彼间刻工末之至也。

廿九日丁未(3月22日)　半晴阴。过元妙观寻书肆,遂过药局寻程筠泉为处牙痛方。将夕,绳儿自金陵至,前高伯足亦偕来。

卅日戊申(3月23日)　阴。招伯足来同住,食后同访眉生。

三月初一己酉朔(3月24日)　阴寒,午后小雨。

初二日庚戌(3月25日)　晴阴半。

初三日辛亥(3月26日)　晴。

初四日壬子(3月27日)　晴。携伯足及绳儿泛舟过虎丘,丘端塔传隋仁寿时建,无凭证,塔上旧砖剥落出者有"武丘寺"字,又有"己未年建",盖唐显(德)[庆]四年也。

《虎丘和高伯足》

海涌咄小山,寺境拓市阛。荒荒余瓦砾,落落乃苍蔚。野花微径引,磐石迭茵大。削壁俯深沉,危标上烟霭。连嶂赴远色,佳禽泊虚籁。谁言城郭近,意与沧洲会。漫游起旁净,禊事聊举废。同心不金玉,遹尔喧寂外。

《元作》高心夔

众下易为高,禊游展晴旭。眈眈金绀數,艳艳满荼薇。春心共野色,烂漫江海曲。虽殊洞庭榜,眉生适游具区。美憩一磐足。地荒见

———————

① 此处粘有浮签:"五湖烟水好,未合老斯人。强项偏依佛,低心更学贫。名场元作剧,诗笔总如神。晨起占眉气,匼时重此身。金眉生示岁暮怀人诗,用其见及一首韵,书其后。"

清翛,人胜非我独。泉池喜无泄,得养岩中绿。

《五人墓》

残碑低映杂花开,果傍要离冢畔埋①。岁岁山塘寒食路,看花都是吊君来。

初五日癸丑(3月28日)　晴。

初六日甲寅(3月29日)　晴。

初七日乙卯(3月30日)　晴。与伯足商为邓尉之游。眉生适自具区还,招伯足移寓,游兴顿沮。伯足言道光末召戴醇士画于对鸥舫,上命出朝鲜仿宣巨幅纸,观其解衣盘荡,遂以巾蘸墨,顷刻成怪石,画纸甚蒙赏异,赐钱舜举……画卷,他赐予复优厚,醇士亦自谓此画生平所不能到也。

初八日丙辰(3月31日)　偕伯足过眉生,纵谈竟日。伯足遂移寓。晓阴,午雨,至晚未止。

初九日丁巳(4月1日)　阴。金逸亭相访,戴步瀛秀才兆登来言,昨日新奉委入书局分校,醇士之孙也。伯足为湖口石钟山集句,榜其船厅之楹云:"复有楼台含暮景,欲回天地入扁舟。"属为书之,又书联榜十余事。

初十日戊午(4月2日)　过伯足谈,伯足言曹镜初耀湘,长沙人,曾就骆中丞百廿金馆,而黄兰坡以三百金聘之,遂两辞焉,而自处乡馆以食,其品可知矣。陈少海景沧,龙阳人,易笏山之戚,其人亦有骨力,笏山今需次贵州知府,曾为通筹全局之议,当事莫能用。陈槐庭钟英,湖南衡山人,原籍苏州,今居无锡城,有《李陵诗》最佳,官浙乌程知县,与惠甫、壬秋、镜海诸君至好。

十一日己未(4月3日)　晴。过伯足谈。

---

①　原作"侠骨宁知择地埋",旁改。

十二日庚申(4月4日)　晴。

十三日辛酉(4月5日)　伯足过谈。金梅生、吴平斋亦至。梅生将往李肃毅营,闻肃毅幕府人及诸将皆恨其往,则此君殆未是可出时也。

十四日壬戌(4月6日)　晴。视梅生行。还至眉生所,与伯足谈,梅生亦至,同晚饭。

十五日癸亥(4月7日)　阴。

十六日甲子(4月8日)　阴,午有数点雨。伯足来约绳以明日同行,绳遂往阊门看船。眉生亦来纵谈,遂同晚饭。

十七日乙丑(4月9日)　半阴晴,午小雨。视伯足行于眉生许,遂同早饭。送之至阊门,登舟而别。伯足此来,其历练校昔为着实。

十八日丙寅(4月10日)　晴,夜半大雷雨。

十九日丁卯(4月11日)　阴,午后雷大雨,雨雹如蚕豆。

二十日戊辰(4月12日)　晴,少寒。

廿一日己巳(4月13日)　阴。

廿二日庚午(4月14日)

廿三日辛未(4月15日)　晴。

廿四日壬申(4月16日)　晴。过平斋、眉生。

廿五日癸酉(4月17日)　晴。

廿六日甲戌(4月18日)　眉生招早饭,得晤王子蕃、郭慕徐。与子蕃别遂三年矣,言蜀中兵政大坏,骆宫保至,未加整顿,且惟右楚勇,此后将有大不相安者。慕徐论书有见到行墨之外者。薄晚,得舍弟金陵信,并附到二月彝儿及雨农父子京师寄信各二件,□问彝定留京一二年,抑即遣出,当以信速之,女子及外孙俱平安也。作字寄冯竹儒并所书《考工记》于沪。

廿七日乙亥(4月19日)　晴。午后金眉生过谈,遂偕往安徽会馆,观其园亭。园旧名洽隐,韩慕庐尚书旧居也。其中屋舍太密,唯假山石洞之上有古藤怪石,平台可眺远佳城,人皆盛称之。半夜雷雨。

廿八日丙子(**4 月 20 日**)　寅初谷雨。雨,午止。校《国语补音》三卷,至二更乃毕。

廿九日丁丑(**4 月 21 日**)　阴。借眉生谢刻《黄诗外集》,补钞宋本遗页五纸。

三十日戊寅(**4 月 22 日**)　阴。

四月初一日己卯(4 月 23 日)

初二日庚辰(**4 月 24 日**)　晴。眉生明日将登舟往金陵,看之,谓其还必在闰月半,坚属待同往沪寻旧籍,尔时不必呕呕议过江也。热如中夏,柱础如汗。

初三日辛巳(**4 月 25 日**)　晴热。

初四日壬午(**4 月 26 日**)　晴热。以宋淳祐刊本《黄诗史注外集》校嘉靖刊本外集诗,得是正若干字,朝食毕,凡费四日。薄暮雨数点,时有雨。

初五日癸未(**4 月 27 日**)　晨阴,已凉。贺丁中丞太夫人寿还,遂雨时止时作,晚得绳高邮寄信,言廿四到高邮北三十里之马棚湾,即现在督修运河之潘、叶两观察驻处,即与伯足别而登岸。廿八已奉委查看新旧石料,即租屋以住,大约闰四月内完。此段水渐长,当歇以待秋。

初六日甲申(**4 月 28 日**)　阴,时小雨。中丞来答。

初七日乙酉(**4 月 29 日**)　晴。

初八日丙戌(**4 月 30 日**)　晴。黄翰唐尔祉,桐城。司马,方小东朔先后相过。

初九日丁亥(**5 月 1 日**)　晴。过孙帆,观其所植蔷薇,两壁盛开。遂同过对门汪氏祠园,观假山池沼,绝玲珑幽曲。午后风,半夜雨。

初十日戊子(**5 月 2 日**)　阴雨。王翘初云鹤相看,自乙丑夏沪上一别,今四年矣,皆各少衰于昔,相对增叹。孙帆招午饮,还读写本影弘治刻《元遗山诗》，前人所举华刻集本之误，此本皆不误，大是佳本。以《左传》读本二册付写，以《通鉴》胡刻二册付雕。夜雨。

十一日己丑(5月3日) 阴雨。晓起水泻，仍小睡。闻七弟自金陵来，出视之，则内子芙衣已在局庭，且挟维女、庆孙，方为料理住屋，豁然而醒，始知梦也。午后霁。

十二日庚寅(5月4日) 晴。过广庵夷务局，遂谒中丞，商书局诸事。

十三日辛卯(5月5日) 未正立夏。晴。作字寄雨农京师。

十四日壬辰(5月6日) 晴。作字寄彝儿，即并以付信局。

十五日癸巳(5月7日) 晴，大风。作字寄绳儿高邮，付驿去。

十六日甲午(5月8日) 晴。洪雨楼相访。汝霖改汝濂。

十七日乙未(5月9日) 晴。

《读渔洋评点定宋荔裳〈入蜀诗卷〉有怀》

瞿塘双阙与云齐，巴字江回更向西。北宋清诗余蜀道，南明归梦引猿啼[1]。游踪前后谁勍敌，古谊讥弹认旧题。使我飘蓬忆强伴【强伴】，望山风雨草萋萋。

此卷面题蚕尾山房抄本，卷中评陟利病分明，于《三闾大夫庙》、《北帝城》两篇，辄举已作律诗，谓足为勍敌否，以俟后之揽者。卷端识略云：康熙壬子，余与荔裳先后入蜀，不及相见。明年荔裳入觐，卒于京师。甲寅、乙卯家居，尝得其《入蜀诗》一卷，写留笥中，久之，失其本。庚辰秋，予官刑部尚书，荔裳之子思勃自莱阳至，投一卷，正《入蜀诗》也，亟录存之。先是辛亥岁，荔裳在京师，属余选定其集，次为二十卷，携以入蜀，今此本不可复睹矣。惜哉。庚辰十一月十九日。

按庚辰为康熙三十九年。渔洋辛卯年卒，年七十八，则是年六十七矣。此卷虞山瞿秉渊藏。

---

① 此两句原作："一卷清诗余蜀道，五更归梦入猿啼。"

十八日丙申(5月10日)　阴,午晴。洪雨楼来检《北堂书钞》,饷纸索书,刘泖生履芬司马相访,衢州江山。新委局中提调。

十九日丁酉(5月11日)　阴晴半。

二十日戊戌(5月12日)　晴,甚(熟)［热］,础润。秀水陈念东孝廉元骥,戊午。相访,以张逊侯书至。逊侯已卸秀水调省,将行矣。又得绳十五高邮信。潘季玉二子入学,贺之。即答看黄翰堂。夜大雨。

廿一日己亥(5月13日)　雨,骤凉。

廿二日庚子(5月14日)　晴。

廿三日辛丑(5月15日)　晴。往火神庙观焚淫词小说,中丞所严禁也,以书局主之。唐蕉庵相访。杨见山相访,别三年矣,集《管子》"员其中辰其外","祥于鬼义于人"为联,索书甚亟。

廿四日壬寅(5月16日)　阴,晚雨,寒如晚秋。陈卓人相访。

廿五日癸卯(5月17日)　寒雨。昨于肆中得《道园类稿》残本,其诗尚全,以其目较《学古录》增出者二百三十四首。又校其文中之碑一类,亦增多廿六首。其侄孙堪所编《道园遗稿》,盖即以此增出者为柢,而别搜以益之,合得诗七百余首。

廿六日甲辰(5月18日)　阴。

廿七日乙巳(5月19日)　晴。仁卿以明王损仲惟俭《宋史记》凡例相示,谓其本苔上潘昭度所录,今展转藏太仓闻氏,世间盖无第二本。渔洋《蚕尾集跋》谓损仲删正《宋史》为《宋史记》二百五十卷,目录、列传删并涂乙甚多,云是汤义仍手笔者也。冯敬亭相访,言其校刊小徐《韵谱》已成矣。

廿八日丙午(5月20日)　晴,始暖。金眉生过谈二时许,闻涤相以廿四出金陵,先至扬州,即来苏阅兵,闰月初可至。连日校《曹子建集》写本,今午始毕,得更□□□核之。

廿九日丁未(5月21日)　晴。辰巳间雨数点。

闰四月初一日戊申(5月22日)　晴热。

初二日己酉（5 月 23 日）　晴热，午后复阴，时有小雨。管洵美庆祺委入书局，陈硕甫高弟，年六十三矣。苏郡学人之最也，久欲一访之，今乃识面。

初三日庚戌（5 月 24 日）　阴雨。曾中堂自金陵至，傍晚乃入城。得陈兰浦澧广州来书。

初四日辛亥（5 月 25 日）　晴。晨谒中堂，晤劼刚公子、黎莼斋、赵惠甫，识吴南坪敏树学博、刘南云［南捷］。南坪长诗古文，为经说不株守，务发新义，曾为浏阳校官，亦自罢去，教子课耕，极林泉之乐，谢绝荣利，楚文人之甲乙人品绝高者。南云则克复金陵功第一者也。遂访俞荫甫、冯林一、唐蕉庵。

初五日壬子（5 月 26 日）　晴。莼斋、惠甫相过。

初六日癸丑（5 月 27 日）　晴。晨起，南屏、莼斋相过，纵谈甚乐。遂偕应李质堂军门招午饮。

初七日甲寅（5 月 28 日）　晴。从中堂至木渎，因寻登灵岩山下，憩无隐庵，腹痛甚，睡片时许，过范坟，同人皆登天平，余独未能往，遂还舟。

初八日乙卯（5 月 29 日）　晓，小雨。中堂往胥口，停以待许缘仲……潘季玉招午饮于许氏园，遂同还，泊盘门外。夜，南屏以箍韵同人和章及新游诗相示。

初九日丙辰（5 月 30 日）　晴阴半。偕行过昆山县，至三江口泊。

初十日丁巳（5 月 31 日）　半阴晴。偕至上海县西北周太爷庙外泊。

十一日戊午（6 月 1 日）　晴。出吴淞江，溯黄浦，泊城南八里机器厂下，登岸视局中冯竹儒、沈品莲诸友。

十二日己未（6 月 2 日）　晴。复登岸与南屏诸君谈，午后还舟，城中及局中诸友皆相过，至晚乃罢。晤周方伯开锡。

十三日庚申（6 月 3 日）　晴。应观察及主局两君招为泾浜之游,还饮于一勺园,以和中堂赠南屏诗韵纪前日之游待脱稿,辞不能偕。

十四日辛酉(6月4日) 晴。中堂登轮船还金陵,莼斋、南云偕焉。南屏遂取南汇道往浙江,晨起送之。遂移泊大东门外。入城答看观察诸君。访刘融斋,谈久之。张欣木玉熙、袁爽秋振蟾两孝廉自京师还,何秋士亦在馆中,又会谈半时许。为希闻访郁氏书,则云所开价减单及书目一册,并丁中丞持去矣。

十五日壬戌(6月5日) 晴。移船入吴淞江二摆渡泊。

十六日癸亥(6月6日) 晴。晨看金眉生谈。龚孝公来访之,共议金石若干事。食后行至新北门阅书肆,了无所得。还过希闻舟谈,希闻犹有数日留,不待之也。

十七日甲子(6月7日) 晴热,午后雨。发舟溯行,至横渡泊。

十八日乙丑(6月8日) 大风雨。少避,得顺风,微雨,遂行百八十里,一更至胥门外泊。是日颇凉爽,作书尽十二纸,杜双按之,能伸缩适意。

十九日丙寅(6月9日) 阴雨。雨少止,即登岸入书局,局中尚未有人起。

二十日丁卯(6月10日) 阴雨,凉。

二十一日戊辰(6月11日) 阴,雨稍大,入夜乃暖。得彝儿及雨农京师四月十七信,彝三月廿八已出京,行至河间,有阻不能进,偕周子迪仍还京,待可行乃出。又得蔡念篁信,言其二月出门,是月初六已至金陵。

二十二日己巳(6月12日) 晴暖。作字寄九弟及念篁,又书《续通鉴》书面寄上海。

廿三日庚午(6月13日) 晴。闻中丞借得郁氏宋本《通鉴目录》,往观之,并观《九朝编年》宋本,其目录一种,当以影写付雕。夜雨。

廿四日辛未(6月14日) 晴。为养闲主人作八尺纸篆书四幅,纸生而粗薄,甚不称意。午后彝儿自京至,与张梓坞、周子迪偕来,盖渠辈四月还京后,是月四日出京,十三日自天津乘轮船来,十七即已至沪。适我舟已开,寻不着,又在沪静停数日,昨日乃开舟,今日即至也。薄晚小雨,夜雷雨,热。彝持至雨农两信,王德舆一信,德舆已选伏羌知县。

廿五日壬申(6月15日) 阴雨。梓坞、子迪及同舟朱大使彝相过晚饭。

廿六日癸酉(6月16日) 阴。为彝儿买舟,偕梓坞以明日发之金陵,薄晚送之登舟。

廿七日[甲戌](6月17日) 半阴晴,夜半大雨彻晓。

廿八日乙亥(6月18日) 雨。得王少鹤去年九月桂林寄信,并所刊《归方评点史记合笔》四本,丙寅在广州刊。此信寄董研秋太史于京师,又转寄浙江高伯平,乃为寄至,盖阅九月矣。云有嗣子□中八龄,友人推宅以居,藉榕湖一席以资饘粥。

廿九日丙子(6月19日) 晴。

五月初一日丁丑(6月20日) 晴。为朱竹石跋其叔祖右甫先生为弼《吉金古文粹》手稿,盖其在阮文达幕中时为编《积古斋钟鼎款识》之初稿也。

初二日戊寅(6月21日) 寅正夏至。晴。局中分校王朴臣炳,甲子。孝廉,彭复斋福保、王曼生桢中书三君自京归,始入局。

初三日己卯(6月22日) 晴,闷热。

初四日庚辰(6月23日) 闷热,午后雨,夜大雨。

初五日辛巳(6月24日) 阴。

初六日壬午(6月25日) 阴。

初七日癸未(6月26日) 阴。

初八日甲申(6月27日) 雨。吴平斋太夫人寿,往祝。食后小霁,谒中丞,言影宋本《通鉴目录》事宜,以明日与局中诸友安排,定十日即登舟暂还金陵。

初九日乙酉(6月28日) 阴雨。中丞遣以书三箱便致劼刚。

初十日丙戌(6月29日) 雨,午乃渐止。遂登舟,自胥门开至阊泊。

十一日丁亥(6月30日) 霁。昨夜船中被盗仆人衣物,泊,遣报长洲大令厉慕韩学潮查缉之。属为留三日。

十二日戊子(7月1日) 晴。泊。

十三日己丑(7月2日) 晴。泊。厉君遣来告急辑尚无影响,当按限为比缉,遂定以明日开行。张仁卿相过。

十四日庚寅(7月3日) 晴。开行过无锡,至常州南三十里丁堰泊。

十五日辛卯(7月4日) 晴。开行过常郡。作字致周孟虞。行至丹阳泊。

十六日壬辰(7月5日) 雨。行至镇江府西门外泊。夜,大雨。

十七日癸巳(7月6日) 绕镇江城至北门出口,过金山南,入新开河口行六十里,下市街泊。竟日小雨,中夜大雨彻晓。

十八日甲午(7月7日) 雨。行六十里出栖霞口,雇船带渡江,及龙袍洲,雨止,沿北岸行四十许里通江集,渡南岸及燕子矶,循而上,入下关,泊仪凤门外。是日江行虽顺风,而渡北岸时,激浪颇险。

十九日乙未(7月8日) 食时至水西门外,入城,还坊口之寓,时小雨方祈晴也。午后谒湘乡相公,遂过舍弟晚饭。晤赵伯庸、蔡念篁。

二十日丙申(7月9日) 雨。以《周礼纂训》、《史记》柯本、《北堂书钞》明写本、《开元占经》旧钞、《元遗山诗》明刊等凡八种呈湘乡公,并致丁中丞所寄书三箱。吊潘伊卿。访梅岑。

二十一日丁酉(7月10日) 半晴雨。谒雨亭、省三、香亭诸君。遂过琴西、缦云及书局诸君子,唯虎臣不直,谓其病也。又过作梅谈。

廿二日戊戌(7月11日) 半阴晴,夜雨。

廿三日己亥(7月12日)

廿四日庚子(7 月 13 日)　晴。入伏。

廿五日辛丑(7 月 14 日)　晴。

廿六日壬寅(7 月 15 日)　晴。出访华野、竹儒、小湖、仲乾诸君。

廿七日癸卯(7 月 16 日)　晴。

廿八日甲辰(7 月 17 日)　晴。

廿九日乙巳(7 月 18 日)　夜雨。

三十日丙午(7 月 19 日)　半晴雨。以《四库全书提要》督装过，并《唐六典》《临川集》，又以何元子《诗世本》依三百篇风雅颂之次重装之。

六月初一日丁未(7 月 20 日)　晴。答朱子点。访陈心泉浚。薛抚屏福辰员外相访，叔莹之兄也。

初二日戊申(7 月 21 日)　晴。

初三日己酉(7 月 22 日)　晴。遣绳往扬州销假。

初四日庚戌(7 月 23 日)　晴。方子听、何莲舫相过，皆言胡氏《通鉴》残板可购。

初五日辛亥(7 月 24 日)　晴。虎臣相过。

初六日壬子(7 月 25 日)　晴。谒湘乡公，以张稷若《仪礼郑注句读》呈之，欲以付刊也，并以彭文勤《石经考文提要》呈请附刊。适洪琴西同谒，谈二时许。彭雪琴宫保至，又少谈，乃出，宫保即见访，以新写三体书各四纸呈之，报夏初所寄书画。

初七日癸丑(7 月 26 日)　晴。作字寄丁中丞，言胡氏《通鉴》板子宜购买，且以高青书丈《游官纪略》致之，或有资于新定《牧令书》也。

初八日甲寅(7 月 28 日)　晴。

初九日乙卯(7 月 29 日)　晴。

初十[日]丙辰(7 月 29 日)　晴，夜大雨。

十一日丁巳(7 月 30 日)

十二日戊午(7 月 31 日)

十三日己未(8月1日)

十四日庚申(8月2日)

十五日辛酉(8月3日)

十六日壬戌(8月4日)

十七日癸亥(8月5日)

十八日甲子(8月6日)

十九日乙丑(8月7日)　申初二刻立秋。杨百川瑶光相访,性农之子也。

二十日丙寅(8月8日)

廿一日丁卯(8月9日)　吴广庵十三信至,属更访《通鉴》胡板断烂多少。

廿二日戊辰(8月10日)　访桂香亭问胡板,言烂者决少,五日内与莲舫商定,当以炮船往买。

廿三日己巳(8月11日)

廿四日庚午(8月12日)

廿五日辛未(8月13日)　携彝儿同赵伯庸晨起出太平门,泛舟后湖,即于湖中人家早饭,午后【后】乃归。遂过何莲舫,问《通鉴》板,则谓仅失去三百余板,亦决其断烂之少,且言尚有《文选》板在其中,未知确否。惟买法当以中丞以手书属王霞轩为第一策,其板若仅失在五百块以内者,直予千金可也。是日风凉,廉泉相过。

廿六日壬申(8月14日)　阴,时小雨。夜,作字复吴广庵,即依桂、何二君语详言之。

廿七日癸酉(8月15日)　时阴时小雨,数夜皆甚凉。

廿八日甲戌(8月16日)　阴晴半。又雨数点。

廿九日乙亥(8月17日)　阴,小热。过劼刚、栗诚两公子谭,遂谒湘乡公,许以《北堂书钞》原本付雕矣。琴西为计字,仅六十余万,页可千二百。又过惠甫、莼斋。答尹△△、陈小江。还检陈氏《礼》

《乐》两书及《杜诗纪评》《瀛奎律髓》，湘乡公遣索观也。

七月初一日丙子(8 月 18 日)　午正日食，一分三十△秒未复。晴。

初二日丁丑(8 月 19 日)

初三日戊寅(8 月 20 日)

初四日己卯(8 月 21 日)　邛州伍嵩生肇龄，丁未。编修相访。

初五日庚辰(8 月 22 日)

初六日辛巳(8 月 23 日)　答嵩生。

初七日[壬午](8 月 24 日)　晴，热甚。赵伯庸招嵩生同午饮，皆祖衣对酌。

初八日癸未(8 月 25 日)

初九日甲申(8 月 26 日)

初十日乙酉(8 月 27 日)

十一日丙戌(8 月 28 日)　李方伯招饮，谐嵩生。

十二日丁亥(8 月 29 日)

十三日戊子(8 月 30 日)

十四日己丑(8 月 31 日)　薄晚，得马雨农来信，言其仲郎柄常五月三十夭亡，余止此女婿，渠止此子，可伤之甚。内子尤痛伤委顿。

十五日庚寅(9 月 1 日)　晴。中堂命公子劼刚为主人招偕幕中诸友钱子密、陈小圃、任棣香、赵惠甫、壬子云、薛叔堂、黎莼斋、吴至甫。与新至客邓守之、吴南屏及伍嵩生、汪梅岑同泛后湖，还憩妙相庵，饮招忠祠下。又同泛青溪，入秦淮，至武定桥乃归。余意兴恶极，欲藉游览排解，徒然也。

十六日辛卯(9 月 2 日)

十七日壬辰(9 月 3 日)

十八日癸巳(9 月 4 日)　惠甫招，偕守之、南屏饮于通济门。

十九日甲午(9 月 5 日)　晴。闻南屏将明日行，送之，南屏为题《影山草堂图卷》，以书就《归去来辞》六纸及二联二幅报之，其所索作，皆未之应也。

二十日乙未(9月6日)

廿一日丙申(9月7日)　作字寄慰雨农，付明日折弁往。

廿二日丁酉(9月8日)

廿三日戊戌(9月9日)

廿四日己亥(9月10日)

廿五日庚子(9月11日)　晴。海夷在扬州生事，来请中堂求直，中堂以谈笑善谕遣之，皆服而退。方存之自安庆来相看。

廿六日辛丑(9月12日)　晴。定明日游栖霞，藉访梁碑。

廿七日壬寅(9月13日)　半阴晴。出太平门折东行二里许，经徐中山王达、李[武靖]王文忠两墓，又十三里出姚坊门，经花林村上下六里许，得梁吴平忠侯萧景石柱，卓立村道左田中。柱高可丈余，上覆方石盖，盖上伏小石兽，盖下柱二尺许，即刻反文方石，高可二尺，广可三尺，题云“梁故侍中中抚将军开府仪同三司吴平忠侯萧公之神道”，八行，行三字。若别石横置柱上将尽之前半者，其实方石与上下圆柱同一石凿成，惟盖为别石耳。柱为二十四瓠，瓠缝皆仰瓦形，其趺当别方石，大如盖，没土中不见。柱之前二丈许石兽左右相对，右兽已缺其半，柱之后当有碑，不可寻矣。又东二里许黄城村土人呼城村，其知为黄城者，惟有年人耳。得萧憺墓碑，高丈三四尺许，有穿，龟趺亦在道左田中，西向额题“梁故侍中司徒骠骑将军始兴忠武王之碑”，徐勉撰、贝义渊书，其文损失者三之一，其西四丈许亦有龟趺与此趺相对，盖当必有两碑，自宋人记载已不之及，则其亡久矣。直两碑之南，两石兽东西对立，其东又有二石兽，不与此碑相应，盖别一墓物，今不可考。《六朝事迹》直谓此墓有石麒麟四者，未核也。又东三里许甘家巷得萧秀墓二碑一石柱，碑东西对立，龟趺额上有穿，相距四丈许。东碑额略可识，题云“梁赠侍中司空安成康王之碑”，两面具漫漶，严观《江宁金石记》所谓碑文剥落已尽，其中隐约有“孝绰”数字可辨，盖即《复斋碑录》所载故州民前廷尉彭城刘孝绰撰，吴兴贝义渊正书之碑，碑阴正书分六列[①]，纪故吏人名，今止三十九人姓氏可辨者也。西碑额及正面皆模糊，若拓出，亦可识百余字。而碑阴小楷书，载立碑人二十一列，可识者殆百余人，即王昶《金石粹编》所录录误为萧憺碑阴。谓二十列，几千四百人。者也。西碑之侧之南有石柱嵌承方额，若萧景石柱之制，唯柱作二十觚，小异，其盖已失，其方趺露出，可见其额，仰视略见"梁故"字，似亦反文。《六朝事迹》云萧秀墓石柱一题云"梁故散骑常侍司空安成康王之神道"，谓此柱也。直此柱之东东碑侧之南犹有方石柱趺，当时必骈立两柱，两柱之南各存一龟趺，为上二碑东西对向，又南乃二石兽东西对向。史称秀天监十七年薨，于竟陵归丧，京师故吏夏侯亶表请立碑，诏许之。于是名士游王门者王僧孺、陆倕、刘孝绰、裴子野各制其文，欲择用之，而咸称实录，遂四碑并建，从古所未有也。今两碑之外复有两趺，则四碑之迹犹隐然具存也。又东五里至摄山栖霞寺，寺经燹毁，尔时殿宇参错千数间，又行宫间之，今无一间存者，山僧结茅才有三间小屋，又汛官分据之，僧出求食未还也。入山即见明征君碑蠹于草中，唐高宗御制文，高正臣奉敕行书者，唯末行"上元三年四月"数字已剥，余皆完好。少憩，观寺旁石塔，《六朝事迹》所谓寺有舍利塔，乃隋文帝葬舍利处，南唐高越、林仁肇建塔，徐铉书额曰妙音寺者也。今额不存，唯第二级八柱各刻字一行或二行曰"佛翘一足赞"，曰"《棱严经》赞佛四句偈"，曰"《金刚经》四句偈"，余五柱皆杂引佛经数语，严观乃谓是《陀罗尼经》残字，隋时刊，一何诬也。且隋时尚未有《陀罗尼经》也。塔左即千佛岭，其大佛三，犹自明僧绍子仲璋创造，齐文惠太子同僧琢，梁临川靖惠王采饰者。《六朝事迹》载寺侧有碑额云"齐故侍中尚书令丞相巴东献公之墓"。又云"齐侍中尚书令丞巴东献武公碑"，在黄城村，梁普通三年造。前人久无及之者。又闻陈江总《栖霞寺碑》有宋重刻者，

① 眉批："其所谓六列三十九人，兰泉所录皆有之，次序略同，唯列数不合，恐观误，则是下碑非此碑也。"

今并寻不得。薄晚就寺下田家宿。

廿八日癸卯(**9月14日**)　半阴晴。晨起登寺右高处，略凭眺，道莽，脚力又弱，遂还，重寻萧氏三人五石。又记《六朝事迹》载《梁永阳昭王墓志铭》，徐勉造，在清风乡居民井侧，今在上元县；及《梁永阳敬太妃墓志铭》，徐勉造，在清风乡路傍者，并访之，不得。遂取西北道至观音门外燕子矶上宿。

廿九日甲辰(**9月15日**)　半阴晴。行十二里许，入神策门，因访隆凯臣、叶云岩、张啸山、唐端甫、周曼云，始闻出门后有移曾相督直隶，移马谷山督三江，以殷……督浙闽之信，相公此行颇不快，士林诸君子皆如失依归者然。还寓即往见，为述三日游踪及寻诸梁碑始末，许资拓若干纸，以拓之不易，世上传本甚稀也。与存之同登署后之东山。

八月初一日乙巳(**9月16日**)　晴。张啸山、方朗轩传△相访，李少白亦过谈。

初二日丙午(**9月17日**)　晴。作字寄丁中丞，言中秋前尚不能趋局。

初三日丁未(**9月18日**)　晴。

初四日戊申(**9月19日**)　晴，谒相公，命告舍弟辈料理拓梁碑，舍弟方喉病甚急，因致声张绍京先料理。

初五日己酉(**9月20日**)　晴。

初六日庚戌(**9月21日**)　晴。

初七日辛亥(**9月22日**)　晴。游子代相访，所刻《定夫先生集》已成，所属书二联亦方就。

初八日壬子(**9月23日**)　晴，风。答游子代，遂过何莲舫、杨子穆谈。

初九日癸丑(**9月24日**)　阴，欲雨。

初十日甲寅(**9月25日**)　阴雨。曾相公示新刊《汉书》样本，以"方粗清匀"四字为致工法式，校诸刻为醒目。

十一日乙卯(**9月26日**) 雨。携拓工往花林东北,酌拓诸梁刻,行至甘家巷前,上元遣役为棚者尚未至也。作字寄城中,索更遣人来。

十二日丙辰(**9月27日**) 晴。食后试拓萧秀二碑一石柱,东碑惟额存,西碑亦漫若无字,惟额略可识,其阴千四百许人,则三之一犹在。

十三日丁巳(**9月28日**) 晴。两漫碑各全拓一纸。阴字存者拓二纸,石柱额拓二纸,审视柱额,仅存"故散"两半字,两碑实仅两额一阴有字耳。夜雨。

十四日戊午(**9月29日**) 雨自晨及未。冒雨南出十二里许北城乡之张库村,寻梁靖惠王萧宏石柱,获之。其石柱二,较秀、景两柱尤高大,额题"梁故假黄钺侍中大将军扬州牧临川靖惠王之神道"二十一字,正书,五行,行五字,东柱顺读,西柱逆读,有碑一在东柱北西向,盖其东碑。遣仆人往视,云两面俱无字,其额高视不明,不知有字否。其西犹有龟趺,而碑亡矣。雨不能少留,还西行五里宣化门,腹痛呕水,寻茶肆少卧,服姜糖饮,半时差可,乃行八里许草路口,合前日来路,又十二里入太平门至寓,将点灯矣。李勉林来谈,言其将告假半年,因脱督销皖盐差事。

十五日己未(**9月30日**) 晴。

十六日庚申(**10月1日**) 闻眉生已全,访之,不直。

十七日辛酉(**10月2日**) 晴。方元征相访,孙海晴辞行,将以廿二往扬州,即之京,索寄信。刘述臣自安徽往泗洲差遣,经此相过,言贵州思石间自楚军一撤一败后,贼之仇善人愈甚,道仍不通,川军亦孤立思退,贵州事又不可问矣。

十八日壬戌(**10月3日**) 晴。答方元征不直,遂往龙蟠里观去年出土之真武像,其左袖有"元狩甲子年造"六字,正书,似唐以后人,疑五代或宋初铸者,漫用汉武元号以惑人耳。又登清凉山翠微亭骋望,还谒卞忠贞墓,观旧石二行,俗传颜鲁公书者,殊不似,盖宋人题刻耳。又过啸山少谈，又寻王少崖于报销局，问宋人所记梁萧正立二石柱在淳化镇西宋野石柱塘，又云在淳化镇西凤城乡者，当去所居不远，则以为未之见，惟凤台门外石柱村有一石柱，未知是否，然去淳化镇远矣。

十九日癸亥(10月4日) 晴。

二十日甲子(10月5日) 阴晴半。晨出凤台门石柱村，观石柱，则非旧物，意兴索然。还寻民间花田视其种植，遂过雨花台瀹茗，归路复寻报恩寺塔址，乃入城。俞荫甫来访，即往访之，并不相直。

廿一日乙丑(10月6日) 晨起，有雨数点，半阴晴。张啸山相访，即偕谒湘乡相公，遇荫甫，言即行矣，相公许留《北堂书钞》于此谋刊。

廿二日丙寅(10月7日) 半阴晴。陈右铭宝箴相访，洪琴西来商集部书目，湘乡公命拣择者。刘桐阹相过，乃自广德还。

廿三日丁卯(10月8日) 寒露。半阴晴。张廉卿裕钊相访，乃新自武昌书局来，持何小宋中丞信，(局)[属]为买《史记》王本、《汉书》汪[本]并他《史》《汉》差善者一本。

廿四日戊辰(10月9日) 雨。食后以新拓梁碑四种、唐碑一种呈样于湘乡公，遂答廉卿。又就存之谈。出访彤阹，不直。遂过少崖，问宋人记载梁建安侯萧正立墓道石柱其所系地，曰淳化镇西宋墅石柱塘又曰凤城乡者，少崖谓宋墅即其所居，正在镇西，属凤城乡，唯无石柱塘之名，而田中实有旧石柱，若有两耳者，似当是，俟归当洗刷观之。

廿五日己巳(10月10日) 阴，小雨。赵伯庸委代理扬州，送之。

廿六日庚午(10月11日) 阴，小雨。晨过眉生，未起。又答看陈右铭。申初，绳妇又举一孙。

廿七日辛未(10月12日)

廿八日壬申(10月13日) 名小孙曰钟寿。

廿九日癸酉(10 月 14 日)

卅日甲戌(10 月 15 日)

九月初一日乙亥(10 月 16 日)

初二日丙子(10 月 17 日)

初三日丁丑(10 月 18 日)

初四日戊寅(10 月 19 日)　晴阴半。

初五日己卯(10 月 20 日)　晴阴半。

初六日庚辰(10 月 21 日)　晴阴半。出太平门,往花林黄城督诸拓工,宿于甘家巷。入夜雨彻晓。

初七日[辛巳](10 月 22 日)　晴。过栖霞检拓工,复还观黄城拓手,为指点事宜,仍宿甘家巷。

初八日[壬午](10 月 23 日)　晴,风。食后过张库,观拓萧宏石柱,其石皆麻剥无平处,未易施工,当别选善手拓之乃佳也。遂取仙鹤门,道出灵谷寺,行及孝陵卫宿。卫观音庵有石屏高可丈六尺,广丈八尺,厚一尺余,背刻"洗心屏"三字,惜无佳文为之大书深刻也。

初九日[癸未](10 月 24 日)　阴,午后时有雨点。晨经下马坊,观崇祯十四年御定陵禁条约碑,又至碑亭观永乐十九年嗣皇帝棣所建神功圣德碑。入朝阳门,憩于半山寺,观谢公墩丛石,由明故内北出,食于北门桥,登北极阁骋望,可见栖霞,复登鼓楼小憩,楼东半里许有大钟横卧,厚三寸许,高八九尺,铜质甚坚,盖明时钟楼物也,惜无刻字。还寓,贺幼村方自泗洲来,欲于此为小住计。

初十日甲申(10 月 25 日)　雨。

十一日乙酉(10 月 26 日)　阴,小雨。

十二日丙戌(10 月 27 日)　晴。过琴西谈,约明晨来定书目。又过方小东观其所藏郭有道碑宋拓本,字体端谨,近石经,是直隶刘△△家旧物,真希世奇宝也。午后王少崖相过,以拓出宋墅石柱字相示,谨识一军字,其字约有七八行,行五六字,则非建安侯柱也。俟更遣人精拓,乃可细辨,当亦梁时物。又谓其附近三四里间尚有三柱,分在三处,亦俟徐徐遣拓观之。眉生相过,约为印新刊《史记》。

十三日丁亥(10月28日)　晴。琴西感冒,过午始来核定过唐以前集部。廉卿、存之先后至,共谈半时许。

十四日戊子(10月29日)　晴。谒湘乡公,言其所缺集部,当随宜为之买补。作字唁程尚斋,其资政封翁七月逝。

十五日己丑(10月30日)　晴。作字复雨农七八两月所寄三书并字示维女。巳刻城中地震,始东西,寻自西而东,问城北人,未知也。

十六日庚寅(10月31日)　晴。

十七日辛卯(11月1日)　晴。访少崖,不直,还过杨石卿谈。得其新拓梁天监井字及吴《葛祚碑》额。成芙卿蓉镜相访,宝庆人,养母能顺其志,其母不知其贫也。

十八日壬辰(11月2日)

十九日癸巳(11月3日)　丁中丞昨日至,候之,言《通鉴》胡刻板已买得,有前大半部,局中所刻乃尾之四十余卷,适当其缺,今冬竟可完工,大可喜。

二十日甲午(11月4日)　马制军至。

廿一日乙未(11月5日)

廿二日丙申(11月6日)

廿三日丁酉(11月7日)

廿四日戊戌(11月8日)　谒马制军,言绳在扬州曾见之。

廿五日己亥(11月9日)　雨。

廿六日庚子(11月10日)　马制军接印,午后大雨。

廿七日辛丑(11月11日)　半阴晴。王鹤生自安徽来,见访。

廿八日壬寅(11月12日)　晴。魏绍庭见访。邓守之亦见过。食后谒中堂,即过劫刚谈,观案头《李伯时临吴道子画孔圣及七十二贤像绢本长卷》,一像之前先题名字、封爵,系以四言赞,孔圣赞十二句,诸贤赞各八句,卷尾有“一德格天阁印”,盖经藏秦桧家,后有宋景濂、项子京、陆稼书诸跋,云是刘省三铭传军门得之常州,持索中堂题跋者。出答看鹤生,遇史贤希、谢云卿,俱在其寓,谈良久乃行。

附:同治七年《邵亭日记》后所附书目①:

《周易》王注,明味经堂本,四,五角。《尚书考辨》,二,四角。《尚书释天》,二,二角。《禹贡分笺》,三,二角。《陆氏春秋三书》,四,一元。《周礼纂训》,八,一元。《夏小正》黄刻,一,二角。《书仪》,一,五角。《书经注疏》,二元。《诗义》。《经籍考》,八,八角。《畜德录》,八角。《学诗津逮》,二,二角。《晓读书斋杂录》,二,二角。《一切经音义》,三,一元二角。《甘泉乡人集》,五角。《爱日精庐书志》,一元二角。《桐野诗》,一;《蕉饮诗》,四,五角。《老子口义》,刘评,一百。《华岳集》,四,四角。《金史》。《元史类编》。《二程遗书》。《舆地广记》。《文选》,唐府本,廿,八。《大清一统志图》,内板绵纸,四,二元。《玉机微义》,十,二。《明诗选》,卧子,四,四角。《写本遗山诗》,三,五角。《义山遗文注》,四。《叶梦得集》,二。《读书脞录》,三。《骈体文钞》,十,八角。《叶水心集》,一元六角。

案:以上不详收地。

戊辰十一月,扬州:

《陈氏礼书》,二十四,二千。《徐节孝集》,二,四百。《蛾术堂集》,四,四百。《韩文类谱》,二百。《研六室文》,四,四百。《班马字类》,二,四百。

邵伯:

修汪本《两汉》,四十,十四元。《国语国策》,黄刊,八,六元。

泰州:

《诗缉》,八,乙元。《文选楼丛书》,廿四,三元。《人寿金鉴》,六,

① 案:此份书目附于同治七年《邵亭日记》后,当为本年购书纪录,惟中间留白甚多,疑非本年购书全目。每种书下所注数字为册数,最下为购书价格,亦有以○代元,以△代角,今径以字代替。

四百。《曾子注释》,一,二百。元本《伊洛渊源》,六,四百。《畿辅安澜志》,廿四,二元二百。《研经室集》,廿本,二元。《杜诗钱笺评点本》,六,四元。《刘端临遗书》,四百,扬。《历代名贤图》,六,乙元。

同治八年(1869)

同治八年岁次己巳正月,在江苏书局。

初一日癸酉(2月11日) 尽日为贺节之行,往还皆不见。晡时,晤莼斋于抚军许,同晚饮,乃还。午后大雨。

初二日甲戌(2月12日) 同局诸君偕来团拜。

初五日丁丑(2月15日) 敖季和将之金陵,作书寄家中,以《文选》寄彝儿,令其课钞诸赋,且令检东雅堂《韩文》来。

初六日戊寅(2月16日) 又作字寄彝,取王本《史记》,将寄鄂局。鄂中拟覆刊此书,署抚军何小宋方伯属为购致,未得也。

十二日甲申(2月22日) 吴清卿招午饮,即观沈韵初所藏碑帖,有覃溪手跋者数种,绝佳。

十五日丁亥(2月25日) 得家中初六信,言绳廿九方往扬州也。连日得晴,闻邓尉梅花已盛开矣。唐鹴安留《汲古阁书目》相惠,属为题画卷。

十九日辛卯(3月1日) 张廉卿自杭州还,即订以廿一日偕游邓尉。

二十日[壬辰](3月2日) 韵初招晚饮,观北周强独乐为文王建立佛道二尊像碑。昨日晤冯竹儒,自上海来,亦有邓尉之兴,晚复看之。

二十一日癸巳(3月3日) 雨,不能出。

二十二日甲午(3月4日) 仍雨。吴广庵招偕廉卿、清卿晚饮。

季和自金陵还，以《韩文》至。

二十三日乙未(**3月5日**)　小霁。偕廉卿登舟，及阊门水关，王竹生亦自金陵还，言《史记》亦至，遂泛舟西南行，过石湖，登寺凭眺，仍西南行，经木渎镇又十余里，泊空䃖山下。

二十四日丙申(**3月6日**)　晴。行十里许至光福镇，崔山笕过崦，经邓尉山麓，有梅无几。过司徒庙观柏因社七老柏，守僧以为晋时物也。其一破析，卧数亩如散薪，然枝叶时自地涌起；其一特立，可两人合抱，霜皮如缴绳旋旋至顶，枝亦随之，高可十余丈；其一清疏自然，高大略等；其一偃蹇似寄傲，略小于上二株；余三株亦崛强不群，各具生态。遂经香雪海，寻元墓、圣思寺，钩衣拂帽，冷香沁人。而山中人言香雪海，今皆为桑田，梅仅十一，乃林文忠藩苏时所教改，其实梅利桑利亦略均也。寺有天启癸亥所铸铜钟，口径三尺，厚几四寸，僧慧△刻小楷书《法华经》一部，周于钟身，口刻梵字△△咒。击之声中黄钟，宛如鲸鸣。遂迁访石楼，观东西洞庭，望湖北诸山，极目可五百里，往还经菖蒲潭，梅花亘数里，又昔者香雪海之化身也。天将晚，欲更访石壁，不果，舁夫促归，比登舟，已点灯矣。潘椒约过其小园，竟不及。

二十五日丁酉(**3月7日**)　晴。晨起回棹及木渎，登岸访端园。观天平、灵岩诸山，园中亦有千叶梅数株，遂孱弱不足观。食后崔山笕过范坟，憩高义园。廉卿挟一仆一舁夫登天平，出一二白云，上绝顶盘石，恣其远览，余仅及下白云，窥夹石间一隙路即还，坐白云泉上瀹茗弄泉，又还憩高义园。一时许，廉卿乃下，夸其所得，谓东可望海，西可见天目诸山，大湖如村落污池耳。僧静深饷蜜煎消梅，极松脆。遂过无隐庵，老僧鹿菀犹记昨夏至庵腹痛，少卧乃能行也。廉卿遂出太伯墓下，登灵岩，寻琴台、响屧诸胜。余东循山麓，绕出灵岩西南，同会于韩蕲王墓下。墓有五，其妻妾白、梁、郑、周，封秦、扬、楚、蕲四国夫人，皆祔碑，高约三丈余。《灵岩志》云五丈。广可七尺许，厚八九寸许，额居三之一，文居三之二，额题"中兴佐命定国元勋之碑"，楷书二行，字径八九寸许。宋孝宗御笔也。行间一行题"选德殿书"四字，字径二寸余方，小玺押"德殿"二字，文赵雄撰奉敕撰，周必大书。文一万三千余言，小楷书，大才六七分许，甚端严，剥蚀不多，若得善工拓之，必可玩，惜高露不易施功耳。《苏州志》于近郊名碑乃不能详，可怪也。还舟已昏黑，二更后大风雨彻晓。

二十六日戊戌（3月8日）　大风，小雨。舟不能动。访冯敬亭、许缘仲，皆已出，闷泊竟日。

二十七日己亥（3月9日）　风小减，阴，微雨。行舟至午，始及胥门。廉卿欲登虎丘，泛出山塘观花市，入山至千人石上，观显德陀罗尼石幢。过剑池，池上有李阳冰篆书"生公讲台"四大字。寻北径登绝顶至塔下，塔上砖露出或堕地者，有"武丘寺"字。去年春来此，绳儿曾拾其一二以还，盖是唐物，今则遍寻杳然。遂憩石观音寺，观宋人写经八石，字大三寸许。亦健秀，而剥烂特甚，东南石质之不坚久，类如此。还舟入阊门水关，又上灯，乃至书局。

二十九日辛丑（3月11日）　廉卿趋为作溓亭榜，且索书去冬赠诗于册。勒少仲招晚饮。

二月初一日癸卯（3月13日）　为何方伯购《史记》，得柯本甚佳。是本嘉靖四年刊，而有十四年题字。购《汉书》汪文盛本，约以初四方至。伯足、眉生相次过谈，订以明日午饮。

初二日甲辰（3月14日）　偕廉卿过眉生。

初四日丙午（3月16日）　中丞招诣府学观演礼乐佾舞，皆以学中新补生员充，彬彬有节，乱后见此，为之神王。是日阴，微雨。

初五日丁未（3月17日）　两《汉书》始至，廉卿亟束装，催余作寄小宋暨张香涛书，并各致新拓梁碑。又检付廉卿购王延喆刊《史记》两残本，合以白下所寄，除复重，尚阙列传廿余卷。廉卿谓即以此复雕而影柯本足之，亦大佳也。

初六日戊申（3月18日）　送廉卿登舟往上海。韵初以《周强独乐碑》相饷。

初八日[庚戌](3月20日)　春分。

初九日辛亥(3月21日)　翁次孺乐为摹梁砖十五件成,将行,索还。其尊甫叔均大年所撰《旧馆坛碑考》,方命仆过录未毕也。

初十日壬子(3月22日)　雨,连日不能出,窗外玉兰尚未大开,静对亦足遣。

十一日癸丑(3月23日)　晴。纯斋过谈,言欲得齐豆,属为留意。沈品莲自上海来,相过,言竹儒初五已至,廉卿有主人矣。

十二日甲寅(3月24日)　阴雨。刘芝田相过,亦方自沪上来。

十三日乙卯(3月25日)　阴雨,午少止。闻高北平自淮上至,感冒,不能登岸,出胥门看之,谈逾时。以汪刻《公羊注》、张刻《周礼》、《尔雅》注,渔洋、惜抱选古近体诗印本并萧宏、萧景三阙致之。伯平之子行笃以盐大使引见,即当需次两淮,而伯平犹还浙就东城讲席,不能于淮上谋一置砚所,心境甚不佳也。识吴仲英恒于舟中。

十四日丙辰(3月26日)　晴。食后复出胥门访北平,已移舟大仓口,又寻及大仓口,舟乃未至。谒中丞,缴其属编《书目》,并议局中印书购纸诸事宜,则谓当令提调一一具公牍禀请,以便批定。又过纯斋少谈,出寻伯足,伯足言闻舍弟将以十六交卸,委陆长龄接署。

十五日丁巳(3月27日)　晴。汪梦萱言用白皮松毛煎浓膏,有鸦片引者,先服二三钱许,味颇涩,略和红沙唐。然后吸大烟,其引自然渐渐减去,不过一月,虽极大之引无不断者。且于人无损,不必参着大补,引断后饮食自加,精神自长,屡试屡效,真奇方也。

十九日[辛酉](3月31日)　得舍弟信,言其初九已交卸,且言李勉林奉调北行,属其相待,本拟三月初十可启行,待勉林则须稍缓也。绳信又言,丹臣、邵庭所言沈氏女当为其兄聘者,已许可。作字寄舍弟,令其即审定之。

三月初一日癸酉(4月12日)　得舍弟信,催余即归,以局中事未就绪。当待中丞北上启节,闻已定期初十,作字寄舍弟。

初八日庚辰(4月19日)　雨。连雨,至是将十日。《静持斋藏书记要》二卷编成。作字寄马雨农、潘伯寅，并持谒中丞，留晚饭，乃出。中丞入觐，准以十日启节，谓今日即是送行，翼日不必更送也。莼斋家信言桐孙侄已自贵州至。

十二日甲申(4月23日)　晴。王翘初招早饭，行至唐鹩安许小憩，观其宋本《古灵集》等若干种。因触风，疝气大作，呕涎水，浑身冷汗，遂还，不能坐卧者二时许，仆辈摩熨少顺，睡去，薄晚起，能晚饭矣。王朴臣为处方，临卧服之。

十六日戊子(4月27日)　晚雨。

十七日己丑(4月28日)　雨。拟十九登舟还金陵，走辞当事，遂过鹩安晚饭。仍观收藏宋元本十余事。

十八日庚寅(4月29日)　束装，应方伯相看，以新收宋本《两汉会要》来审定，并徐仲翔氏进书后初刊之板。东汉一种《四库》著录者，据天一阁影宋钞，当阙三十七、三十八两卷，其三十六、三十九两卷又各佚其半，此本此四卷完备无阙，真希世奇珍也。乃武原马玉堂所藏，有道光壬辰识语。南来时当借钞以补聚珍板本之遗。

十九日辛卯(4月30日)　登舟买少物事，作归遗之用。又待莼斋以新买备篵沈附舟先去，莼斋尚须来月上旬乃得请假也，自胥门移泊阊门，晴暖。

二十日壬辰(5月1日)　晴。顺风行，及未正，过无锡县，薄晚抵常州城外泊。

廿一日癸巳(5月2日)　晓云翻墨，行数里即大风暴至，逆风而行，尽一日之力，才及奔朱镇，遂泊。有昨日之速宜有今日之迟，适相补也。半阴晴，午后热。

廿二日甲午(5月3日)　晴。虽仍逆风而差小，行及陵口镇，遣仆登陆，访梁文帝陵石，速拓一纸来，前待之于丹阳，丹阳与陵口各去此陵十八里，陵口去丹阳亦十八里。泊东门外一时许，将上灯，仆朱贵至。言问指皇业寺而行，未至三里许，见石麒麟，即寻得梁太祖陵。其南二石麒麟对向，骐麟北有二碑趺，二碑趺北为二石柱，高大约如萧宏二柱,然已前后分裂,后半尚卓立,前半断散在地。其额字,东柱反书逆读,西柱正书顺读,并四行,行二字。云"太祖文皇帝之神道",西柱之右"太祖皇"三字一角已断失不存,东柱八字皆完在,惟"皇神"二字小剥,各草草拓二纸来。字大八九寸许,格韵校郑道昭《白驹谷》等大字尤胜。二柱之北又二龟趺相向,盖亦四碑并立,如萧秀墓之式。其碑石皆仆烂散失,附近地上有残石片三四,审之无字,安得起其底覆一洗刷观之。去此二柱四五亩许,又有二石骐麟,而无碑柱。

廿三日乙未(5 月 4 日)　晴。行至镇江南门外泊。将至十许里许,甚浅,雇人助拖行,甚艰。

廿四日丙申(5 月 5 日)　晴。待午后潮起,始移泊西门外,又寸寸移以待出江。

廿五日丁酉(5 月 6 日)　晴。雇定带江船,阻风不能出江,仅泊江口。

廿六日戊戌(5 月 7 日)　晴。仍不能过江,晚饭后移泊金山下新开港口。

廿七日[己亥](5 月 8 日)　晴。东风,行过江,溯至沙漫洲泊。午后小雨,风,不利行也。夜梦王少鹤先生来江南,畅谈如平生,谈者大概著述之事、身世之感,尤愤愤于鬼物之充塞京师。疾风簸船,豁然而醒。

廿八日庚子(5 月 9 日)　阴。大东北风,舟太老,畏浪不敢出江。食后风势稍损,乃行及东沟,遂无风,牵缆溯行,泊划子口。

廿九日辛丑(5 月 10 日)　晴。午后及水西门,还寓,家中人都无恙。夜,九弟过谈,谓勉林尚未至,其行资都已有眉目,只待之,不急也。

卅日壬寅(5 月 11 日)　晴。贺幼村来晚谈,其去岁所买宅,已葺理好,移居矣。赵伯庸过谈。

四月初一日癸卯(5 月 12 日)　晴。冯莲溪相看。九弟及伯庸言莲溪有女二十矣,未有对,当为彝聘之。以钱卜之吉,即倩又村、伯庸先为作伐。

初二日[甲辰](5月13日) 谒制府及藩、道,并诸同好。六弟先署安顺教授,交卸数月,黎方伯又委之署训导,桐已有一孙,橙尚未有,而妇甚悍戾。桐去冬由省城出,道遵义,达于重庆,遵义去省之道乃新通也。

初三日乙巳(5月14日) 晴。汪梅岑相过,言二月中廉卿坐轮船经此,曾一入城。得何小宋方伯信,言湖北《通鉴》之刻已停工矣。食后出访李小湖、陈虎臣、杨仲乾诸君子。

初四日丙午(5月15日) 孙琴西相过。

初五日丁未(5月16日)

初六日戊申(5月17日) 晴。访薛慰农,遂登翠微亭,复过书局访韩叔起弼元,晤唐端甫、戴子高、刘叔俛,又过王少崖谈。

初七日己酉(5月18日) 阴,晚小雨。

初八日庚戌(5月19日) 半阴晴。李小湖相过,言其家庙堂石尚在,他弆藏皆为其侄消散尽矣。凌晓南相过,言现刊五经无古注,所藏有武英殿仿宋相台五经,安得有资以覆刊者,且有《诗》《礼》《左传》复本可备校,此事当与洪琴西商之,琴西亦久欲刊此书也。邵步梅相访。午睡,梦陈兰浦澧自南海至苏,访我于书局,谈笑如平生欢,未定寓所,命为起载,住局中以待中丞,豁然而醒。偶检架上书新至未阅者:龙翰臣《古韵通说》,则兰浦序在焉。望后作字寄涤相及其公子。又作字寄雨农。

廿九日辛未(6月9日) 九弟登舟北上,黎(绳)[莼]斋亦同行,其同行者尚有陈作梅、李勉林。明日始登舟,遂走送陈、李二君。

五月十七日戊子(6月26日) 雨。应敏斋相过,言中丞十三日已至苏,廿外方接印,陛觐往返才六十三日,又谓东洋皮纸已买就八万张,将来当购足,可印三十部。马雨农信至,并有潘伯寅复书。

廿八日己亥(7月7日) 彝儿与贺幼诚同往安庆,约以七月初方还。

六月初九日己酉(7月17日) 孙琴西招过瞻园玩月,园在布政署西,李雨亭监葺之,成而奉召即行,琴西摄事。在坐有杨石[泉][昌浚]方伯自京还浙,是夕新晴,凉月极可意,园中池上台,登眺尤胜。

十二日壬子(7月20日) 晴热。李章甫招游后湖,晨往,月上乃入城,湖中长洲已新构湖神祠,故可竟日。作字寄舍弟及雨农。

十六日丙辰(7月24日) 晴。出水西门,坐小划以行装往燕子矶就舟,自扬往苏,舟乃绳转运来者,十三已至,绳登陆消差,其舟以连东南风,尚不能进一步。

十七日[丁巳](7月25日) 晴。顺风行,及未正抵扬州。

十八日[戊午](7月26日) 晴。候方子箴都转浚颐,欲留住一日,以酷热辞,约秋凉来为数日住。子箴诗才敏捷,已刻《二知轩诗钞》十四卷,且收藏书画甚富。维扬亦开书局,属为详两局所刻书,勿致重复。因为言各局所刊五经无古注,凌晓南有相台本可借以覆刊。是日欲过江,江水高急灌邗沟,又大南风,舟不能行,仍泊。作字留舟中示绳。

十九日己未(7月27日) 北风,微雨。出邗沟渡江,薄晚乃得泊镇江口。

二十日庚申(7月28日) 晴。雇船,及午始过载,即开行四十里,新丰泊。

二十一日辛酉(7月29日) 晴。行四十里,过丹阳县,访冯少蘽渭县尹,托其为寻梁三陵所在,其太祖之建陵、简文之庄陵,春间已得大概,唯武帝之修陵当亦在县东三城港比近也。其幕客杨古云葆光,松江诸生,其子△△,皆好古喜搜罗者,必易求也。冯君留住一日,以太热辞之。又行六十里奔牛镇泊。

二十二日壬戌(7月30日) 行三十里过常州府,午后大风雷雨,六十里六沙镇泊。

二十三日癸亥(7月31日) 阴晴半。行三十里过无锡县,登惠山麓,观少温听松篆书石床,携惠泉一壶还舟。行六十里,中值大雷雨,及南旺店,又大风雨将至,遂泊。是二夕差凉,是夜竟无雨。

二十四日甲子(8月3日)　晴。行二十里许墅关,三十里入阊门,抵申衙前书局,薄晚有数点雨。

九月廿三日(丁)[辛]卯(10月27日)　束装买舟,将往维扬还金陵。晴。检书为二大箱五立箱,寄局中存。

廿四日[壬辰](10月28日)　辞诸当道,兼料理局中未完,期明晨一清。晴。

廿五日(己)[癸]巳(10月29日)　晴。食后登舟。

廿六日(庚)[甲]午(10月30日)　晴。行及许墅关,遂泊。

廿七日(辛)[乙]未(10月31日)　晴。行及无锡泊,过惠山观听松字,携泉水而还。

廿八日(壬)[丙]申(11月1日)　晴。顺风行,及常州府泊,此道潦水未消,两岸尚无纤路,非得风,舟行甚艰也。

廿九日(癸)[丁]酉(11月2日)　行及丹阳县泊,入城访县令冯少渠及其幕客杨古云,古云言梁陵两神道曾往观,尚未有拓工,其旁有覆石,大逾此神道一倍者,疑是陵碑。《县志》载此有隶书碑,其龟趺尚存也。拓时当往监,以数人揭翻此石观之,并索神道石之一角也。又言城中有唐中和三年铜钟,高八尺许,口径可五尺许,上刻助铸人,有王十四娘字,在普宁寺,俗谓之大寺,即偕往观,还于县中晚饭。

三十日(甲)[戊]戌(11月3日)　晴。顺风行至镇江西门外泊。

十月初一日(乙)[己]亥(11月4日)　阴,微雨,西北风。不能渡江,泊。

初二日(丙)[庚]子(11月5日)　晴,仍西风。食后登北顾山,至甘露寺旁亭上纵远览,江南群山叠出,虎距龙蟠,江北则都无一山,依浮图,认扬州,眼中数十里皆积水间之,夏秋雨多,至今犹未落也。遂改取北门道入,经钟鼓楼,观明正统四年铜钟而还。

初三日(丁)[辛]丑(11月6日)　晴,仍西北风。

初四日(戊)[壬]寅(11月7日)　晴,仍西北风。

初五日(己)[癸]卯(11月8日)　晴。仍西北风。阻风已五日,自登舟来,早晚以张古愚述《通鉴刊本正误》,循行录于所携本之上端,及今晨竟毕事。

初六日[甲辰](11月9日)　渡江至扬州,泊钞关门外。

初七日[乙巳](11月10日)　谒方都转,以广督与之为难,撤前署藩小件,将往粤东一行,请假数日矣。因远来,许以便衣入谈一时许。

初九日(癸)[丁]未(11月12日)　晴。方都转昨约为竟日之谈,及二更后遣来止客,以薄晚又得粤东催促急文也。今晨遂携绳为平山之游,还经诸肆收旧书数种。

初十日(甲)[戊]申(11月13日)　发舟,晚泊沙漫洲。

十一日(乙)[己]酉(11月14日)　申刻抵金陵,彝儿昏期,以姻家嫌太促,酌改于明正十六日矣。

廿一日[己未](11月24日)　宿于下江考棚,以明日县试也,留半月乃出,两县童子以前试补进太多,今未成就,所取案首周骈差可。

十二月初十日[丁未](1870年1月11日)　作书致江苏丁中丞,辞明年书局总校之馆。九月行时,本约腊月还苏度岁,至十一月下旬,苏中友人书至,言有昌言于抚厅事,谓中丞两奏之家事,是区区造言于金陵,且有笔墨于制军,故不从其架空之说,可怪也。其驾空两奏,我寔未见,特道听纷纷,莫能解止,而欲造言,强洗可得乎?逊辞辞馆,君子之绝交,不得出恶声也。

同治九年（1870）

同治九年正月，在金陵。

三十日[丙申]（3月1日） 得合肥协相李公书，言鄂中新开文昌书院，郭远堂中丞、张香涛提学会商，拟招邵亭主讲其书院，仿浙之诂经、粤之学海，以造就经生古学之士。邵亭衰老飘泊，已视金陵为故乡，远馆既不易就，亦精力不能支，不敢应也。协相方督办贵州军务，待其兄小荃中丞来署鄂督，交替即行。其书中又言旦夕将往黔，得及其未发，咨询机宜一二，此则不可不一行也。

二月初二日[戊戌]（3月3日） 庞省三都转书来，言扬州新开书局，未有章程，欲邵亭为之总校。

初五日[辛丑]（3月6日） 李小荃中丞自浙至，谒之，言当附其轮船暂为鄂游，一送其令弟协相，遂定附铁皮以行。雨农书至，言其会款已至，其女孙兆弟遽殇，甚难为情。

初六日[壬寅]（3月7日） 复庞都转书，言已搭铁皮即往鄂，须三月中还，乃得至维扬。

初八日[甲辰]（3月9日） 申初，挈装出江趁轮船，经汉西门，旧船滞于上下舟者，逾一时许，至一更后乃得登。

十一日[丁未]（3月12日） 开行。

十四日[庚戌]（3月15日） 至安庆。

十五日[辛亥]（3月16日） 以恬吉浅阁，大通之上，放铁皮下拉之。十六辰，将恬带活。薄晚仍至安庆，以李中[丞]留半月，未即开，遂闻陕甘事急，李相复有援陕之命，而剿黔则且有待矣。徐懿甫方馆于英抚军许,再得晤谈,六年之别,各益衰老,懿甫许以文相赠,待徐寄。此来同舟者数人,因迟留,皆搭他船先行,唯潘蓉笙△△观察与余仍此舟耳。

三月初一日丁卯(4月1日)　自皖开行,初六日凌晨始至鄂,泊于鲇鱼套口,即起载,寓斗给营高升店。

初七日[癸酉](4月7日)　谒李相国,呈舟中所拟征黔事宜书,并贺李中丞署鄂督,又谒郭远堂中丞,三公皆以此间新建文昌书院为言,谓可当留主讲席,并力辞之,而举张廉卿自代。

初八日[甲戌](4月8日)　潘椒坡介繁、秋谷康保,己未孝廉。昆仲先后相看。秋谷,顺之之子;椒坡,顺之侄也。秋谷极好金石,曾托吴清卿索余书,今始识之。椒坡则苏城旧知也,言清卿已来。

初九日[乙亥](4月9日)　偕蓉笙同移寓于红墙巷之集祥店。

十四日[庚辰](4月14日)　得绳初三来信,言彝儿已将冯氏妇前月廿九日至金陵寓。又言孙钟以前月初九夭失,此孙太弱,常窃虑其难长大。我初八出门尚无病,何失之速也。恩养三年,输不寿矣。

十五日[辛巳](4月15日)　张廉卿、洪鲁轩招午饮,与鲁轩过横街头寻旧书,得《淮海易谭》,六钱。《说文字原》,一两,元刊,附《六书正讹》者,家《正讹》本缺此卷。《六书故》,五两六钱,明张萱刊。《史记题评》,五两,明杨升庵、李中溪加顶评本。《读史方舆纪要》,敷文阁初刊初印本,十六两。《管子》,四两,赵用贤本,厚绵纸初印。五种合价三十二两。其价较平时乃有倍者,有再倍者,特以补影山之阙耳。廉卿亦欲辞此书院,力劝其就,尚迟疑,索为送行之序,已见许,当徐寄。乘月而归,独登黄鹤楼观临眺。忆岁辛酉春,在胡文忠公幕中,常常偕黎伯庸及其弟莼斋来此矶上,纵览豪谈,忽忽如昨日。其夏末秋初,余之曾相国东流行营,文忠寻以八月辞世。伯庸越□年,以忧归,寻卒。尔时楼尚未建,今则巍然复新,文忠之祠即在楼东,当与江山同永。余衰病飘泊无归,莼斋需次姑苏两年,尚未得权一篆,感念存没,殆难为怀。

十八日[甲申](4月18日) 答杨艺芳宗濂观察、费芸舫延厘吉士于营务处,始晤吴清卿,知清卿来此若干日矣,互往还,皆不直,费君亦在书局者。闻周孟虞已至此,俞荫甫又之闽,于是江苏书局风流云散矣。

廿二日[戊子](4月22日) 闻恬吉轮船至,带船者冯吉云太守,其兄竹儒观察偕来,因谒辞制军、相国。遂访吉云昆仲,订附载以还金陵。

廿三日[己丑](4月23日) 闻相国定以廿四启节援陕,先谒送之,又辞郭中丞。遂访幕中周宅三。答冯介安都转。是日骤热,恐明朝大风雨,薄晚遂登恬吉舟宿,以待其行。《方舆纪要》所附《舆图》八卷未至,扣其价九千文。洪鲁轩为买《说文字原》一册,留钱九千文,并付廉卿,待转寄。

廿四日[庚寅](4月24日) 开舟泊汉阳城下,李相渡江泊汉口。晤带操江轮船之马羲园复震。

廿五日[辛卯](4月25日) 李相行,竹儒昆季送之。

廿七日[癸巳](4月27日) 访程尚斋,不直,以送李相于蔡店,未还也。

廿八日[甲午](4月28日) 开行,同舟者费芸舫、汪干臣应森观察。晚泊九江。

廿九日[乙未](4月29日) 午后泊安庆。

三十日[丙申](4月30日) 酉初,抵江南省城之下关。夜,作字寄黎莼斋。

四月初一日丁酉(5月1日) 晨起,入城抵寓,家人哭泣相对,彝儿已于三月十五逝矣,伤哉。儿自去年春在苏寄纸令其写书时,已久嗽,每不能终篇,余未之知也。初夏归来差可,乃谋为之纳妇,秋间定聘冯莲溪大令之女,今年正月十六就成礼于贵池,二月下旬已挈归矣,未及一月奄然化去,天耶? 人耶? 在鄂时得绳信言其病少加,即心惊不已,遂忆先三兄以廿七岁逝,是儿今年亦恰二十七也。儿于三礼颇熟,他文词亦能留意,方急于科举,未能专力,冀他日有成,以不坠先绪,今何望哉!

尽四月在寓,绳儿扬州往还,言都转庞省翁亟待过维扬为料理书局,遂于当事辞行,然以五月初有周甲、端节两事,恐内子无以慰藉,月尾绳行,作字令持致省翁,需节后乃登舟也。得王个峰黔中寄书,是严伯雅寄来者,作书复之。并作字寄六弟,留致伯雅转寄,个峰远索篆书,署旧课附四纸。

五月初三日戊辰(6月1日) 晴。避客于灵谷寺,午后乃还。朱贵往张库验萧宏石柱,言其柱并二十八瓠,高一丈六尺许,其顶石辟邪南向,其一失去。

初七日壬申(6月5日) 晴。晨起绳解饷至,遂过舍弟托家事。弟自正月至四月半,督开淮河通大胜关入江一支四十里许,至四月半开坝,已可通舟于水西门,且以工代赈,可救沙洲圩灾民,且免后灾,可庆也,虽劳顿未复,然颇无恙。城中讹言拐子者月余矣,然无确证,上游颇主讹言为实,有送到者必欲锻炼致死,弟意则主得确证乃可成狱,意见颇未洽。属其且虚与委蛇,唯必致人死一关,在勿失我而已。食后登舟,行至燕子矶泊。

初八日癸酉(6月6日) 薄晚,至扬州钞关门外泊。

初九日甲戌(6月7日) 晴。晨入城谒都转,遂至三祝庵书局访王治轩太守、薛介伯寿。治轩于庵中除屋四小间以为居止,令起载来。晤唐又苏大使,此小间屋又苏所让也。寻过都转晚饭。因过访桂履贞。

初十日[乙亥](6月8日) 介伯、又苏谐商校《隋书》法,局刻诸史,并依毛本为式,毛本外仅有殿本,南监万历本,适又携北监本来,拟备此四本异同于每卷尾,各附一二纸,其毛误今改者记云依某本改,其两通者但记异同而已。桂履贞招晚饮,闻周子愉亲家至,就看之。子愉方有朝云之戚,而余抱痛西河,相对黯然,殆难为怀也。在履贞许晤刘小松△△太守,自安庆别来,七年矣。

十六日[辛巳](6月14日)　遍访城中诸相识。

十八日[癸未](6月16日)　赵松埏孝廉己亥。自邵伯至,名煜。年六十二,局中有学者也。鲍少筠昌熙大使收藏金石甚多,言已消散去,尚存张叔未旧集者若干件,且有《耿勋碑》,当借观。

廿三日[戊子](6月21日)　夏至。

廿五日庚寅(6月23日)　晨起唐又苏言其乡浙城西留下之西,杨坟、安溪、王家桥之东有丁奉碑,未行于世。先是,道光末年其地多耕出含玉,含玉出处即是古人墓道,耕人遇如斧形之玉铲,其下即古玉无数,因得此碑,而以覆砌其田角,今知之者甚希。其地又多出五凤砖。

廿八日癸巳(6月26日)　晴热。杨石卿自金陵来,将往吴淞口厘局。言金陵闹拐子谣言大甚,以致拏送者击毙二人,不可究,寻究得情真者杀五人,乃重立拏送虚实章程,数日来乃稍静矣。又有剪鸡尾、剪人发之白莲教匪,尚未能得头绪。邗城亦颇闹拐子,有谓其拐者即下船将往常州,又谓数日前有数鬼物皆携家以行。

所谓剪鸡尾人,盖夜放纸人纸团,以扰人家,扰时竟如人,其纸团大径二三尺许,五色光明,以水浇之,即为纸人,才五六寸长,其团二三寸纸耳。不知其与拐子是一是二。

三十日乙未(6月28日)　大雨,乃骤凉。韩叔起来,以其《翠岩室诗钞》相示,极狷厉,能畅所欲言,时人所无也。

六月初一日丙申(6月29日)　饮都转许,观其新装《纪泰山铭》,铭石太高,以"纪太山铭"四大字为一幅,而以铭文裁条十九字,合三条为一幅以称之,合得廿四幅,乃可悬观,尚须广厅乃能容。

初二日[丁酉](6月30日)　绳自金陵至,知家中平安,以唐鄂生三月朔在重安军次所寄信来,言待李相,盖犹未知其改援陕也。又会寄刻《黔诗》款五百两,留九弟许,现方整理此稿,颇怪六弟寄来之不早也。

初九日甲辰(7月7日)　小暑。阴。在都转许晤都司。君言前月下旬所闹扰夜之纸人,自雨后皆敛迹,闹时有以水浇获送呈者,于其中有血迹处以数针钉之柱上,即唧唧作声,如鸡雏鸣,屡作屡止。又教人家获之者如法为之,无不皆然。怯者犹以其鸣声为惧,其所扰皆隶优走卒之家,他则否。针钉数四之后,其获者则皆无血迹之纸人,其作闹亦无力,寻即止矣。为喻庆勋跋赵书《戒自弃文》上石。夜,作字复鄂生。舍弟寄潘芝岑所寄苏州来信,言中丞命以泾纸《通鉴》及春季薪水令其便寄,已至江宁矣。《通鉴》是当领者,春修则受之无名,当仍寄苏局,属其婉辞,若犹不可,则留印数部书而已。又作字寄六弟,附鄂生信中。

初十日乙巳(7月8日)　大雨,何莲舫言天津亦闹拐子,亦有挖眼割阴之事,其民愤击天主堂,杀佛郎西领事官,又杀鬼子若干人,尚未见明文,不知如何处治。

十三日戊申(7月11日)　作字寄潘芝岑,并寄还薪水,恐芝岑已行署荆溪,又作字寄彦清、伯足。十四[1]。

十四日己酉(7月12日)　绳领运渡江,即明日当上驶。是夜月食。

十五日庚戌(7月13日)　初伏,阴而不热。王益三相过,今年七十一。忆癸巳同计偕,三十八年;辛酉鄂城一晤,亦十年矣。局中试刻相台本《孝经》,刻手殊不称意。闻津鬼有决裂之说,又闻海轮货船且停不行。

廿三日戊午(7月21日)　晴热。作字寄湘乡爵相,当明日缄寄。

廿九日甲子(7月28日)　晴热。作字寄丁中丞,谢其寄书及乾俸,乾俸已寄还书局作印费。

七月初二日[丙寅](7月31日)　沈均初书来,即挥汗答之,其

---

[1]　十四:原稿如此,疑为寄彦清、伯足信为十四日寄,故补书"十四"于此。

言何猿叟携古拓甚富,如《圉令赵君碑》《信禅师碑》《罗池神庙碑》,皆希世奇珍,惜未能至苏一索观之也。

初九日癸酉(8月5日) 夜大雨,几彻晓。

初十日甲戌(8月6日) 绳登舟行。是日丁中丞乘小轮船经此,至清江登陆,往天津调鬼务。闻为彼事已将天津道府县及将官陈国瑞收刑部监,可诧也。送桂履贞行,即候曹赓之。

十二日丙子(8月8日) 立秋,雨。是后遂早晚有凉意,倪豹岑至,言其还安庆一行,八月半后来金陵,即辞馆北上,劝我图此馆,且为属都转先致江宁府言之。

十五日己卯(8月11日) 视豹岑于都转许,遂偕饮,在坐者有陈半樵、刘缦卿书云阁读,叔俛之弟也。言《谷梁传》宋本在其弟△△许,场后当向宝应借出仿本。

廿三日丁亥(8月19日) 凉雨竟日。午后复得绳信,言凤池已有议陈虎臣之说,此则甚当也。又得王壬秋六月十六衡阳寄信,谓曾寄两信,怪无答,岂李眉生为洪乔耶?言其数年来治《公羊》及《尚书》,且毕廿四史,一过句读,唯历法不晓,即思学算。又言皥臣以外艰归,宦囊粗足,弥之仍里居,与循、筠仙亦俱还乡,酬唱往还,差为盛集,且见寄一诗。

《寄子偲五丈》王开运

山居易徂岁,索处难为年。江东与君别,蚀月二七圆。久客便所寓,怀归惮山川。虽耽琴歌适,岂胜昔所欢。华发对藜床,缁衣感洛尘。旅邅既殊趣,风波谁与言。常谣影山句,枉勒钟庭烟。倪有松桂兴,暂来宅湘堧。

廿六日[庚寅](8月22日) 晴,午后热。得马雨农、潘伯寅、黄子寿信各一函。雨农信乃慰藉来者,七月初四发,言其已移寓沙土园,分刘子重之宅同居。而黄子寿寓兴胜寺,止隔数武。又云曾相查办津门夷衅,乃于月前廿五随同画诺,率行覆奏,都下哗然,声望顿减。闻调合肥来津办理,勋望之臣,不加爱惜,乃束缚而驰骤之,必竭蹙而后已,何为也。中外通商,原无滞碍,惟传教一节,屡构衅端,此事若不明定条约,纵使百方牵就,终归决裂也。子寿信亦言津民哗动,当事震惊,湘乡神智已离,乃致畏蜀如虎,措置之谬,辱我上邦,日来毛遂自荐,颇采鄙言,或当一障狂澜,差强人意。又云鄂生进剿,收复黄飘岭,屡有捷音,而延陵信谗,督之益急,恐深入而饷不继,则祸至矣。良骥困于盐车,黄钟不如瓦缶,古今同慨。

廿八日壬辰(8月24日) 晴。夜梦有持帖似招饮函者,云是马制军,左旁注二行云"丁未年一百岁",可怪也。是日已传闻制军廿六被刺于看操归时,廿七午后死矣,刺者何人何事,诚非常之变也。

廿九日癸巳(8月25日) 晴。晨诣都转,则昨之传闻果真,虽罪人已得,而堪督两江任者甚难其人,且有一番大更变。安得即命湘乡,虽卧治亦胜他贤十倍。

挽联马制军

生有自来,逝有所为,古昔豪杰归真,异数每传兵剑解。

江波早恬,海波未静,连省苍黔望治,大星惊向狄秋沉。

八月初三日丁酉(8月29日) 小雨。登舟,移泊钞关门。

初四日[戊戌](8月30日) 泊仪征。

初五日[己亥](8月31日) 泊下关。

初六日[庚子](9月1日) 入城还坊口寓,莼斋适遣人迎其眷属,以是日登舟,犹及送舍妹也。

十五日己酉(9月10日) 闻仍以曾相督两江,官士民皆相欣庆。

九月初一日甲子(9月25日) 乍晴乍风乍雨。

初六日己巳(9月30日) 申刻登舟,泊水西门外。

初七日[庚午](10月1日) 风雨。才行及汉西门外,又泊。

初八日辛未(10月2日) 晴。未明出江,顺风行过镇江,入丹徒口,至新丰泊。

初九日[壬申](10月3日) 过丹阳,泊奔牛。作字寄庞都转、王治轩、薛介伯，由丹阳驿发。

初十日[癸酉](10月4日)　过常州，泊六闸。洛社。

十一日[甲戌](10月5日)　过无锡，泊新安，逆风牵缆甚艰。尚不及六十里。

十二日[乙亥](10月6日)　行六十三里至苏州，泊阊门外，晚易舟改泊胥门。

十三日[丙子](10月7日)　四十里至吴江，泊垂虹亭下。入城看莼斋，方出催科于数十里外，其办公假居书院，其眷属则赁院后民房以居。作字寄之，约其三日内一来，作半日聚。

十四日[丁丑](10月8日)　泊。

十五日[戊寅](10月9日)　泊。更作字寄莼斋，订其明日必一来。

十六日己卯(10月10日)　莼斋巳初至，谈至三更乃还舟，此间催科必官亲至，其疲玩甚矣，其治法则非官所问，可笑也。

十七日庚辰(10月11日)　晴。解缆还至苏州，入盘门水关，泊小仓口。

十八日辛巳(10月12日)　泊。抚军昨日至，谒候之。言曾相十月内外亦当至，津事拟分别其起衅与误伤，为之办理。过书局，访芝岑、卿生，别遂十月矣，晚饭乃还。识沈敷山大令千昌。

十九日壬午(10月13日)　泊。访眉生、平斋、季玉、清卿诸君，惜子贞已往浙游，均初已还川沙，未晤。仍过卿生谈并晚饭。

廿日癸未(10月14日)　泊。过元妙观搜诸寺，无所得，惟一嘉靖监本《隋书》，漫收之。还就眉生晚饭。

廿一日甲申(10月15日)　泊。过书局，议买诸书若干种，并招二拓手偕行，拓曲阿梁石。

廿二日乙酉(10月16日)　食后，行及许墅关泊。

廿三日丙戌(10月17日)　行及无锡泊。

廿四日丁亥(10月18日)　行及常州泊。

廿五日戊子（**10 月 19 日**） 行及丹阳泊，入城访县令赵夏峰秉镕，属其明晨遣役偕往三城冈，规拓梁石。

廿六日己丑（**10 月 20 日**） 乘轿东行二十里，寻三城冈之建陵，陵之两石柱乃东西相向，与萧宏诸人石柱之南向者不同。两柱传经雷击，其前半破裂散落草中，其柱额之四行八字，东则反刻左读，西则正刻右读，东额方石犹粗完，西额则已裂为三。昨春末访得时，仅"文帝之神道"五字，后属杨古云监拓，乃寻得"太祖皇"三字一角合之，然"皇之"两字尚各有少半字不存。此来审视，则此两半字尚连破柱之半，倒覆地上，须得石工裁取，乃可完也。两柱之北为两龟趺，亦东西向，知有二碑，《丹阳志》载此陵有隶书碑，盖指此，惜失录其文。两柱南各有方石，径二三尺许者四，若以承四方石柱然者，岂有两石亭耶。其制盖不可考矣。两四方石之南为两石麒麟，亦东西向，西石柱之西又别有两石麒麟，则他墓物不在此陵中也。柱之趺下方，方之上为两兽相向形以承柱，高可三尺，径亦三尺小弱耳。柱之身为二十△瓶，两瓶之间如仰瓦，柱自趺面约丈三四尺许乃为额，额之上又三尺许乃承盖，盖圆径亦可三尺，盖之上他墓柱各有辟邪，此亦当尔，然已不可寻。薄晚，还就夏峰晚饭，杨古云亦尚馆于此。

廿七日庚寅（**10 月 21 日**） 行，申正及镇江，泊江口。

廿八日辛卯（**10 月 22 日**） 雇红船带过江，大雾无风，巳正乃入瓜洲口。闻洲东六河口内以廿二日三更后，庐舍颓沉塘中者数十区，死者百余人，皆不浮出。此间昔开盐栈，有谓其不固者，今果然。行仍当移仪征也。薄晚抵扬城，泊阙口门，入书局。

十月大，癸巳朔（**10 月 24 日**），十五丁未（**11 月 7 日**） 亥正三，立冬。

闰十月小，癸亥朔（**11 月 23 日**），十五丁丑（**12 月 7 日**） 未正三，大雪。

十一月大，壬辰朔（**12 月 22 日**） 冬至，十六丁未（**1871 年 1 月 6 日**）丑初一，小寒。

十二月小，壬戌朔（**1871 年 1 月 21 日**），十五丙子（**2 月 4 日**）午正三，立春。

闰十月初九日[辛未](1870 年 12 月 1 日)　方子箴都转仍还本任。遣绳迎曾涤相于清江。

十六日[戊寅](12 月 8 日)　曾公夜抵徐凝门。

十七日[己卯](12 月 9 日)　晨谒曾公,以所书《皋陶谟》八幅为寿。庞省老征诗,尚未能脱稿也。见《道园类稿》明本。少廿一至廿四凡四卷,须归查旧钞,有此四卷即收之。

十八日庚辰(12 月 10 日)　买婢拙奴陈氏付绳儿,先还金陵。曾相付潘伯寅书,以《麃孝禹碑》相寄,是西汉刻,今年六月出土者。先十日许,景鉴泉提安徽学政,经此相访,又赠《汉无盐太守刘曜碑》,亦今年新出,是宋洪氏曾著者,十日间获两未见汉刻,快不可言。麃氏一石,两行二十许字,在分篆之间,尤可宝爱。

十一月初八日[己亥](12 月 29 日)　省三之太夫人自宁津至,此一月将举九十之觞,遽无疾逝。先是,丁抚军太夫人亦将以闰月五日举寿筵,而四日逝,年八十九。两夫人之康寿,亦世所罕有。

十八日[己酉](1871 年 1 月 8 日)　朱修伯学勤之京,经此相访,言近翁叔平收得宋《施注苏诗》残本,适于宋牧仲、翁覃溪收本所阙六卷皆有之,可以相补,惜翁本不知流转何所,如合仿刊一部,岂非快事乎?

廿七日[戊午](1 月 17 日)　借廉舫银三十两,属治轩领腊修时为归之。治轩属晤曾劼刚时为言其所著《说文编韵》,托张君议刊者,张又转托治轩,俟其与两都转言,开正乃有回信也。

廿九日[庚申](1 月 19 日)　薄晚登舟。

三十日[辛酉](1 月 20 日)　行出瓜州口,溯江二十余里黄泥江泊。

十二月初一日[壬戌](1 月 21 日)　顺风行百余里,薄晚入下关,二更许泊水西门外。

初二日癸亥(1 月 22 日)　晨兴入城,还铜作坊之寓。

初三日甲子(1 月 23 日)　谒曾相公,以省三所属家状面呈之。

张廉卿适已来,谈最久。舍弟处以卯生所寄《梁建宁陵阙》七十分来。

初七日[戊辰](1 月 27 日) 又偕廉卿谒曾公,就呈《建陵阙》新拓本,廉卿已允就此凤池书院馆,即告舍弟言之首府,酌下关订。

同治十年（1871）

正月七日［丁酉］（2 月 25 日）　督相曾公招饮,言当刊《十三经注疏》,问通行者何本为善。以阮本为善,公嫌其字小,则又以殿本对。盖乾隆四年所刊经史,其经部补正明监不少,且有句读,足称善本。其史部则唯前四五种差善耳。

二月十五日［乙亥］（4 月 4 日）　奉旨以张文祥凌迟处死,剜心祭马制军端敏公。临刑神色不挠,绝不呻。马氏仆从怀愤脔割,绝无呻息,真荆卿、聂政之流也。

三月初二日［壬辰］（4 月 21 日）　将之扬州,谒督相辞,谓前议之《十三经》,今付淮南局专办,可留意购两善印殿本。

初五日［乙未］（4 月 24 日）　以连日雨,不能登舟,金眉生约谐行,订以七日。

初六日［丙申］（4 月 25 日）　谒督相,言刻经疏当依式重写,乃能方大。友芝则以精印覆刊为善,洪琴西亦主覆刊,督相皆不以为然。乃请先试刊一卷,如不善则通写也。督相遣假《周易集解》《毛诗稽古编》。黄子寿托买局中书,即托琴西寄之于鄂城。孙琴西已委署盐巡道,候之不直。过书局晤啸山、端甫诸君谈,端甫以《韵会》二卷赠我补阙,犹阙一卷,即托端甫为雇抄。高碧湄有信,言苏局今年已停鄙人之俸,去年本已不取,何计今也。舍弟又言适有自苏来者,言此俸至今年二月止,即听补去年书价,亦不计问也。

初七日［丁酉］（4 月 26 日）　晨起大雨。食后乃登舟,与眉生同泊,不能行,稍移泊石头城下。

初八日［戊戌］(4 月 27 日)　行至燕子矶,不能进,遂泊。午后偕眉生登矶上亭远览。

初九日［己亥］(4 月 28 日)　过江,行至瓜洲泊。

初十日［庚子］(4 月 29 日)　食后入阙口门,还书局。《隋书》版修整未毕,《全唐文》已得廿许卷,今爵督相欲停《唐文》刻《经疏》,而都转意则两工并兴也。

四月廿一日庚辰(6 月 8 日)　日午,以《尚书疏》面付雕,以应良日。

廿二日［辛巳］(6 月 9 日)　聚局中诸友,约议校经章程。金陵信至,言内子病,遣绳明日买舟先行。

廿四日［癸未］(6 月 11 日)　候都转辞行。

廿五日［甲申］(6 月 12 日)　发扬城,晚泊仪征口。

廿六日［乙酉］(6 月 13 日)　大东南风,禁江,仍泊。

廿七日［丙戌］(6 月 14 日)　行至下关,泊仪凤门外。

廿八日［丁亥］(6 月 15 日)　晨起,入城,抵铜作坊寓,内子病已痊,特饮食未复,自廿二夜至廿七,心常悬悬不能寐,至是乃慰释也。

卅日［己丑］(6 月 17 日)　谒督相,言扬州刻经章程,定用殿本翻雕,惟经文必改写放大,使与注文不混。访李眉生,又过洪琴西,琴西言《十三经》殿本松江守杨卓庵言有一初印者,价颇贵,当决买之,即宜作字寄往,属其垫办。

五月初一日庚寅(6 月 18 日)　晴热,夜半大雨。

初二日辛卯(6 月 19 日)　阴雨。雨止,携绳儿及孙小农、孙女庆,出水西门,泛舟至聚宝门,绳以两孙还寓,遂溯流泊通济门外,将以明日为湖熟之游。

初三日［壬辰］(6 月 20 日)　阴雨。溯至上方桥,水溜风逆,不能进,遂还泛江东桥新河。晚饭后仍入城,溯淮之游更俟异日也。

六月十一日［庚午］(7 月 31 日)　为灯船之游,识曹镜初［耀湘］△部。

十九日[戊寅](8 月 5 日)　黄子寿及其子△生自鄂至,为留三日。子寿之直隶,就志馆也。

七月末　王霞轩自江西来,始识之,其人开拓而安详,有用才也,现官廉访。

八月初八日[丙寅](9 月 22 日)　相公招会于莫愁湖,山长、书局诸君皆与,其新识者桂皓庭文灿孝廉、陈鹿生观察瑀。皓亭,南海名士,陈兰浦高弟,专意经学;鹿生谈亦开爽,官浙被议。

八月十七日[乙亥](10 月 1 日)　登舟之扬局,泊汉西门外。先是,与局中约处暑前后当至局,以何子贞议改刻经疏章程,有信致涤相,谓子偲且可不来,余遂迟迟其行。局中屡信相催,且闻子贞已行,又不能不一往也。

十八日[丙子](10 月 2 日)　折抢行至仪征口泊,颇摆簸。

十九日[丁丑](10 月 3 日)　又折抢行入瓜洲口,牵行,及晚始至钞关门外,登岸入城。二日皆东北风,幸未甚大,故犹能行也。

人名字号音序索引凡例

一、本索引是《邵亭日记》（以下简称《日记》）正文中人物姓名或字号的索引。

二、本索引以姓名为查阅主体，每一姓名皆列为检索条目，姓名之后括注《日记》中出现的字、号、别名、习称、昵称、官称、简称及其他能够代表人物之称谓。

三、凡《日记》中未出现字号者，以人名为检索条目；凡《日记》中仅出现字号者，尽量检出姓名列入检索条目；凡《日记》中出现之称谓未能确知其为名、字、号，或暂未考知其名者，径列为检索条目。

四、凡《日记》中出现的人物字号，亦列为检索条目，后列"见某某"，如"雨生 见丁日昌"；《日记》中出现的人物字号与姓相连者，仅以字号为检索条目，如"丁雨生"（丁日昌之字），以"雨生"而非"丁雨生"为检索条目，读者欲知《日记》中"丁雨生"为谁，省去其姓，即可检得。

五、索引后所列之数字为该人物在《日记》中出现之年、月、日（以公元纪年为标准），如：

冯志沂（鲁川）1867.5.30,6.3

说明冯志沂，字鲁川，出现在《日记》1867 年 5 月 30 日及 6 月 3 日。

人名字号音序索引

阿瑛　见顾瑛

霭堂　见李恒嵩

安福 1865.10.19

安澜　见王济川

安梦莲(青田、安青田)1861.12.6

敖季和(季和)1865.7.31；1869.2.
15,3.4

白尔(开普勒)1861.8.31

白舫　见徐谦

白居易(香山)1868.2.9

白让卿(退庵、白退庵)1865.5.5

白镕(小山)1861.6.25；1865.5.5

白石　见姜夔

白墫圃 1862.5.24

百川　见杨瑶光

柏容　见黎兆勋

班固(孟坚)1862.6.14

半农　见惠士奇

半千　见龚贤

半山　见王安石

半塘　见张鉴

包诚(兴言)1861.3.1,3.2,3.3,3.4,
3.5,3.7,3.9,3.11,3.14,4.26,5.18；

1865.12.23

包世臣(慎伯、包慎伯、太翁、倦翁、倦
游阁外史)1861.3.1,3.4

包拯(忠肃)1868.1.1

宝鋆 1861.12.23；1862.1.16

葆臣　见罗光楚

葆斋　见李元诚

豹岑　见倪文蔚

豹存　见倪文蔚

鲍昌熙(少筠)1870.6.16

鲍超(鲍军、鲍军门、鲍镇)1861.3.1,
3.30,4.5,4.6,4.9,4.29,5.2,5.13,6.
14,7.26,8.11,8.19,9.3,9.4；1862.9.
30；1865.11.25

鲍恂(仲孚、鲍仲孚)1865.4.20

鲍源深(花潭、鲍花潭)1865.10.4,
10.5,10.7,10.16；1867.3.24

北平　见高均儒

北坪　见高均儒

北宜　见罗萱

贝义渊 1868.9.13

鼻山　见胡震

毕长庆(孙帆、毕孙帆)1868.2.26,5.

1862.5.15

陈世铦 1861.5.20

陈守和 1862.5.18

陈守谦 1862.5.18

陈寿熊(子松)1862.4.6

陈书斋 1862.10.3

陈松儒(松儒)1865.4.13,4.14,4.16;1866.7.11;1867.2.8

陈泰来(茹香)1862.6.14,6.20

陈畹生 1866.3.15

陈惟模(远亭)1861.3.1

陈希辕 1862.3.8

陈锡书(松韵)1862.7.18

陈修伦 1862.5.18

陈学逵 1861.3.16

陈彝 1862.7.4

陈荫培(又桥)1866.1.4

陈用光(硕士、陈硕士)1862.8.5

陈有香(兰坡、陈兰坡)1865.9.12;1866.11.8

陈又良 1865.10.29

陈玉成(四眼狗、狗逆、狗贼)1861.3.24,4.2,4.5,4.9,4.10,4.30,5.9,5.23,7.7,8.8;1862.5.24

陈毓坤(杰夫)1861.6.12,6.13,6.17,6.18,6.21,7.7,10.19;1862.2.9

陈元骥(念东)1868.5.12

陈鳣(仲鱼)1862.5.7

陈兆麟(小江、小荘)1866.2.13,4.20,11.13,11.22;1867.4.18;1868.1.27,1.30,8.17

陈钟麟(厚甫)1862.6.14

陈钟祥(息凡)1861.3.22,6.12,6.24,7.17,7.26,10.19;1862.4.25

陈钟英(槐庭)1868.4.2

陈子昂(伯玉、陈伯玉)1867.8.25

陈子经 1864.12.28

成大吉(成镇、成镇军、成军)1861.3.20,3.21,4.10,5.7,5.9,5.13,6.14,6.18,6.26,7.24

成蓉镜(芙卿)1868.11.1

成天祺(振云)1865.2.3;1866.12.10

承子久 1861.6.2

诚之　见孙文川

程德(仲翔)1866.6.14

程国熙(敬之)1866.11.3

程颢(明道)1865.3.27,4.1,4.2,4.3

程鸿诏(伯敷)1861.12.7,12.8;1862.1.1,2.22,4.30,7.18,8.29;1864.10.16,11.8,11.15;1865.3.18,7.9,11.17;1867.2.15

程桓生(尚斋、程都转)1861.8.8,8.10,8.18,10.25,10.27,11.1,11.8,12.7,12.12;1862.2.3,2.4,7.17;1863.1.31;1866.2.22,5.20,5.21,5.23,5.25,11.3,11.4;1867.2.10,2.19,3.24,3.26,4.5,4.8,6.24,7.27;1868.10.29;1870.4.27

程迥(沙随先生)1868.1.1

程筠泉 1868.3.22

程可叟 1862.2.21

程朴生(十洲、程十洲)1862.7.4

程少荼 1862.7.18

程松云 1862.8.22,8.24

程学启 1861.3.24

程燠(敬生)1862.5.10,9.23,10.23

程月波 1862.3.16;1865.3.16

程钊(蒲孙)1867.1.13

程祖寅(亮斋)1865.2.9,2.11,8.1,
8.14,8.22,10.5,10.6,10.16;1866.
2.13,2.17,3.12,5.12,5.15,7.6,11.
12,11.13,12.21;1867.1.5,1.7,4.
18,6.22,6.23,6.30,7.13,7.15,7.
16;1868.1.29,2.11

澄士　见姚声

澄之　见孙文川

池嫂 1861.3.28

持正　见皇甫湜

崇恒 1861.7.14

楚桢　见刘宝楠

褚峻(千峰、褚千峰)1866.10.13

触浯　见李如昆

春伯　见方观宸

春帆　见土凤仪

春舫　见吴政祥

春海　见龚之棠

春木　见姚椿

春农　见魏申先

春圃 1865.3.31

春生　见李仲良

纯斋　见黎庶昌

纯卿　见蒋嘉械

纯顷　见蒋嘉械

莼斋　见黎庶昌

淳卿　见蒋嘉械

醇甫　见容光照

醇士　见戴熙

醇雅 1868.1.1

慈安(皇后、太后)1861.9.14,12.19

慈民　见刘庠

慈禧(皇后、太后)1861.9.14,12.19

次典　见范鸿谟、朱守谟

次功　见张官德

次青　见李元度

次孺　见翁乐

次园　见吴台朗

崔夫人孙氏 1864.12.28

崔颒 1861.6.2

存之　见方宗诚

存庄　见戴钧衡

大复　见何景明

大廷　见杨名声

岱峰　见金衍宗

待园　见江有兰

戴丙荣(礼庭)1865.7.12;1866.7.
14,7.15,7.21,7.23,8.19,8.28,8.
30,9.6,9.11,9.12,9.16,11.23,12.
24;1867.11.9;1868.1.1

戴钧衡(存庄)1861.8.21;1862.2.5

戴礼堂 1865.9.29

戴鹿芝(商山、戴商山)1862.4.5

戴望(子高)1866.12.20;1867.1.4,
1.13,1.24,1.28,2.11,3.11,4.17,6.
14,6.23,12.20;1868.1.28;1869.

5.17

戴熙(醇士)1868.3.30,4.1

戴兆登(步瀛)1868.4.1

戴子安 1866.7.15

丹臣　见何敦五

丹初　见阎敬铭

但明伦(云湖)1862.1.6

但培良(又湖、幼湖)1861.3.1,3.3,
3.14,3.15,3.17,4.23,4.24,4.29,4.
30,5.3,5.5,5.9,5.10,5.11,7.10,7.
15,7.17,10.2

澹村　罗遵殿

澹如　见秦缃业

道园　见虞集

德舆　见王思敬

邓艾 1861.3.16

邓包 1861.11.17

邓传密(守之)1862.2.3,4.30;1865.
4.23;1866.5.4,5.5,5.6,5.7,5.23;
1867.5.8;1868.9.1,9.4,11.12

邓尔亨 1861.6.23

邓尔恒(子久)1861.7.16,12.6

邓尔巽 1861.4.12

邓辅纶　见邓辅轮

邓辅轮(辅纶、弥之)1862.　1.11,3.
27,5.15,5.16,5.18,5.19,5.25,5.
26,5.27,5.28;1870.8.19

邓季宇(季宇)1865.10.13,10.14,
10.16

邓瑞品(子麟)1861.3.20

邓瑞品 1861.11.27

邓析(邓析子)1866.8.30

邓析子　见邓析

邓羲 1864.11.17

邓琰(完白、石如)1861.10.21,11.
17;1862.1.12;1866.5.4

邓瑶(伯昭)1863.1.24,1.25,2.11;
1865.2.24,7.17;1866.3.14,3.20

狄仁杰(狄梁公)1864.12.28;1865.
1.9

迪庵　见李续宾

涤生　见曾国藩

笛帆　见张锦瑞

棣香　见任伊

棣选　见郑兴仪

滇生　见许乃普

调庵　见徐作梅

调父　见钱鼎铭

丁丙(松生)1867.9.16,9.18,9.19,
9.22

丁奉 1870.6.23

丁敬斋 1866.7.17

丁俊(少莱)1865.4.12

丁取忠(果臣)1861.4.23,4.26,4.
28,5.8,5.14,5.15,5.16,5.18,5.20,
5.27,5.28,6.3,6.4,6.5,7.1,7.12,
8.9;1862.2.3

丁日昌(雨生、禹生、禹公、丁观察、丁
都转、丁方伯、丁中丞、丁抚军、中丞)
1862.1.2,1.3,1.4,1.6,1.9,1.10,1.
18,1.21,1.29,1.30,1.31,2.8,2.15,
2.20,2.23,2.25,3.2,3.13,3.19,3.

1866. 3. 12,4. 25,11. 13;1868. 2. 5

黄元御(坤载)1861. 3. 2,7. 18

黄钺(壹斋)1868. 1. 1

黄之瑞 1861. 7. 16

黄治(小田、晓田)1861. 3. 26;1865.
1. 11

黄庄斋 1861. 10. 14,10. 16,10. 18,
10. 21,10. 30,11. 17,12. 10;1862. 5.
16,12. 16

㧑叔　见赵之谦

会詹　见殷兆燕

诲臣　见刘廷佋

桧门　见金德瑛

惠甫　见赵烈文

惠父　见赵烈文

惠生　见高兆麟

惠士奇(半农)1865. 11. 18

慧生　见高兆麟

蕙生　见高兆麟

蕙西　见邵懿辰

霍虚斋 1861. 10. 22,11. 18;1862.
6. 21

姬传　见姚鼐

吉堂　见萧光远

吉云　见冯瑞光

汲三　见禹志涟

集甫　见张肄孟

计棠(季苇村、苇村)1864. 10. 27;
1865. 1. 3,3. 19,3. 25,3. 28,7. 9,11.
20,11. 22

纪国太妃韦氏 1861. 5. 27

纪昀(文达)1861. 11. 13;1868. 2. 9

际庭　见童延

季高　见左宗棠

季蘅　见徐树钊

季怀　见薛福保

季珂　见陈鸣玉

季荃　见李鹤章

季玉　见潘曾玮

季芝昌(仙九)1865. 3. 30

霁楼　见周际霖

霁亭　见张沄卿

稷若　见张尔岐

冀氏(田佽妻)1861. 6. 2

加罗林(英人维廉之妹)1861. 8. 31

贾履上(云阶)1866. 7. 26,9. 18,9.
19;1868. 1. 1

贾谦益(芸樵)1865. 5. 24,5. 26,6. 2;
1866. 7. 17

贾谊(贾子)1866. 8. 30;1868. 1. 1

价庵　见冯礼藩

价城　见赵廷莹

稼书　见陆陇其

稼轩　见辛弃疾

俭卿　见丁晏

蹇谔(一士)1865. 2. 24

蹇仪轩 1865. 2. 24,7. 17

蹇间(子和)1865. 2. 24

蹇征士 1865. 2. 24

见山　见杨岘

建卿　见朱善旗

剑泉　见景其浚

敬生　　见程燠

敬亭　　见冯桂芬、孙观光

敬之　　见程国熙、瞿秉渊

靖甫　　见许颂宣

靖节　　见陶渊明

静澜　　见卫荣光

静山　　见李永镇

静修　　见刘因

镜初　　见曹耀湘

镜海　　见何应祺

九峰　　见彭山屺

九霞　　见王晋芳

久香　　见朱兰

掬海　　见梅锦源

菊存　　见李文琛

菊邻　　见胡镙

聚垣　　见潘兆奎

瞿秉渊(敬之、瞿氏)1867.6.30,7.3,
7.5,7.6,7.9;1868.1.30,5.9

瞿敦礼 1866.8.6

君采　　见谢三秀

君卿　　见徐有壬

均初　　见沈树镛

筠石　　见汪鋆

筠仙　　见郭嵩焘

开普勒　见白尔

开生　　见刘翰清

凯臣　　见赫舍里隆山

康成　　见郑玄

柯华辅(竹泉)1862.1.30,9.4,11.
17,11.22;1863.1.25

柯钺(小泉、筱泉)1861.11.10,12.7;
1862.1.30,2.3,2.4,4.4,8.30,9.5,
12.23;1863.1.24

可之　　见孙樵

克斋　　见胜保

刻白尔(开普勒)1861.8.31

空同　　见李梦阳

孔福 1866.3.14,3.20

孔林 1866.4.28

孔宪典(叙五)1862.4.3

蒯德标(蔗农)1865.5.24,5.26;
1866.7.14,7.15,9.20,11.28,12.16;
1867.11.7

蒯德模(子范)1866.10.7

蒯光华(虎臣)1866.7.22,8.12

匡培生 1865.3.20

匡源 1861.12.23

坤载　　见黄元御

昆圃　　见庞钟琳

廓园　　见魏大中

赖慧生 1866.7.21

赖裕新(赖剥皮)1861.4.2

兰槎　　见方德骥

兰皋　　见郝懿行

兰坡　　见陈有香

兰浦　　见陈澧

兰生　　见金鸿保

兰士　　见汪文台

兰汀　　见刘寿椿

兰雪　　见吴嵩梁

朗生　　见王彬

19,7. 16;1868. 4. 5;1870. 3. 1,3. 6,3.
16,4. 7,4. 22,4. 23,4. 24,4. 25,4. 27,
6. 30,8. 22

李继熙 1865. 10. 18

李联琇（小湖）1865. 4. 23;1868. 2.
13,7. 15;1869. 5. 14,5. 19

李陵 1868. 4. 2

李梦阳（空同）1868. 1. 1

李铭皖（薇生）1866. 9. 24,9. 25,9.
26;1867. 10. 12

李品兰（伯书）1866. 11. 8

李蓉江 1865. 10. 17

李榕（申甫、申夫、申父、申公）1861.
8. 8,8. 19,8. 27,8. 28,8. 31,9. 2,9. 6,
9. 22,9. 30,10. 6,10. 8,10. 18,10. 22,
10. 23,11. 1,11. 8,11. 9,11. 10,11.
12,11. 17,11. 27,12. 1,12. 2,12. 6,
12. 10,12. 19;1862. 1. 10,2. 13,2. 14,
2. 20,2. 23,3. 19,3. 31,4. 15,5. 19,5.
26,7. 10,7. 17,8. 10,10. 23,11. 16,
11. 19;1863. 1. 6,1. 17;1864. 12. 24,
12. 27;1865. 11. 17,11. 18,11. 21,11.
23,12. 9,12. 10,12. 12,12. 26;1867.
4. 4,4. 5,4. 6

李如昆（竹吾、竹浯、触浯、竹）1862.
9. 13,10. 11,10. 15,10. 18,10. 23,10.
28,11. 16,12. 4,12. 5

李善兰（壬叔、壬）1861. 8. 31;1862.
2. 11,5. 16,5. 17,5. 18,5. 25,5. 26,5.
28,6. 3,6. 4,6. 5;1863. 1. 12,1. 18,1.
23,1. 24,2. 6;1864. 11. 2,12. 30;

1865. 1. 11,2. 12,3. 27,5. 26,7. 1,7.
11,8. 14,9. 2,10. 1,10. 5,10. 15,10.
21,10. 27,10. 28;1866. 2. 13,2. 14,3.
3,3. 12,4. 16,4. 17,12. 20;1867. 1. 4,
1. 13,1. 28,3. 11,4. 17,5. 2,8. 30

李鳝（复堂）1866. 5. 6

李商隐（义山）1862. 12. 5;1868. 1. 1,
11. 12

李少白 1864. 10. 14;1865. 8. 4,9. 7;
1866. 2. 8,3. 2,3. 6;1868. 9. 16

李慎 1861. 5. 27

李石芝 1866. 4. 3,5. 9

李士棻（芋仙）1860. 11. 28;1861. 8.
8,8. 14,8. 16,8. 18,8. 19,8. 20,8. 23,
8. 24,10. 5,12. 4,12. 5,12. 29;1862.
2. 8,2. 12,2. 14,7. 18,10. 20,11. 8,
11. 10,12. 5,12. 6,12. 8,12. 11,12.
13,12. 28,12. 30;1864. 10. 15,10. 16,
10. 31,11. 6,11. 11,11. 16,12. 13;
1865. 1. 20,3. 4,3. 16,4. 3,4. 14,7.
11,7. 15,7. 17,7. 19,7. 22,7. 28

李世杰（李尚书、恭勤）1866. 8. 14

李世禄 1867. 8. 1

李世民（太宗）1861. 5. 27

李世贤（伪侍王）1861. 4. 29

李世忠 1861. 4. 7;1866. 8. 30;1867.
3. 27

李思训 1862. 2. 7

李太夫人（李鸿章母）1866. 3. 18,
3. 19

李维寅（桂舲）1865. 10. 18

李维楷(云卿)1865.10.17,10.23；1866.2.27

李文琛(菊存)1862.12.6

李文森(树皆、树阶、恕皆)1865.1.22,3.2,3.8,3.9,3.13,3.20,3.24,3.26,3.30,9.3,9.13,12.15；1866.2.28,3.1,6.20,6.21,6.24,7.7,8.14；1867.3.21,5.18,5.25

李文杏(少石、小石)1865.10.4,10.16；1866.4.17,5.10

李文泽(雨皆)1866.3.1,3.6,3.7,3.11,3.13,3.19,3.21,4.5,4.6,4.7

李文忠(松存)1862.12.6

李文忠(武靖王)1868.9.13

李锡光(樾山)1865.12.10

李兴巨(麓乔、麓桥)1866.6.14,6.16,6.19；1868.2.3

李兴锐(勉亭、勉林)1861.10.6,10.7,10.26,11.25,12.26；1862.2.15,2.16,2.18,8.22；1863.2.13,2.14,2.16；1864.11.11；1865.2.14,2.15,2.17,2.21,2.23,2.25,3.27,3.28；1866.3.14,3.15,3.16,4.28,4.29,6.16；1867.4.27,5.5,5.6,5.29,5.31；1868.1.29,2.1,2.3,9.29；1869.3.31,5.10,6.9

李秀成(伪忠王)1861.4.24,4.29,5.5；1862.9.24

李续宾(迪庵)1861.6.25

李续宜(希庵、希帅、希公、希翁、希老、希、李廉访、李中丞)1861.2.15,3.2,3.10,3.13,3.14,3.16,3.17,3.19,3.27,3.30,4.1,4.2,4.5,4.6,4.10,4.30,5.3,5.7,6.14,6.15,6.29,7.2,7.12,7.24,11.28；1862.1.25,2.7,3.21,3.23,4.10,8.4,8.27,8.29

李雅荃 1866.3.15

李阳冰(少温)1865.4.3；1866.7.10,10.21；1867.11.21；1869.3.9,7.31

李义门(义门)1865.4.12,9.9

李映菜(香雪)1861.4.5,5.9,6.18,7.9

李永镇(静山)1866.11.24,11.27

李元诚(葆斋)1865.10.18

李元度(次青)1861.5.4,7.13,7.16,7.24；1866.6.5

李元阳(中溪)1870.4.15

李章甫 1869.7.20

李昭 1866.10.13

李昭庆(幼荃)1862.8.8,8.14,8.22,8.24,11.10,11.11,11.13；1865.11.29

李昭寿(李招受)1862.1.21

李兆洛(申耆)1862.2.3；1866.5.4

李振黄(羲琴)1866.1.5,1.14,1.16,1.17,1.18,2.28

李志学(敏斋)1862.1.19,1.21,2.10

李治(唐高宗)1868.9.13

李仲良(春生)1866.10.30

李竹崖(竹崖)1861.8.27,10.22

李竹岩 1862.2.26

李紫峰 1866.7.25

18,5. 20,11. 6,11. 10,11. 12;1869. 3.24

刘若金(云密)1861.3.2

刘士元 1861.4.2

刘世埠(彤阶、彤陔、桐陔)1861. 10. 17,10. 19,11. 26,12. 4;1862. 2. 16,3. 31,4. 7,4. 26,4. 30,6. 16;1867. 5. 3, 5. 5,5. 6;1868. 10. 7,10. 9

刘寿椿(兰汀)1861.5. 16,6. 29,6. 30

刘书云(缦卿)1870.8. 11

刘述臣 1862.2. 25,7. 4;1868. 10. 2

刘燧基(鲁岩、鲁崖)1865.4. 28,5. 4, 5. 5

刘台拱(端临)1868.11. 12

刘廷佽(海臣)1862.10. 3,10. 6

刘文泉 1862.12. 5

刘熙载(庸斋、融斋)1861.4. 26,5. 9, 5. 16,5. 18,6. 2,6. 6,6. 11,6. 14,6. 15,6. 17;1867. 11. 6,11. 7,11. 8,11. 15;1868. 6. 4

刘喜海(燕庭)1861.7. 17;1867. 10. 20

刘献葵(日心、日新)1861.12. 18,12. 25;1862. 2. 23

刘庠(慈民)1866.11. 15

刘小松 1870.6. 8

刘晓华(廉方)1861.3. 9

刘孝绰 1868.9. 13

刘曜 1870.12. 10

刘因(静修)1868.1. 1

刘禹锡(梦得)1861.12. 4;1862. 12. 5

刘毓崧(伯山)1865.3. 7,7. 11,10. 1;

1866.2. 23,3. 3,4. 17,11. 15;1867. 3.11

刘源灏(鉴泉)1861.12. 6

刘韵如 1861.4. 14

刘曾撰(咏如)1861.2. 12,2. 19,9. 3, 9. 18;1862. 2. 23,2. 24,2. 27,2. 28,3. 2,3. 4,3. 7,3. 14,3. 16,3. 18,3. 21; 1863. 1. 4;1865. 1. 27,2. 26,2. 27, 10.31

刘兆兰(晓堂)1861.3. 16,7. 24

柳臣　见朱惟和

柳门　见汪鸣銮

柳熙春(麓渔)1862.12. 8,12. 10

柳兴宗(宾叔)1867.1. 13

柳宗芳 1862.9. 27

柳宗元(柳河东)1862.3. 17;1868. 1.1

龙侓(汉云)1862.1. 10

龙启瑞(翰臣)1869.5. 19

龙汝霖(皞臣)1862.4. 3;1870. 8. 19

龙伟(蟠云)1865.12. 13

龙友　见杨文骢

龙渊　见隋藏珠

龙湛霖 1862.9. 23

卢福 1862.3. 1

卢少尉(华昆)1865.4. 21

鲁川　见冯志沂

鲁生　见张斯桂

鲁汀　见刘端

鲁秀章 1867.7. 15,7. 16

鲁崖　见刘燧基

15,5.20,11.19;1867.1.3,1.19,3.2,
7.16,11.8,12.16;1868.4.18,5.5,6.
11,6.14,8.31,9.7,10.30;1869.4.
19,5.19,6.26,7.20;1870.3.6,8.22

马复震(莪园)1870.4.24

马铭(芝生)1865.3.27

马声(汉卿)1865.7.3

马文照(守愚)1861.2.3

马新贻(谷山、制府、制军、马中丞、马
制军、端敏)1867.9.30;1868.9.15,
11.4,11.8,11.10;1869.5.13;1870.
1.11,4.22,8.24,8.25;1871.4.4

马星甫 1865.3.18

马玉堂 1869.4.29

马云客 1862.6.17

马钊(远林)1861.8.11

马志高 1867.4.30

马志亭 1867.1.2,1.3

马祖常(石田)1868.1.1

迈青　见孙宝勋

曼生　见王梫

缦卿　见刘书云

缦云　见周学浚

毛昶熙(旭初、毛旭帅、毛中丞)1861.
3.1,4.5,7.6,12.6;1862.1.21,10.
19

毛鸿宾(湖抚毛)1862.2.19

毛晋(子晋)1867.6.30

毛修伦(敦五)1861.3.18

泖生　见刘履芬

茂秦　见谢榛

茂之　见陈彭年

枚如　见谢章铤

眉公　见陈继儒

眉生　见金安清、李鸿裔

梅道人　见吴镇

梅花道人　见吴镇

梅锦源(掬海)1865.2.18,2.19

梅镠(石居)1866.5.4

梅启照(小岩)1861.8.8,11.12

梅生　见金安清

梅仙　见苏佩

梅曾亮 1866.5.4

孟坚　见班固

孟轲(子舆氏)1861.8.31

孟坑(缅王)1861.3.31

孟莘　见左枢

孟星　见左枢

孟虞　见周世澄

梦得　见刘禹锡

梦龙 1862.5.18

梦莘　见左枢

梦星　见左枢

梦渔　见谢增

梦虞　见周世澄

弥之　见邓辅纶

米芾(元章、米南宫)1865.4.10,4.
11,4.20,4.22

勉林　见李兴锐

勉亭　见李兴锐

苗沛霖(苗练、苗)1861.4.2,9.8,11.
14;1862.1.21,1.25,5.24,7.26,

墨翟(墨子)1862.7.21

木皆　见周世楷

木有恒 1862.4.5

牧仲　见宋荦

慕耕　见黎庶焘

慕韩　见厉学潮

慕庐　见韩葵

慕廷　见姚浚昌

慕庭　见姚浚昌

慕维廉 1861.9.1

慕徐　见郭阶

穆二同 1861.11.28

穆其琛(海航、海)1861.3.26,7.31,
8.8,8.19,11.17,11.27,11.28,12.2,
12.3,12.4,12.6,12.7,12.10,12.13,
12.23,12.26;1862.1.2,1.10,1.21,
1.31,2.10,2.13,2.20,2.26,3.22,4.
20,4.27,4.29,5.4,5.7,5.15,5.25,
5.29,5.30,6.14,6.19,6.21,7.4,7.
10,7.13,7.17,7.23,7.28,8.10,8.
16,8.21,8.22,9.20,10.8,10.9;
1865.3.20,3.31

穆荫 1861.12.23

穆子容 1861.4.3,12.3

奈端(牛顿)1861.8.31

南坪　见吴敏树

南屏　见吴敏树

南耡　见杨栻

南溪　见韩超

南轩　见吴敏树、张栻

南云　见刘南捷

倪杰 1862.4.4

倪镜帆 1866.3.20,3.24,7.5,7.7,
12.5

倪良耀(莲舫)1861.3.9

倪人涵 1862.10.28

倪人在(秋水)1862.7.6,7.8

倪文蔚（豹岑、豹存）1861.7.14;
1862.5.12;1863.1.17;1865.7.11,
10.4,10.16;1866.2.19,2.24,2.25,
3.17,5.13,5.23,11.29;1867.6.3;
1870.8.8,8.11

倪应颐 1861.4.24

念东　见陈元骥

念生　见罗汝怀

聂光銮(陶斋)1861.4.30,5.2

聂云珊 1862.9.3

聂政 1871.4.4

钮树玉(非石)1866.8.28

农师　见陆佃

欧阳保极 1862.7.4

欧阳夫人(曾国藩妻)1865.3.23

欧阳功甫 1861.8.12,8.13,11.13,
12.29

欧阳健 1861.7.31

欧阳麓樵 1861.11.10

欧阳修(欧阳文忠)1868.2.9

欧阳兆熊（小岑、筱岑、筱存、匏叟）
1861.7.29,8.8,8.12,8.14,8.16,8.
18,8.19,8.20,8.24,8.26,8.27,8.
28,8.30,9.2,9.7,9.8,9.9,9.14,9.
27,9.29,9.30,10.4,10.5,11.10,12.

9,12. 28,12. 29;1862. 9. 3;1864. 10.
25,11. 3,11. 5,11. 6,11. 12,11. 18,
11. 22,11. 29;1865. 1. 11,2. 12,3. 7,
3. 16,3. 27,4. 3,7. 11,7. 17,7. 29,8.
12,9. 2,10. 31,11. 1;1866. 1. 28,1.
30,1. 31,4. 10,4. 17,8. 1,8. 2

潘崇福(同叔)1866.8.5

潘德舆(四农)1861.7.29

潘登贵 1862.8.8

潘铎 1862.2.15

潘萼笙 1870.3.16,4.9

潘鸿焘(伊卿)1865. 2. 7,3. 4,3. 30,
3. 31,7. 15,10. 7;1866. 11. 13;1867.
2. 25,6. 12,8. 26;1868. 7. 9

潘椒 1869.3.6

潘介繁(椒坡)1870.4.8

潘垲(潘恺)1862.1.21

潘康保(秋谷)1870.4.8

潘若泉 1865.8.31

潘树辰(芝岑)1868. 2. 29;1870. 7. 7,
7. 11,10. 12

潘廷尉 1861.8.25

潘锡恩(芸阁)1861.3.5

潘锡爵(邕侯)1867.1.13

潘曾玮(季玉、养闲主人)1867. 10.
14,10. 20,10. 27,12. 8,12. 11,12. 23;
1868. 2. 27,5. 12,5. 29,6. 14;1870.
10. 13

潘昭度 1868.5.19

潘兆奎(聚垣)1861. 8. 8,10. 13,10. 19,
12. 8,12. 29;1862. 2. 16,3. 31,6. 21,7.

19,7. 22,7. 23,11. 18,12. 14;1864. 10.
15,10. 31,11. 8;1865. 1. 3

潘肇镛 1861.3.16

潘祖荫(伯寅)1866. 8. 1;1869. 4. 19,
6.26;1870. 8. 22,12. 10

潘遵祁(顺之)1870.4.8

盘仲　见魏铭

磐溪　见梁资桓

磐仲　见魏铭

庞际云(省三、庞省翁、庞省老、庞都
转)1864. 10. 18,11. 19;1865. 1. 25,3.
30,4. 1,7. 11,10. 26;1866. 2. 9,3. 8,
3. 10,5. 9,7. 11;1868. 7. 10;1870. 3.
3,3. 7,5. 1,10. 3,12. 9,12. 29;1871.
1. 23

庞钟琳(昆圃)1867.6.30

匏叟　见欧阳兆熊

培锦　见周安顺

裴子野 1868.9.13

彭定澜(恬舫)1862. 9. 23,11. 23;
1866. 3. 10

彭福保(复斋)1868.6.21

彭山屺(九峰)1861. 8. 13;1862. 6.
11,10. 19

彭孙通(羡门)1865.4.20

彭玉麟(雪琴、雪公、雪翁、彭老、彭中
丞、彭侍郎、彭宫保)1861. 3. 2,3. 9,
3. 10,3. 22,4. 5,4. 30,7. 12,7. 13,7.
31,8. 22,11. 12,11. 16,11. 24,11. 26;
1862. 1. 2,1. 11,1. 25,1. 30,2. 4,2. 7,
3. 5,7. 4,8. 19,10. 11,11. 25;1865. 2.

秋帆　见毕沅

秋谷　见潘康保

秋浦　见姚体备

秋史　见汤成彦

秋士　见何瑾

秋水　见倪人在

秋渔　见章遇鸿

秋岳　见曹溶

萩田　见章仪林

萩洲　见郜云鹄

确园　见汤成烈

让溪　见翟镳观

让之　见吴熙载

饶家琦（云舫）1862.8.15,10.3,10.6,10.26;1865.3.20,7.23,7.25,7.27;1866.12.9,12.11;1867.6.22,8.1

仁卿　见张瑛

仁山　见傅察扎克丹

壬秋　见王闿运

壬叔　见李善兰

讱庵　见张保衡

任吾　见文希范

任延　1867.9.19

任伊（棣香）1868.9.1

日心　见刘献葵

日新　见刘献葵

容光照（醇甫）1862.6.5

溶江　见张之沅

融斋　见刘熙载

茹香　见陈泰来

汝器　见郑篔

阮恩海（兰江）1865.4.26,4.27,4.28;1866.3.2,3.3

阮恩溥（兰江）1868.2.5

阮元（文达、阮氏）1861.8.11;1865.4.10,4.26,11.18;1868.3.4,6.20

瑞生　见谭庆余

润芝　见胡林翼

若秋　见许丙椿

若汀　见华蘅芳

若膺　见段玉裁　1862.5.7

三桥　见文彭

僧格林沁（僧帅）1864.11.12

沙木（沙青崖）1861.10.14,10.20

山谷　见黄庭坚

山余　见方涛

山尊　见吴蕭

善征　见莫祥芝

商山　见戴鹿芝

商鞅（商子）1868.1.1

尚斋　见程桓生

少伯　见范蠡

少海　见陈景沧

少鹤　见王拯

少筠　见鲍昌熙

少昆　见黄润昌

少莱　见丁俊

少葂　见冯渭

少泉　见李鸿章

少荃　见李鸿章

少山　见李作士

少石　见李文杏

树皆　见李文森

恕皆　见李文森

漱六　见袁芳瑛

帅兰九 1862.10.10

帅明　见周诚

爽秋　见袁振蟾

水心　见叶适

顺之　见潘遵祁

硕甫　见陈奂

硕士　见陈用光

司马相如 1862.6.14

思翁　见董其昌

四农　见潘德舆

似孙　见杨泗孙

松存　见李文忠

松如　见陈茂

松埏　见赵名煜

松生　见丁丙

松韵　见陈锡书

宋濂(景濂)1868.11.12

宋荦(牧仲)1862.9.4；1865.4.20；
1871.1.8

宋思勃 1868.5.9

宋琬(荔裳)1868.5.9

宋玉 1862.1.12

宋玉庭 1865.11.19

宋祖骏(伟度)1865.11.19,11.25,
12.11,12.12

苏惇元(厚子)1862.4.16

苏金林 1868.1.31

苏佩(珩斋、梅仙)1862.11.21

苏其琛(子献)1862.4.3

苏求庄(强甫)1862.4.16

苏轼(东坡、苏、坡公)1861.3.4；1862.
1.18,1.29,1.30,10.17；1865.4.17

苏舜钦(子美)1861.11.25

肃顺 1861.9.14,12.19,12.23

隋藏珠（龙渊）1861.10.17,11.8；
1862.5.7,6.14,8.16,9.14

隋子真(随子真)1862.3.8,3.12,3.14

随巢子 1862.7.21

孙白亭 1867.1.7

孙白渊 1866.9.13

孙宝勋(迈青)1861.2.3

孙恩寿(韵武)1862.7.4；1865.4.14

孙帆　见毕长庆

孙绂(子佩)1867.9.14

孙观光（敬亭）1866.1.10；1867.
10.24

孙克弘(雪居)1866.5.6

孙葵心(孙逵)1861.4.2,4.5

孙缦生 1865.4.12

孙樵(可之)1865.9.10,11.18

孙式如(宗宪)1862.1.23

孙文川(澄之、诚之)1865.10.14,10.
16；1867.11.7,11.8,11.9

孙锡龄(子抡)1866.7.15

孙星衍(渊如)1861.9.12；1865.2.17

孙衣言（琴西、劭闻）1866.9.11；
1867.9.14,11.30；1869.5.15,7.17；
1871.4.25

孙应鳌(文恭)1867.12.7

吴昕 1862.9.23

吴修(竹庄)1862.6.5;1865.3.4

吴宣斋 1861.3.19;1862.10.15

吴永济(海清)1864.10.17

吴云(平斋、吴平公)1865.1.13,4.
10,4.22;1866.8.30,10.7,10.11,10.
13,10.14,12.16,12.24;1867.2.20,
3.3,5.8,5.23,6.11,9.6,10.12,10.
14,10.17,11.1,12.23;1868.1.1,1.
30,2.25,3.2,3.11,4.5,4.16,6.27;
1870.10.13

吴兆麒(小耘)1868.2.8

吴兆熙(小山)1861.6.10,7.9

吴镇(仲圭、梅道人、梅花道人)1862.
10.9,10.12;1863.1.5

吴正纲(立三)1868.3.1,3.15

吴政祥(春舫)1866.10.22

吴芷生 1865.11.25

吴蕭 1861.7.29

吾邱衍 1866.7.10

伍肇龄(嵩生)1868.8.21,8.23,8.
24,8.28,9.1

武穆　见岳飞

勿村　见林鸿年

务生　见郁本培

西山　见蔡元定

西园　见张铭坚

希庵　见李续宜

希闻 1868.6.4,6.6

郗萌 1861.7.8

息凡　见陈钟祥

惜抱　见姚鼐

锡三　见阎晋

羲民　见沈伟田

羲琴　见李振黄

习庵　见张成嵩

习之　见李翱

袭美　见皮日休

霞仙　见刘蓉

霞轩　见王必达

夏承 1865.2.17

夏峰　见赵秉镕

夏芙衣(内子)1868.5.3,8.31;1870.
5.1;1871.6.9,6.15

夏侯亶 1868.9.13

夏廷　见颜培瑚

夏先范(古彝)1861.3.1,7.2,7.10,
10.6

夏增荣 1866.2.12

夏之言 1862.7.4

仙访　见张庆安

仙舫　见严正基、张庆安

仙舸　见罗登瀛

仙根　见李光节

仙九　见季芝昌

仙坪　见许振祎

仙屏　见许振祎

鲜于枢(鲜于伯几)1867.10.1

贤希　见史怿悠

咸丰帝(先皇、先帝)1861.11.8,12.
8;1862.1.21

岘庄　见刘坤一

兴言　见包诚

星伯　见徐松

星槎　见邢高魁

星阶　见汪曜奎

星垣　见詹启奎

惺园　见朱奎章

惺原　见朱奎章

邢高魁(星槎、邢观察、邢星翁)1861. 3. 1,3. 12,7. 10

邢世铭(子英)1861.6. 2

杏农　见尹耕云、周寿昌

性农　见杨彝珍

荇农　见周寿昌

熊开元 1861.4. 25

熊云程 1861.10. 24

休丞　见文嘉

修伯　见朱学勤

秀峰　见官文

虚谷 1862.5. 18

虚舟　见王澍

徐必远 1865.1. 27

徐昌绪（琴舫）1866. 11. 26,11. 27,11. 28

徐达(中山王)1868.9. 13

徐定邦(尔康)1866.8. 12

徐栋(蜀方伯)1866.3. 14

徐郙 1862.7. 4

徐皋(介亭)1867.9. 28;1868. 2. 14

徐河清（华严、华野）1867. 6. 19,6. 22,8. 27;1868. 7. 15

徐积(节孝)1868.11. 12

徐锴(小徐)1864. 12. 13;1868. 5. 19

徐勉 1868.9. 13,9. 14

徐谦(白舫)1861.8. 23

徐卿伯 1865.1. 27

徐绍祖(述之)1866.5. 5,5. 7,5. 13

徐寿(雪村)1862. 5. 17,7. 30;1863. 1. 12;1866. 1. 31;1867. 11. 11

徐树钧(叔鸿)1867. 3. 27

徐树钊(季蘅)1865. 7. 22,7. 24

徐松(星伯)1861.7. 17

徐松阶 1865.10. 18

徐伟(仲偉)1861.3. 18

徐先路(云衢)1862.3. 5

徐铉(铉)1866. 10. 6;1868. 9. 13

徐有壬(君卿)1862.2. 11

徐豫(石史)1866.8. 5

徐元伯(恒甫)1862. 7. 18,7. 25

徐之铭(新斋)1861.12. 6

徐仲翔 1869.4. 29

徐子陵（懿甫、沂甫、懿父、懿、徐毅甫）1862. 2. 5,4. 15,4. 18,4. 23,4. 25, 4. 26,4. 29,5. 3,5. 4,5. 13,5. 18,5. 23,5. 25,5. 30,6. 6,6. 10,6. 11,6. 13, 6. 23,7. 4,7. 6,7. 7,7. 18,7. 23,7. 26, 7. 27,8. 4,8. 8,8. 16,8. 17,8. 25,9. 11,9. 12,9. 17,9. 19,9. 30,10. 1,12. 15,12. 16;1863. 1. 2,1. 12,1. 16,1. 18,1. 25,1. 26,1. 27,2. 7,2. 9;1864. 10. 8,10. 10,10. 11;1865. 2. 24;1870. 3. 16

徐宗亮(椒岑、椒存、椒)1861.11. 28;

1862. 2. 11，2. 12，2. 13，3. 21，3. 28，4. 3，4. 7，4. 15，4. 25，4. 29，9. 7，12. 16；1863. 1. 16

徐宗陵（锦川）1865. 9. 12；1866. 11. 8，12. 31

徐作梅（调庵）1862. 11. 21

许丙椿（若秋）1862. 2. 19；1867. 8. 15

许道身（缘仲）1865. 4. 22，4. 23；1867. 12. 23；1868. 3. 11，5. 29；1869. 3. 8

许富（桂仙）1862. 1. 1

许庚身 1862. 7. 4

许瀚（印林）1865. 12. 27

许检身（子若）1866. 9. 13

许敬甫 1867. 7. 1

许立身 1866. 9. 13

许槎（叔夏）1865. 2. 17

许乃普（滇生）1862. 1. 4；1865. 10. 11

许钤身（仲弢）1865. 10. 3，10. 7，10. 10，10. 11；1866. 3. 25，3. 30，4. 2

许氏 1868. 5. 29

许颂宣（靖甫）1866. 1. 4

许增（益斋）1867. 9. 20，10. 1，11. 29

许振祎（仙坪、仙屏）1861. 10. 28，10. 30，11. 1，11. 2，11. 3，11. 4，11. 8，11. 9，11. 10，11. 13，11. 14，11. 15，11. 16；1862. 9. 30；1866. 11. 4

旭初　见毛昶熙

旭之　见张暄

叙五　见孔宪典

玄靖　见李含光

玄宰　见董其昌

薛福保（季怀）1865. 11. 6

薛福辰（抚屏）1868. 7. 20

薛福成（叔芸、叔莹）1865. 11. 17；1867. 4. 18，4. 23；1868. 7. 20，9. 1

薛焕（薛中丞、薛抚）1862. 1. 11，5. 28

薛时雨（慰农）1862. 4. 18，4. 19，4. 20；1866. 5. 7，5. 8，11. 23；1867. 10. 11；1869. 5. 17

薛寿（介伯）1870. 6. 7，6. 8，10. 3

雪村　见徐寿

雪访　见金长福

雪舫　见金长福

雪居　见孙克弘

雪琴　见彭玉麟

洵美　见管庆祺

逊侯　见张致高

雅轮　见杨大堉

雅平　见俞麟年

烟客　见王时敏

严辰 1862. 7. 4

严观 1868. 9. 13

严光（子陵）1867. 9. 19

严可均（铁桥）1862. 7. 23，7. 29，8. 5；1863. 2. 11；1866. 9. 13

严树声（渭春、豫抚、严中丞）1861. 7. 14，11. 21；1862. 2. 7，4. 3，10. 10；1867. 10. 12

严问樵 1865. 5. 5

严锡康（伯雅）1866. 7. 12，7. 16，7. 17，7. 21，7. 23，9. 16，9. 30；1867. 6. 7，

云畛　见易润坛

云海　见陈庆涵

云湖　见但明伦

云吉　见范泰亨

云阶　见贾履上

云廉 1866.10.7

云密　见刘若金

云乔　见刘冀迁

云樵 1866.7.18

云卿　见李维楫、谢希迁、钟谦钧

云衢　见长康、徐先路

云溪　见张国英

云轩　见刘鸿书

云崖　见朱品隆

云岩　见朱品隆

芸舫　见费延厘

芸阁　见潘锡恩

芸樵　见贾谦益

芸石　见汪鋆

昀美　见易润坛

耘石　见吴若准

允伯　见姚广元

恽敬(子居)1862.8.5

韵初　见沈树镛

蕴斋　见刘昆

宰平　见高学治

载垣(垣)1861.12.16,12.19,12.23

赞仙　见吴绍烈

赞先　见吴绍烈

泽山 1862.4.2

曾参(曾子)1868.11.12

曾广翼(璞山)1862.3.26

曾广照(仰皆、曾仰斋)1866.7.12,7.16,7.17,7.21,8.8,8.16,8.19,9.16,11.28

曾国葆(事恒、事老、曾太守、靖毅)1861.2.8,9.25,10.19,11.4;1863.1.11,1.16,1.27,2.6,2.7,2.11,2.14,2.15;1866.7.4

曾国藩(曾涤帅、涤帅、揆帅、涤老、曾公、涤生、涤公、大帅、钦差、钦帅、曾中堂、中堂、涤生节相、曾节相、节相、湘乡、湘乡公、曾湘乡、曾湘公、曾相国、曾相公、相公、湘乡节相、湘乡爵相、爵相、使相湘乡公、湘乡相公、使相、涤生相公、涤相、使相曾公、曾涤相、督相曾公、督相、爵督相)1861.3.15,3.30,3.31,4.1,4.2,4.4,4.5,4.10,4.14,4.29,4.30,5.4,5.12,6.24,6.29,7.14,7.25,7.31,8.8,8.9,8.10,8.11,8.12,8.19,8.23,8.24,8.26,8.28,8.30,9.6,9.7,9.14,9.15,9.16,9.25,9.29,10.3,10.5,10.6,10.7,10.8,10.9,10.13,10.14,10.17,10.22,10.23,10.25,11.4,11.5,11.10,11.13,11.14,11.16,11.17,11.22,11.24,11.26,11.30,12.6,12.8,12.16,12.19,12.20,12.23,12.26,12.28;1862.1.3,1.8,1.11,1.20,1.21,1.31,2.7,2.8,2.13,2.14,2.15,2.22,2.28,3.19,3.27,4.5,4.11,4.30,6.1,6.4,6.5,6.9,6.14,7.4,7.7,

张成崧(习庵)1861.7.6

张从申 1866.10.13

张岱(陶庵)1868.1.1

张鼎新 1865.11.25

张端卿(芝圃)1866.2.11,2.24,3.2,
3.6,3.12,3.17,4.11,4.14,5.13,11.
23,11.27,12.19;1867.1.2,1.3

张尔岐(稽若)1868.7.25

张凤翥(练渠、栋渠)1862.3.26,9.4,
11.17,11.30,12.27

张茝(小浦、小圃)1861.9.4,10.7

张福(张福寿)1861.3.4,3.14,3.28,
4.3;1862.12.5,12.14,12.22,12.28;
1863.1.21

张官德(次功)1861.3.5

张贵 1866.3.27

张国英(云溪)1866.7.12,7.15,7.
17,7.23,7.24,8.30,9.1,9.16,11.
28;1868.2.3

张回仲 1866.10.21

张惠言(皋文)1861.7.29;1865.12.8

张即之 1865.4.20

张际亮(亨父)1861.12.7

张嘉甫 1862.2.11

张鉴(半塘)1865.1.31

张金壁 1861.10.7

张金澜(茗泉)1861.3.1

张金吾(月霄)1862.8.12

张锦瑞(笛帆)1867.3.27

张菊廉 1860.11.28

张开祁(绍京)1864.10.17;1865.10.

13,10.15;1866.3.15;1868.9.19

张凯昌 1862.1.3

张凯章(张道)1861.5.4

张亮基（石卿）1861.7.15,12.6;
1867.6.22,10.12

张履祥(杨园)1865.12.27

张猛龙 1862.8.1

张铭坚(西园)1862.2.21;1866.7.
17,8.19,8.21,8.24,11.28,12.16;
1867.5.18,5.20,11.7

张溥 1865.12.27

张其均 1865.10.18

张其烈 1866.2.18

张琦(翰风)1861.3.2

张琦(与张翰风非一人)1865.1.12

张庆安(仙舫、仙访)1861.10.7,10.
14,11.21,11.25;1862.9.18,9.20,9.
23,10.1,10.21,10.23,10.31,11.1,
11.11,11.14,11.22,11.23;1864.10.
14,10.15,11.7;1865.1.6,1.7,1.11,
1.12,1.25,1.26,2.5,3.25,3.28,4.
4,4.13,6.4,7.8,7.14,8.12,8.13,8.
28,8.31,9.6,9.13,9.26,10.2,10.6,
10.29,11.1,12.1,12.15;1866.2.8,
2.9,2.11,3.22

张仁谷(子午)1865.1.15

张仁毅(梓坞)1866.11.8;1867.1.
23;1868.6.14,6.15,6.16

张绍棠(又堂)1866.5.8,11.12

张盛凯(劲筠)1862.7.7,7.26

张石洲 1861.7.25

5,1.14,1.15;1866.4.3,4.8;1868.6.
11,6.14,6.15

周际霖(霁楼)1865.2.27,5.8,5.11,
5.12,10.5,10.6;1866.2.11,2.20,2.
24,2.25,3.16,4.29,11.13,11.14;
1867.1.3,1.19,7.13,7.15,7.16,
7.17

周景濂(娱阶、娱陔、虞阶)1861.2.6,
2.9,2.10,2.14,2.23,2.24,3.14,3.
22,4.8,4.12,4.13,4.18,8.8,9.15,
9.16,9.21,9.27,12.21;1862.6.14,
6.15

周开锡(寿山)1861.3.1,6.14,7.10,
7.31,11.12;1862.3.22,3.24,4.20,
4.21,4.25;1868.6.2

周宽世 1861.4.2,6.25

周谟(尔嘉)1862.6.15

周骈 1869.11.24

周谦(箴六)1862.6.15

周清泉(世熊)1867.9.19

周溶 1865.3.26

周世澄(孟虞、梦虞)1862.3.25;
1867.4.17,5.2;1868.1.31,2.7,2.
29,7.4;1870.4.18

周世楷(木皆)1861.3.1,3.16,7.1

周寿昌(杏农、荇农)1862.1.24,2.7

周腾虎(弢甫、弢父、弢、韬甫)1861.
3.10,11.29,11.30,12.2,12.5,12.6,
12.12,12.13,12.14,12.18,12.28;
1862.1.11,2.23,5.14,5.18,6.5,6.
6,8.28,9.3,10.22

周维新 1861.3.9

周孝侯 1861.12.3

周学浚(缦云)1862.5.16,5.17,5.
18,5.25,5.26,6.3,6.5,11.11,11.
12,12.28;1863.1.24,2.6;1864.11.
2,11.3,11.8;1865.1.8,2.2,7.15,8.
2,10.13,10.21,10.28;1866.2.20,7.
11,11.21;1868.7.10,9.15

周贻芳(周怡芳)1861.4.13;1862.
6.15

周又新(墨农)1862.10.9

周璪(养恬)1868.2.1

周芝田 1865.2.27

周钟俊(宅山、宅三)1861.4.25,5.9,
6.14,7.16,7.17,7.27,7.28;1862.3.
22,3.24,5.4,5.14,8.27;1870.4.23

周资桧 1865.5.3

周资模 1865.5.3

周子愉(子愉、子瑜)1864.10.28,11.
17,11.19,11.27,12.15,12.16;1865.
4.27,4.28,5.3,5.5;1866.1.2,1.21,
1.23,1.24,4.20,5.12;1867.3.28,3.
30,4.4;1868.2.11;1870.6.8

周祖培 1861.12.19,12.23

朱岱林 1864.12.19,12.28

朱棣(嗣皇帝棣)1868.10.24

朱逢甲(莲生)1867.3.15

朱贵 1869.5.3;1870.6.1

朱骏声(丰芑)1862.8.22

朱孔杨(仲武)1862.8.15;1864.10.
29;1865.3.29

子迪　见周惠
子典　见朱守谟
子点　见朱守谟
子蕃　见王鸿训
子范　见蒯德模
子冈　见张燧
子刚　见张燧
子纲　见张燧
子高　见吴唐林、戴望
子何　见胡长新
子和　见蹇间、章永康
子建　见曹植
子尽　见王槐琛
子晋　见毛晋
子觐　见王槐琛
子京　见项元汴
子久　见邓尔恒、袁保龄
子居　见恽敬
子俊　见陶廷杰
子廉　见胡锐
子麟　见邓瑞品
子陵　见严光
子抡　见孙锡龄
子美　见苏舜钦
子密　见钱应溥
子佩　见孙绂
子勤　见钟文烝
子卿　见明兆麟
子柔　见庆锡荣
子若　见许检身
子山　见顾文彬、庾信

子裳　见王咏霓
子慎　见黄安谨
子实　见樊钟秀
子寿　见黄彭年
子受　见陆应傅
子松　见陈寿熊
子坦　见刘履中
子听　见方浚益
子午　见张仁谷
子献　见苏其琛
子行　见郑班
子仪　见董忽
子尹　见郑珍
子英　见邢世铭
子云　见王香倬、邹龙升
子贞　见何绍基
子珍　见吴怀珍
子箴　见方浚颐
子振　见蒋锟
子重　见刘铨福
子庄　见王茇
梓坞　见张仁毅
紫湄　见吴世熊
宗宪　见孙式如
宗源瀚(湘文)1862.9.22；1866.9.7；
1867.9.20,9.23,9.26,10.16
邹伯奇(特夫)1865.7.1
邹龙升(子云、邹总戎)1867.8.30,
9.5
祖庚　见翁同书
左枢(孟莘、梦星、梦莘、孟星)1862.

10. 22,10. 23,10. 31,11. 1,11. 21;
1863. 1. 12,1. 18,1. 24,2. 9,2. 11;
1866. 6. 19,6. 21,6. 22;1867. 2. 10
左桢(仲敏)1866. 6. 18,6. 19,6. 22
左宗棠(季高、左高叟、左公、左军、左

京堂、左中丞)1861. 3. 30,4. 2,4. 4,
4. 6,4. 9,4. 29,10. 7;1862. 1. 17,1.
25,2. 4,2. 7,9. 7;1866. 8. 10
佐君　见朱元辅
作梅　见陈萧